高等院校人文素质教育系列教材

汉字鉴赏

何铁山　杨松涛　著

清华大学出版社
北京

内 容 简 介

本书主要揭秘汉字渊源、汉字初文构形玄机,并以汉字学视域联系先秦经典、当代哲学、当代自然科学、马克思主义基本原理,对"道、德、仁、义、礼、智、信、善、忠、孝、廉、耻、勇"等汉字初文构形详加剖析,阐其幽微,发其哲思,弘扬优良传统,重构新时代道德框架,为中华民族持续崛起牢固树立文化自信。

本书融学术性、思想性、故事性、趣味性、通俗性于一体,萃抽象性、想象性、具象性、哲理性、艺术性于一堂。穷究汉字初形,波及异体变化;广涉先秦诸子,联系当代哲学;深入生活实际,追求生命超越。"博采通人,至于小大。信而有征,稽撰其说",可以"理群类,解谬误,晓学者,达神旨"。

本书既可惠及广大学生,亦可启迪社会大众,并为后来研究者提供可能的奠基。

本书封面贴有清华大学出版社防伪标签,无标签者不得销售。
版权所有,侵权必究。举报: 010-62782989, beiqinquan@tup.tsinghua.edu.cn。

图书在版编目(CIP)数据

汉字鉴赏/何铁山,杨松涛著. —北京: 清华大学出版社,2024.5
高等院校人文素质教育系列教材
ISBN 978-7-302-65060-7

Ⅰ. ①汉… Ⅱ. ①何… ②杨… Ⅲ. ①汉字—鉴赏—高等学校—教材 Ⅳ. ①H12

中国国家版本馆 CIP 数据核字(2024)第 004720 号

责任编辑:	桑任松
装帧设计:	李 坤
责任校对:	李玉茹
责任印制:	刘 菲
出版发行:	清华大学出版社
网　　址:	https://www.tup.com.cn, https://www.wqxuetang.com
地　　址:	北京清华大学学研大厦 A 座　　邮　　编: 100084
社 总 机:	010-83470000　　邮　　购: 010-62786544
投稿与读者服务:	010-62776969, c-service@tup.tsinghua.edu.cn
质量反馈:	010-62772015, zhiliang@tup.tsinghua.edu.cn
课件下载:	https://www.tup.com.cn, 010-62791865
印 装 者:	三河市龙大印装有限公司
经　　销:	全国新华书店
开　　本:	185mm×260mm　　印　张: 14.75　　字　数: 342 千字
版　　次:	2024 年 5 月第 1 版　　印　次: 2024 年 5 月第 1 次印刷
定　　价:	48.00 元

产品编号: 100779-01

代序

什么是"鉴"

"鉴"字的初文为"◯"。会意字,与"监"同源。后加"金"字,写作"◯"或"◯",既是强调(镜子)其所谓材料属性不断变化的过程,也是语言文字丰富发展的必然,所以后来它又成了所谓的形声字("金"为"形","监"为"声")。

"◯"由三部分构成,上部左侧是个"臣—◯"字,右侧是个"人—◯"字,下面是个"皿—◯"字。"◯"是一只侧面朝上看的眼睛,"◯"是一个垂手躬身的人,"◯"在这里应该是一个装满了水的陶盆或者木盆。后来"鉴"或"监"字所生发出来的所有意义,既源于上述三个部分的单独所指,也源于此三者之间的会意(《说文解字》云:"会意者,比类合谊,以见指㧑。")或引申。

一只由下朝上看的眼睛,既有观察、看望、仰视的意思,同时也有服从、谦卑、恭顺、谨慎等心理状态的表达。其含义有多层:第一,眼睛是主体实现"鉴"的重要工具。有了眼睛才可能"观察、看望",进而"鉴定、鉴赏"等。第二,所谓"鉴定、鉴赏"之类,对于主体而言还必须具备一种谦卑、谨慎的心态,尊重你所"鉴定、鉴赏"的一切,承认自身的局限性,自己认为能够看得清楚明白的却不一定就是真能。换言之,**人们对于这个世界的认识不仅是有限的,而且总是可以随着时空的变化而不断变化的**。故所谓概念抑或真理,大多是相对的或所谓历史性的。"眼见"之"实"不一定为实。故现实中,**因看见而相信的人常常只能成为因相信而看见的人的追随者**。第三,"朝上看"还告诉我们,我们的眼界一定要高。**"眼界高"喻示我们既要理想高远又能脚踏实地**。不过,在实践中,就像"知与行"的关系一样,理想高远又能脚踏实地者实在寥寥无几。第四,"朝上看"的"眼睛",其所看到的首先并不是别的什么人造物件或所谓自然世界,而是"人"。它告诉我们,"鉴"首先鉴的是"人"。这个"人"既是"他人",更是自己。"他人",除了有时是我们的"鉴定"对象,还可能是我们的镜子,也是我们的"借鉴"或"儆戒"。**把"人"当作"观察、鉴定、鉴赏"的主要对象,既是圣人所造"鉴—◯"字之最重要、最深刻的内涵所在,也是中国传统文化以人为中心的底层逻辑**。《论语》中樊迟向孔子"问知(智)",孔子回答"知人"。樊迟再问,孔子回答"举直错诸枉,能使枉者直"(《论语·颜渊》)。这启发我们,"鉴人"的目的就在于"知人"。而"知人"的主要目的则在于用人、用好人。"知人、用人"不仅是"知",而且是圣人之"智"("智也者,知也。"《孟子·尽心下》)。老子说的"知人者智,自知者明"(《道德经》第三十三章)则告诉我们,若要"知人",必先"自知"。孔子说的"智者莫大乎知贤"(《孔子家语·壬言解》)则更是强调,只有能辨识贤才并能很好地任用他们的人,才可能有大智慧。就像尧之用舜,舜之用禹、皋陶、伯益、稷、契,汤之用伊尹一样。《吕

汉字鉴赏

氏春秋》则云:"义之大者,莫大于利人,利人莫大于教;知之盛者,莫大于成身,成身莫大于学。"(《吕氏春秋·孟夏纪·尊师》)这告诉我们,一个人最大、最重要的智慧在于成就自己,而成就自己最直接、最有效、最根本的途径则在于"学"。联系上述,我们会发现,"知人"难,难在"俗人"("不学问,无正义,以富利为隆,是俗人者也。"《荀子·儒效》)既不知如何"自知",更不知"知人"的目的是什么。于是乎,放弃"知人"甚或放弃"自知"便难以避免。如何"自知"?与其他所有日常普通问题一样,正因为太过普通,所以"俗人"并无深刻思考或认识。其实古人早有明示,简单来说就是"好学"。"好学近乎智"(《中庸》)。"修身者,智之府也"(《报任安书》)。"好学"即"修身""修道""自明诚"或"教"。("修道之谓教。""自明诚,谓之教。"《中庸》)具体如何做?一曰:"格物"(《大学》)。二曰:"学而不厌,诲人不倦"(《论语·述而》)。三曰:"见贤思齐,见不贤而内自省也"(《论语·里仁》)。"格物"可以"致知"。"格"不仅在于研究、探索,更在于不断地"学"与"教";"物"既是整个的自然物质世界,也是整个的人类精神世界,当然也包括主体自身。方法以模仿圣贤始,最后以成圣成贤终。其最难处不仅在于"自省",而且在于有恒。了解了"知人"必须先"自知"的逻辑关系,我们也就明白了"鉴—"字盆在下而眼睛却又朝上看的矛盾之处。"朝上"看的是别人,而"朝下"看的是自己。换言之,**一个人只有在虚心好学、不耻下问、充分地剖析自己的前提下,才可能真正了解别人**。原因也很简单,在我们已知的这个世界里,古往今来,最基本的人性都是一样的。我是人,他人是人,圣贤当然也是人。("性相近也,习相远也。"《论语·阳货》)我如能深刻认识自己,就能深刻认识他人,所以孟子认为"人皆可为尧舜",荀子认为"途之人皆可为禹"。至于"用人",则正是圣人所善的。因此,在一般的认知里,圣人之"成"往往是"大成"。所谓"大成",即不仅能成就自己,同时也能成就天下人。我们发现,"俗人"即或真能"自知"也能"知人",但如果没有掌握权力,即没有用人之权,那么要成为所谓尧、舜也是不可能的事。不过,我们也不必泄气,此路不通,还有他途。按孟子的思路,尽管"人爵"有限且难于实现,然而"天爵"却是可以无限提升的。换言之,我们每个人通过不断的或修道进德或立身行义,也可以像老子、孔子抑或他自己一样,在经过无尽的岁月洗涤磨砺后,或许也可以"大器晚成""死而不亡"。

"人"是一个躬身垂手的人。这在"鉴""鑑"两个字中表现得更加明显。"躬身垂手的人"的背后至少蕴含了四种意思:第一种,"鉴"一定是属人的,只有人才可能有所谓的"鉴"或"鉴定、鉴赏"。事实上,不仅"鉴"是属人的,"狂妄"或"哲学"点说,就是整个的物质世界也都是属人的。原因很简单,没有人就没有"名"。"有名,万物之母"(《老子》第一章)。这个世界因为有了"人",才有了所谓的"道"或"名",也才有了所谓的"意义"。第二种,只要是人,就必须对这个世界充满恐惧,从而谦卑有礼,与道德同行。**"恐惧"是人类一切道德产生的根源。没有恐惧就没有道德**。人之所以要爱别人,是因为惧怕自己被这个世界所抛弃。**道德的核心是公正。一个人心怀公正就是最大的道德**。法律依公正而创立,也因公正而不断修正,同时又是守护"公正"或"道德"的最实用工具。因此孔子在解读《周易》震卦时说:"君子以恐惧修省。"(《易传·象传下·震》)当然,《论语》中孔子说:"君子有三畏:畏天命,畏大人,畏圣人之

言。"其实也表达了同样的思想。第三种，所谓"鉴"或"鉴定、鉴赏"，不仅其主体是人，就是其所"鉴"或"鉴定、鉴赏"的对象即或不是人，也一定是已人化了的自然之物。第四种，所谓"鉴"或"鉴定、鉴赏"后的结果，或多或少都能体现出主体的学问才识、性格特征、道德品行、气质修养、喜怒哀乐、经验阅历等。

"⛿"，一个装满了水的大盆，既是"鉴"的本身，同时也是实现原初所谓"鉴"的另一个重要工具。在没有金属、玻璃等其他更好、更有效的工具之前，装满了水的陶盆或木盆无疑是实现镜子照人的最佳选择。当然，"鉴"，它不仅可以是一个水盆或其他什么取水、运水、储水的工具，还可以是一个平静的湖面或池塘。"半亩方塘一鉴开，天光云影共徘徊。"(《观书有感》)事实上，这样的"鉴"不仅可以照见天光云影、斗转星移，甚或亦可以照见自然万物、妖魔鬼怪、过去未来。为什么？因为其中有"人"。

"𠃌""人""⛿"三者组合在一起是为"鉴"。以此，它便不仅是镜子、盛水的大盆、取水的器具，同时也可以是"见、察、照、明、光泽、借鉴、儆戒、见识、鉴戒、教训"等。后来的"鉴"无论是金属的，还是水晶的、玻璃的或其他什么材料，不管其质地如何，都会拥有与之相同或相似的特征。这些特征，无一例外地都深刻地打上了主体自我认知的烙印。

"殷鉴不远，在夏后之世。"(《诗经·大雅》)其"鉴"主要指向"鉴戒"或"教训"。而《新唐书·魏征传》中说的"以铜为鉴，可正衣冠；以古为鉴，可知兴替；以人为鉴，可明得失"之"鉴"，前者指向"镜子"，而后面两"鉴"则不仅是"镜子"，同时更是指向"鉴戒、教训"或"借鉴"。

综上可知，在我们所认识的这个世界里，水可鉴，铜可鉴，史可鉴，人可鉴，汉字可鉴，似无不可鉴者。但更重要的是，我们每个人都能从自己的所"鉴"之中更加清楚地认识自己。

何铁山

2022 年 12 月 17 日

于东瓯客居庐

目　　录

第一讲	汉字是怎么来的	1
	一、话说"汉字"	1
	二、汉字的起源	4
第二讲	汉字构形的"玄机"——以"人"字为例	11
第三讲	汉字之"根"——符号字与象形字	20
	一、符号字	21
	二、象形字	22
第四讲	汉字之"魂"——会意字	31
	一、为什么说会意字是汉字之"魂"	31
	二、会意字的概念与分类	32
第五讲	汉字之"翼"——形声字	42
	一、为什么说形声字为汉字之"翼"	42
	二、"形声字"的概念与分类	42
第六讲	汉字中的繁简字与异体字	53
	一、什么是繁简字	53
	二、《简化字总表》所颁简化字的来源	54
	三、什么是异体字	56
	四、异体字的类型	57
	五、异体字与古今字、通假字的关系	67
第七讲	什么是"道"	68
	一、"道"的概说	68
	二、"道"字的初文构形分析	69
	三、部分经典关于"道"的论说	72
第八讲	什么是"德"	78
	一、"德"的概说	78
	二、"德"字的初文构形分析	80
	三、部分经典关于"德"的论说	83
第九讲	什么是"仁"	86
	一、"仁"的概说	86

　　二、"仁"字的初文构形分析 87
　　三、部分经典关于"仁"的论说 90

第十讲　什么是"义" 92
　　一、"义"的概说 92
　　二、"义"字的初文构形分析 92
　　三、部分经典关于"义"的论说 95

第十一讲　什么是"礼" 98
　　一、"礼"的概说 98
　　二、"礼"字的初文构形分析 99
　　三、部分经典关于"礼"的论说 102

第十二讲　什么是"智" 110
　　一、"智"的概说 110
　　二、"智"字的初文构形分析 110
　　三、部分经典关于"智"的论说 114

第十三讲　什么是"信" 116
　　一、"信"的概说 116
　　二、"信"字的初文构形分析 117
　　三、部分经典关于"信"的论说 121

第十四讲　什么是"善" 125
　　一、"善"的概说 125
　　二、"善"字的初文构形分析 126
　　三、部分经典关于"善"的论说 128

第十五讲　什么是"忠" 131
　　一、"忠"的概说 131
　　二、"忠"字的初文构形分析 134
　　三、部分经典关于"忠"的论说 136

第十六讲　什么是"孝" 139
　　一、"孝"的概说 139
　　二、"孝"字的初文构形分析 140
　　三、部分经典关于"孝"的论说 142
　　四、关于"孝"的四重境界 143
　　五、关于"孝"的超越 147

第十七讲　什么是"廉" 150
一、"廉"的概说 150
二、"廉"字的初文构形分析 151
三、部分经典关于"廉"的论说 153

第十八讲　什么是"耻" 159
一、"耻"的概说 159
二、汉字学对于"耻"的认知 161
三、部分经典关于"耻"的论说 163

第十九讲　什么是"勇" 172
一、"勇"的概说 172
二、"勇"字的初文构形分析 174
三、部分经典关于"勇"的论说 175
四、"勇"的分类与"大勇"的达成 178

第二十讲　什么是"恕" 181
一、"恕"的概说 181
二、"恕"字的初文构形分析 181
三、部分经典关于"恕"的论说 183

第二十一讲　什么是"圣" 185
一、"圣"的概说 185
二、"圣"字的初文构形分析 185
三、孔子及其信徒们关于"圣人"的言说 187
四、孔子及其信徒们树立孔子作"圣人"的原因分析 189

第二十二讲　什么是"教" 192
一、"教"的概说 192
二、"教"字的初文构形分析 192
三、部分经典关于"教"的论说 194

第二十三讲　什么是"勤" 196
一、"勤"的概说 196
二、"勤"字的初文构形分析 197
三、部分经典关于"勤"的论说 199

第二十四讲　什么是"乐" 202
一、"乐"的概说 202

　　二、"乐"字的初文构形分析 204

　　三、部分经典关于"乐"的论说 205

第二十五讲　什么是"玩" 209

　　一、"玩"的概说 209

　　二、"玩"字的初文构形分析 209

第二十六讲　汉字的书法美 215

　　一、什么是书法与书法美 215

　　二、为什么说只有汉字才有独立的书法艺术 218

　　三、"书法美"的主要内容 219

第一讲　汉字是怎么来的

一、话说"汉字"

(一)什么是"汉字"?

简单来说,"汉字"就是我国汉族人民用来记录语言、传递信息、交流思想、保存文化的一种最为有效的工具。(实际上,也为我国部分没有本民族文字的少数民族所借用,如壮族、畲族等。)

与其他各种文字一样,汉字既是可视的、可读的,也是可发展的。以"人"字为例,汉字的发展过程如图1-1所示。

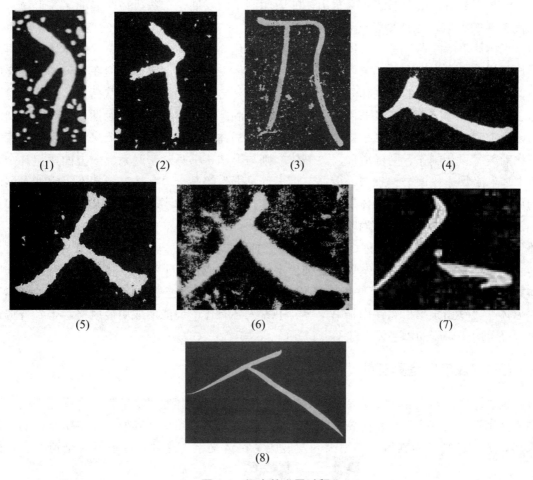

图1-1　汉字的发展过程

虽其构形有别,但却均为历史长河中曾经使用过的浩如烟海的汉字王国中的"人"

字。当然，如果加上今天字库中的各种印刷用字体，那么数量与种类就更多了。

(二)汉字中的"字体"与"书体"

汉字有"字体""书体"之分，但却常令"**学者茫然，莫知领要**"，只见它们到处出现，却不知它们有何异同。其原因是：这两个概念，本就互相纠缠，模糊不清，不易界定。换言之，它们既曾互相重合，又因书法与印刷术的发展而各有所指。

"字体"，指所有不同构形及不同风格特点的汉字系统。"书体"，指所有不同构形及不同风格的汉字**书写**系统。其区别主要在于"书写"二字。

就今天看来，"字体"概念要大于"书体"，即"书体"从属于"字体"。而在唐代之前，"字体"就是"书体"，因当时的"字"大多是"书(写)"出来的。

如图 1-1 中所示的八个"人"字：(1)(2)(3)为篆书，(4)为隶书，(5)(6)为楷书，(7)为行书，(8)为草书；再细分一下，其中(1)(2)又可称大篆或金文，(3)又可称小篆，(5)又可称魏碑，(8)由于与(7)差距不大，所以亦可称行书。它们既是"字体"，也是"书体"。

但在唐之后，由于书法名家辈出，雕版印刷术的发展，一些风格明显的名家书法，其有代表性的书风，也被规范化而成为印刷用的"字体"，于是反过来，就有了诸如"颜体""柳体""欧体"等"书体"之说。到了宋代，"颜体""柳体""欧体"则被再次"规范化"而成为标准的"宋体""仿宋""楷体"等印刷用字体。但在今天的汉字字库中，虽然"字体"中的某些部分仍可以"书体"称之，如"颜楷""欧楷""启体"等，但总的来说，"字体"与"书体"有了不同的内涵。"字体"虽然仍包括"书体"，却常与印刷术紧密联系。因为"字体"除了来源于"书体"之外，也有可能来源于汉字字库规范化的美术设计制作。同样道理，"书体"则与书法、书写紧密联系。一方面，但凡个人"书体"必属于"篆书、隶书、楷书、行书、草书"等某一"字体"，却不一定能发展成为可供印刷用的规范性"字体"；另一方面，凡"字体"却不一定属于某"书体"，即其中没有或缺乏书写性，或只为印刷而设计制作的部分，则不能叫"书体"，而只能叫"字体"，如字库中所谓的浮云体、琥珀体、综艺体等即如此。

当今，由于电子技术的发展，各种"字体"已达成百上千种或更多。它们有些以其字体特征命名，如黑体等；有些则以某代表性书家之"姓"或"名字"命名，如"舒体""启体""铁山隶书""铁山楷书"等。书家人各有体，但能形成明显风格，得到普遍认可，又可用于印刷的"字体"却不多。

(三)"汉字"是真正的"文字"

说"汉字"是真正的"文字"，其言外之意是世界上其他"文字"大多现已不是真正的"文字"。为什么？简单来说，是因为汉字直到今天仍然保有其原初文字所具有的大量象形、象意特征，而其他文字则因为发展成了拼音文字，这种特征也就完全消失了。比如，汉字中的"人"字——" "与" "，虽然在构形上有较大差别，但通过比较观察，我们总可以从中发现其相通之处，即其演变轨迹或"遗传密码"总是有迹可循

第一讲 汉字是怎么来的

的。而如英文，它由拉丁文发展而来，且拉丁文又由腓尼基字母文字发展而来，腓尼基字母文字又由古埃及象形文字发展而来，但古埃及的象形文字与今天的英文已是天差地别，即是全无"遗迹"可寻了。比如，"太阳"的古埃及象形文字"⊙"与我们汉字中的初文象形字"⊙"则并无多大区别，可英文"Sun"与古埃及象形文字"⊙"，则无论如何已全无可能让我们从其构形上把它们联系在一起。而汉字中的"日"，与其初文象形字之"⊙"之间的种种"遗迹"，却仍"察而可识"，似隐却显。

实际上，在今天的汉语言中，"文字"只是种笼统的说法。而在古代，"文"与"字"则并不是一回事。《说文解字》(以下简称《说文》)云："**依类象形，故谓之文。**"即"文"，就是指我们汉字中的象形字。"**形声相益，即谓之字**"，所以在此，"字"就是指我们汉字中的形声字。"**文者，物象之本；字者，言孳乳而寖多也。**"即是说，在我们的汉字大家族中，象形字是我们整个汉字体系中的核心或根本，其他的所谓会意字、形声字等，绝大多数都是由象形字与象形字的不断叠加或重新组合而成的(也有少部分是由象形字与符号字组合而成)。也正是这种不断的叠加与组合才逐渐形成了一个庞大且有规律可循的汉字大家族。

由于"文""字"有别，所以从狭义上来说，所谓的"文字"便只能算是"字"，"文"却是算不上的。但从广义上或笼统来说，其他各种"字"，我们也仍可把它们统称为"文字"。能这样说的原因主要有两点：一是因为它们确实曾由"文"，即象形字发展而来；二是因为"文字"一词的概念在其发展过程中，也已然发生变化了。换言之，今天一般人已不再把"文"与"字"分开来解读，而总把它们纠缠在一起统称为"文字"了。

如上述所言的"日—⊙"与"人—大"，无论其字体或书体有何不同，便皆可称"文"。因为它们皆为象形字，或由象形字发展而来，且到今天仍保有其原初的象形性特征。但"文—☒""字—☒"两个字却皆非"文"，而为"字"，因为其中"☒"乃由一个象形字与一个符号字组合而成，"☒"则由两个象形字组合而成。

🔗 相关链接

"文"字的初文为"☒"。它由两部分组成：外部轮廓为"大"，即一正面叉腿叉手而立之"人"；内部为一个"×"(或为"半圆"或"心形"或其他什么)，即"爻"的一半，有时也为两个"×"，即"爻"(因下面的"×"也可为一半的"爻"，而根据汉字书写法则，"爻"有时亦可略写为"×")。因此，"文—☒"的本义既可为"纹""文身"，也可视为以"×"或"爻"来装饰或文饰"人"。"×"或"爻"既可代表极简单，也可代表极复杂。(极简单，是因为它就是一个或两个"×"；极复杂，是指它又可代表"八卦"的"爻象"。"八卦"为伏羲所创，有无穷变化，并可传递来自上天的信息。此外，"×"既是"错画"，亦可视作"悖反")另外，许慎把象形字高度概括为"⚍"，似既印证了"八卦造字说"的客观存在，也显明了"言，**身之文也**"(语言，即我们"人"自身的"文饰"。介之推语，出自《左传·重耳出亡始末》)，"**言而无文，行之不远**"(语言，如没有文字、文饰、文采为载体，就不可能流行久远。《左传·襄公二十五年》，孔子语)或"以文化人"(以文字、文化、文饰来改变人，提高人的境界)的极简单性与极复杂性的矛盾统一。

"字"的初文为"⌂"。上部"宀—∧"，即为"房屋"之象形；下部"子—丫"，乃襁褓中婴儿形象。"字"既有母性之意(如在湖南农村的某些方言中，母牛又叫"字牛")，亦有"生育、生产"之意，略加引申，它又有"爱抚、抚养"之意。而《诗经·大雅·生民》中的"**字之**"二字，其意则是"爱抚它、抚养它"。

二、汉字的起源

依据世界文字产生发展的一般规律、有关文献资料记载、文字起源的神话传说及已发掘的地下考古资料，世界各种古老文字的起源时间虽然有所不同，但大致情形却是差不多的。可是能与今天文字一脉相承，并能鲜活地使用且"青春永驻"的，却只有中国汉字。

汉字起源的时间大致在中国新石器时代的中晚期，即母系氏族公社的繁荣时期，距今五六千年。其形成体系并能表达语言，大致是在夏朝建立前后，距今约 4000 年。至殷商甲骨文，文字已十分成熟。如果说甲骨文为中国文字的诞生，则似有些不符合事物发展的一般规律。其原因是文字从零星出现传达约定俗成的简单意义，发展到能记录语言表达宏深意旨，一定需要一个较为漫长的过程。

(一)文字产生与发展的一般规律或实际情形

文字产生与发展的一般规律或实际情形，简单来说，就是由图画文字、结绳记事、契刻记号，到约定俗成地表达一定意义，再到表达、记录语言。能够准确表达或记录语言的符号才算是真正被公认的科学意义上的文字。汉字同样适用于这条规律。

1. 图画文字

图画文字是世界上各种古老文字的前身，或是文字起源主要部分的基本形态。这应是举世公认的事实。图 1-2 为引自云南省丽江白族自治州纳西族东巴文经典《古事记》的一段原始图文；图 1-3 为一个印第安人酋长的墓碑图文；图 1-4 为中国黄河流域大汶口文化刻在陶缸上的象形符号。

据纳西族东巴(经师)的解释，图 1-2 表示的意思为："把蛋抛进湖里，左边吹白风，右边吹黑风，风荡漾湖水，水荡漾着蛋，蛋撞到山崖，便生出一个光华灿烂的东西来。"

第一讲　汉字是怎么来的

把这个意思与图中各种图形或符号一一对应，会发现其中虽用了假借的方法，但许多意思仍然停留在文字画阶段。文字画大概就是文字出现的前奏。但因为它不能直接记录语言，所以还不能称之为文字。

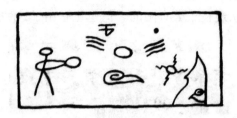

图 1-2　云南纳西族东巴文

图 1-3 所示的这个墓碑图文的意思是，酋长生前十六次征战，有三次负伤。下面剩余部分表示酋长在最后的两个月征战中，被人在白天用斧子砍死。这种图画文字，也还不能称之为文字。因为它与上述东巴文一样，还不完全是通用的约定俗成的符号，既不能诵读，也不能代表确定的词或字句，解释也有一定的随意性。

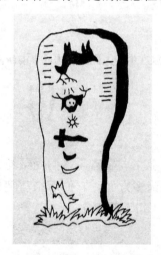

图 1-3　印第安人酋长墓碑

如图 1-4 所示，有人认为它们就是文字，左边的是"旦"字，右边的是"旦"字的繁写。也有人认为它们只是具有记事性质的符号。由于地下发掘同类资料非常有限，无法证实其是否为记录语言而创造，所以一般还是认为它们不是科学意义上的文字。

图 1-4　大汶口陶器象形符号

2. 结绳记事

结绳记事，对文字的产生也有一定影响。如图 1-5 所示，结绳法是利用绳索的长短、打结分岔等方法，来帮助人们加强记忆。有些部族还可能用不同颜色的绳子组合在一起。但不管怎么做，这种记忆法还是十分有限的。但也正是由于这种有限性，使之成了人们创造文字的一大动因。

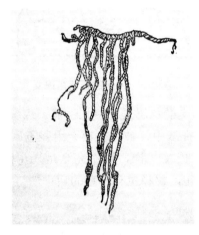

图 1-5　我国西南少数民族在中华人民共和国成立前所使用的记事工具——麻绳

❙ 表示十。 ∪ 表示二十，即"廿"。 ⋃ 表示三十，即"卅"或"世"。"世"即三十年。

这三个字来自我国已成熟的金文。显然，它们受结绳记事的影响十分明显。这说明，文字的来源当是社会生产生活的诸多方面。它们后来与契刻记号字合流，又创造了我们今天仍在广泛应用的"十""廿""卅"等汉字。

3. 契刻记号

契刻记号也参与了文字的创制。图 1-6 是我国龙山文化的契刻符号。

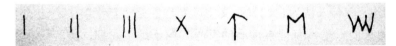

图 1-6　我国龙山文化的契刻符号

除此之外，我们今天仍在使用的许多记号文字一定也与古人的记事符号有关。如"一""二""三""四""五""十"等汉字数字即如此。它们既不是象形字，也不是完全意义上的会意字，更不是形声字，所以我们把它们特别地区分出来，就叫作记号字或符号字。因为它们出现的时间较早，所以也与象形字一起，参加了许多其他汉字的创造。比如"仁""信"等，它们既可形声，亦可会意。

(二)有关汉字起源的传说

1. 仓颉造字说

据《说文解字序》载:"古者庖牺氏之王天下也,仰则观象于天,俯则观法于地,观鸟兽之文与地之宜;近取诸身,远取诸物;于是始作易八卦,以垂宪象。"("往古的时候,伏羲氏治理天下,他向上观察天象变化,向下观察自然规律的运行、鸟兽的形迹,以及大地的脉理,近的取法自身形体特征,远的取法自然万物形象,在这个基础上,创作了《易》和'八卦',用卦象来预卜上天的思想。")这段话告诉我们,在汉文字出现之前,我们的先祖"伏羲氏(即庖牺氏)"就有了用"八卦"来窥探上天思想的传统。但由于这种方法极尽了各种观察的手段,所以它也就具有了某些科学性或科学精神。

"及神农氏,结绳为治,而统其事,庶业其繁,饰伪萌生。"("到了神农氏的时代,使用结绳记事的办法治理社会,管理当时的事务,社会上的行业和杂事日益繁多,掩饰作伪的事也就不断地发生了。")这是告诉我们,文字的创制是社会发展的需要或必然。过去以"八卦""结绳"的办法进行统治,因其事后解读不仅主观随意性太大,而且所载内容十分有限,所以就逐渐不被人们所普遍接受,即不再适应社会发展的需要。

"黄帝史官仓颉,见鸟兽蹄远之迹,知分理可相别异也,初造书契,百工以乂,万品以察……仓颉之初作书也,盖依类象形,故谓之文。其后形声相益,即谓之字。文者,物象之本;字者,言孳乳而寖多也。着于竹帛谓之书。书者,如也。以迄五帝三王之世,改易殊体,封于泰山者七十有二代,靡有同焉。"("到了黄帝时代,黄帝的史官仓颉看到鸟兽的足迹,悟出其纹理有别而可辨,因而开始创造文字。文字用于社会之后,各行各业分工明确、安定繁荣,万事万物名称准确,各有名分……仓颉初造文字,是按照事物形象画出形体,所以叫作'文';随后又造出合体的或依形会声或依声附形的形声字,这些文字就叫作'字'。'文',就是象形字,它们是汉字的根本。'字',即逐渐增多的意思。它们都是由'文'孳生而来。'字'的发展繁衍,使文字数量日多。把文字写在竹简、丝帛上,叫作'书'。'书'就是形象相似之意。文字在经历了'五帝''三王'的漫长岁月后,有的改动了笔画,有的造了异体,所以在泰山封禅祭天的七十二代君主留下的石刻,字体各不相同。")

以上记载与论述勾勒出:所谓"仓颉造字",确实是在总结继承前人经验成就(包括"伏羲八卦""神农结绳"在内)的基础上完成的。到黄帝时,仓颉又总结出了一套自己的先进的造字方法,即"文"法与"字"法,或曰"象形法"与"形声法"。这套方法,特别是"形声法",在形成理论后,使汉文字的数量增长很快,对语言、文学及社会管理与发展起到了极大的推动作用。

作为黄帝的史官仓颉,是一位在前人的基础上对文字的整理与规范化做出了巨大贡献的伟大人物,如《荀子》《吕氏春秋》《韩非子》《世本》《尚书正义》《淮南子》《文心雕龙》《论衡》等皆曾提到仓颉作书("作书"即"造字")。在后世的许多传说中,都

把他描绘成了"神"或半人半神的人物。特别值得一提的是：他有四只眼睛。而这，正是他具有超常观察力，即能看清宇宙一切事物或现象的能力的象征。于是，汉字创制成功，便有了"**天雨粟，鬼夜哭**"之感天地、泣鬼神的想象性、夸张性的场面描述。为什么会这样？简言之，是因汉字创制意旨宏深，追幽捕微，其神秘与精彩、美丽与神奇能让天地为之动容，鬼神不能潜匿。

仓颉造字的传说，其真实性还具体表现在：一是大致时间，即黄帝时期，也即距今约五千年；二是史官在文字规范整理上起过重大作用，即仓颉之前已有文字萌芽；三是文字起源与"八卦""结绳""契刻符号"有关；四是文字的大量出现与成熟，是以象形为根基，以象形与象形、象形与符号等相互组合而增多的。这些背后的东西，只要仔细去伪存真，便都是符合历史事实的。

2. 结绳说

关于"结绳"，上面《说文》已有介绍。此外，《易经·系辞下》曰："上古结绳而治，后世圣人易之以书契。"《庄子》云："昔者容成氏、大庭氏……伏羲氏、神农氏，当是时也，民结绳而用之。"《周易正义》引《虞郑九家易》曰："**古者无文字，其有约誓之事，事大大结其绳，事小小结其绳，结之多少，随物众寡**；各执以相考，亦足以相治也。"但宋郑樵说的"**汉字由结绳而来**"却不可轻信。我们相信，我们祖先一定曾经有过"**结绳为治而统其事**"的传统，但要说汉字仅"由结绳而来"，则难以令人信服。笔者的观点与许慎基本一致：结绳记事的部分内容或某些方法曾为文字创造者们所吸收，但只是其中一小部分。

3. 河图、洛书说

"河图"一词，最早出自《尚书·周书·顾命》。据《论语·子罕》记载，孔子曾有"凤鸟不至，河不出图，吾已矣夫！"的感叹。不过没有"洛书"之说。后来《易传·系辞传上》曰："是故天生神物，圣人则之；天地变化，圣人效之；天垂象，见吉凶，圣人象之；河出图，洛出书，圣人则之。"即有了"河图""洛书"连在一起的说法。从上述整个语境来看，其他都比较正常，唯有"河出图，洛出书"似有些不可思议。不过，可以肯定，如它们真有，那也是更远古的"圣人"留下的杰作。它们的出现，或许启发了后世的"圣人"对于汉字的创造，也未可知。

相关链接

河图、洛书

"河图"，即黄河之图，"洛书"即洛水之书，其展示如图 1-7 所示。古人均把它们视为天降祥瑞。后世不少学者认为，所谓"河图""洛书"实为《易经》之源，而非神话传说。

第一讲 汉字是怎么来的

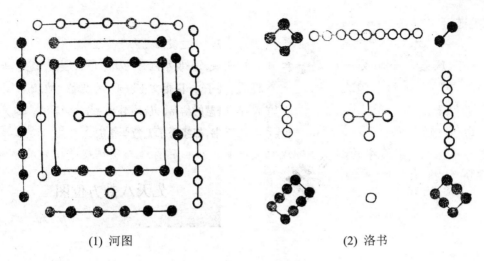

(1) 河图　　　　　　　　　　　　(2) 洛书

图 1-7　河图、洛书展示

4. 八卦说

"八卦说"在上面的《说文》中，许慎也已经提及，但如以此作为全部汉字创造的来源或依据，则似有些荒诞不经，因为它既不符合汉字创造、发展的本来面貌，也不符合世界文字发展的一般规律。但是，我们又可以相信，"八卦说"不仅曾经给汉字创造以启示，而且也实际参与了"汉字"的创造过程。笔者研究发现，古汉字中不仅带"爻"或带"乂"的字与"八卦"占卜过程中的卦象有关，而且其中的"一、二、三"等符号字就是源于"八卦"符号。八卦图如图 1-8 所示。此外，还可进一步确认：正因为"八卦"符号等对于汉字制作的参与，从而大大丰富了汉字的多义性、开放性、哲学性或抽象性。而这，也正是汉字延绵数千年不绝却仍青春不老的根源之一。说得更哲学一点，中国汉字构形，实际上就是"中国智慧的形状"。

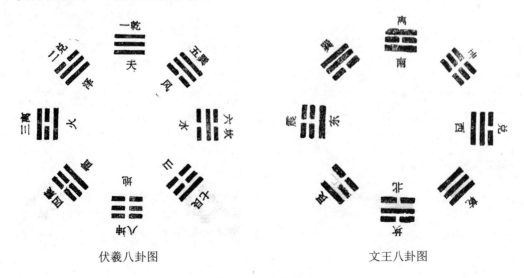

伏羲八卦图　　　　　　　　　　　文王八卦图

图 1-8　八卦图展示

> **相关链接**

"一"既是一个阳爻,也是一个阳爻与阴爻的结合,所以同时又是"道"与"太极"。"二"既是两个阳爻,也是一个阴爻;同时又是"阴阳",所以也是"道"。"三"为"一、二"所生,是"道"的具体化,所以既是"天、地、人",亦是"万物"。由于"道"无处不在,所以"一、二、三"无处不在。而事实上,"一、二、三"确实参与了绝大多数汉字的制作。即或初文没有,后世的再造与所谓规范化发展也常与其纠缠难分。

第二讲　汉字构形的"玄机"
——以"人"字为例

《淮南子》载：苍颉(即"仓颉")造字成，惊天地，泣鬼神。("*昔者苍颉作书，而天雨粟，鬼夜哭。*"《淮南子·本经训》)古人云："一字一太极。"人们一般把前者视为神话，后者则视作缺乏根据的夸张。果真如此吗？笔者的回答是：前者确有些夸张，却是有道理的夸张；而后者，则是基本合乎实际的。换言之，只要你深研究究，就会发现，汉字精妙构形背后的意义，是真可以追幽捕微，穷尽天地神鬼、阴阳两界之奥秘，使天地为之震惊，鬼神无法藏身的。当然，从哲学上或所谓"真际"上讲，"震惊"的是"人"，"无法藏身"的还是"人"。

可是，这是个"问题"，因为今天的汉字，对于大多数人而言，已完全成了语言的符号，即今天的人们，已多不相信或多不能理解古人的上述认识了。

"**玄妙之意，出于物类之表；幽深之理，伏于杳冥之间。**"(唐张怀瓘《书议》)只要仔细观察，认真思考，详加检索与联系，一个简单的"人"字构形(见图2-1)的某些申说，或可给我们以启示。

图2-1　"人"字构形

1. 一撇一捺是个"人"

"一撇一捺是个人，互相扶持是本分；我为人人人为我，共建和谐促共赢。"这，既是当代中国人对于此"人"字构形的臆读，也是大多数人的心理企求或心声。其实，"人"，从来就不是个体的独存。从最原始的狩猎活动，到以家庭为单位的男耕女织；从近代规模化大生产，到如今的自动化、集约化，其模式或成就无一不是"人"互相协作的结果。不仅物质生产如此，精神活动也莫不如此。经验、文明的传承，科技的发展与传播，男欢女爱……无一不是一幅幅人人互助合作的美丽图景。不过，上述的臆读，虽然有些合理，且有意义，却既没有真正领会"人"之如此构形的深层意义，亦背离了"人"字初文的本义。

2. "人"之初形是象形

"人"字的初形如图 2-2 所示，是个象形字。所谓象形，按照许慎的说法，便是：

汉字鉴赏

"远取诸物，近取诸身"，"画成其物，随体诘诎"。即"远"根据自然之物(日月星辰、山河大地、草木虫鱼等)，"近"根据人之自身(口、耳、眼、鼻、手、脚、身、心等)具体形象描摹而成。不过，"象形"的所谓"描摹"并不等同于绘画：它是粗线条的勾勒，不是写实或具体描绘。说它像，它很像；说它不像也不像。它是"具象"与"抽象"的高度统一。"人"之"象形"，属于"剪影成形"之"像"。它是"人"：**侧身俯首而立之形象的剪影**。除了上面的" "之外，它还有众多与之相类的异体，如" "" "等。

图 2-2　"人"字的初形

相关链接

汉字中依"人"之形而"剪影成形"的除" "之外，还有其他多个，如"身— "" 大— "" 子— "" 文— "" 矢— "等。其中，"身""文""矢"既是象形亦可会意，"大""子"则为单纯的象形字。可是，为什么我们一定要以"人"之侧身俯首而立之形作"人"字呢？这只有在仔细观察、认真思考之后，我们才可能发现其中的"玄机"。

3. 如此之" "一曰"畏"

侧身，俯首而立，最早表达的是"人"之"畏"。在从灵长类动物向"人"的进化过程中，由于对于来自自然界的伟大力量的不可抗拒与长时间的无知，让"人"总是充满恐惧。当彗星、流星撞击大地、森林引起大火时是如此，地震、火山等各种自然灾害的不定期爆发时也是如此。当然，更不要说需要时常直接面对的死亡了，所以《易传》云："**君子以恐惧修省。**"(《易传·象传下·震》)这种恐惧心理或思想意识的发展，由对自然而迁延至对人类社会本身。到春秋战国时期，孔子便清醒地认识到，如要做好"人"，便必有所"畏"！"畏"，是一切伦理道德产生或存在的前提或根源！人不仅要"**畏天命**"，而且要"**畏大人，畏圣人之言**"，甚或要畏"小民"，畏"小人"。为什么？因为人只有"有所畏"，才能有所不畏；只有有所不畏，才能"有所为"。古今的众多贪官污吏，之所以为所欲为，简言之，就是心中失去了人之为" "所原本应具有的那个"畏"字，从而"欲令智昏"，走上不归路。

第二讲 汉字构形的"玄机"——以"人"字为例

> **相关链接**

子曰："君子有三畏：畏天命，畏大人，畏圣人之言。"（《论语·季氏》）

"天命"，主要是指来自于自然的不可抗拒的伟力，同时也指来自于人类社会之所谓绝对的道德命令或不可抗拒的绝对权威。

"大人"，主要指人类社会中掌握绝对权力者，以及父母、先祖等。

"圣人之言"，主要指历代圣人流传下来的经典语录。它们是智慧的高度概括与总结。

4. 如此之" "又曰"礼"

中国古人行礼以此形象最为普遍。现代日本人，甚或包括部分中国人(特别是中国台湾省)、西方人也仍是这个样子。墨子说："**礼，敬也。**"（《墨子·经上第四十》）事实是，"人"之初形有多种异体，俯身是其共性，但其曲体的程度却有不同，最甚者为" "——即所谓"五体投地"(四肢与头皆须紧贴地面，主要是针对自己的祖先)也。一个"敬"字以释"礼"，看似简单，其实意味深长。所谓"敬"：无不敬也，不仅要敬天命、大人、圣人、自然、鬼神、父母、兄弟、师长、朋友、妻子等，同时也须敬小人、敌人、一粥一饭、一草一木。不过，敬则敬矣，其态度却是有所区别的：敬君子要敬而亲之，敬鬼神、小人要敬而远之，敬父母要敬而孝之，敬敌人要敬而重之，敬衣食要敬而惜之。如此等等。

> **相关链接**

樊迟问知。子曰："务民之义，敬鬼神而远之，可谓知矣。"（《论语·雍也》）

樊迟向孔子请教什么是"智"，孔子回答说："为老百姓服务或所谓治理百姓，最重要的是要讲究公平公正原则，以不损害自身的光辉形象为准；对待鬼神，既要虔诚敬畏又不要过于亲近，这样就算是所谓的'智'了。"此"知"不仅通于"智"，而且通于"礼"。

5. 如此之" "又曰"智"

初见此说，可能有点懵。但只要看了上面的"链接"就能明白。其实很简单，它就是从上述之"畏"与"礼"引申而来。子产说："**人之所以贵于禽兽者，智虑。智虑之所将者，礼义。**"说白了，许多时候，人之所谓行"礼""隆礼"，其实就是"智"。如上述"**敬鬼神而远之**"，在孔子看来不仅是"礼""敬"，同时更是"智"。为什么？因为"鬼神"之类，在那个时代我们很不了解：既不能证实，亦不能证伪。于是，"远之"便成为最好的选择。另如春秋时，晋楚"城濮之战"，晋文公重耳"退避三舍"以打败楚国将军子玉所率楚军，则不仅是"礼"是"智""义"，同时也是"信"。说是"礼"，是因其以君避臣；说是"智"，是因其以"避"而实现了诱敌、骄敌；说是"义"，是因其如此而提高了自身在民众与诸侯中的地位与形象，从而赢得了霸主地位；说是"信"，是因其实现了其之前出亡楚国时曾对楚君所许下的若晋楚治兵则将"退避三舍"的承诺。

相关链接

及楚，楚子飨之，曰："公子若反晋国，则何以报不谷？"对曰："子女玉帛，则君有之；羽毛齿革，则君地生焉。其波及晋国者，君之余也。其何以报君？"曰："虽然，何以报我？"对曰："若以君之灵，得反晋国，晋楚治兵，遇于中原，其辟君三舍。若不获命，其左执鞭弭、右属櫜鞬，以与君周旋。"(《左传·僖公二十三年》)

6. 如此之"𣥂"又曰"仁"

从"𣥂"到"仁"，光靠观察可能是很难得到上述认知的。它需要的是"想象性"。汉字有多重特点：象形性(具象性)、多义性、哲理性(哲学性)、想象性(抽象性)、艺术性、开放性等。"想象性"是其中之一。看到"𣥂"，我们自然就会联想到现实中的"人"。而现实中的"人"，则从来就不是独立存在的。按照马克思的说法，便是"一切社会关系的总和"(有人可能会联想到某些极个别的与世隔绝而存在的"人"，但事实上如他们真已与世隔绝，那么也就不再属于"人"的范畴了)，即他必得与其他人发生关系。而这种关系的最普遍存在——"即时"的只能发生在"两人"之间。"两人"即"二人"，"二人"即"仁"。"二人"也是人类社会最小的共同体，家庭便是这种共同体的最普遍的形式。"二人"能在一起，特别是能长久地在一起，原因只有一个，那就是"爱"，所以孔子说：**仁者，爱人。**"爱"是"仁"的最基本内涵，是"天人合一"最具智慧与人性的表达，是人之为"人"的基础。孔子的所谓"己所不欲，勿施于人""己欲立而立人，己欲达而达人"等，皆是这种"爱"的具体化。

相关链接

"君子务本，本立而道生。孝弟也者，其为仁之本与！"(《论语·学而》)

"仁也者，人也。"(《孟子·尽心下》)

实际上，在古汉语中，"人"与"仁"许多时候是互相通用的。如《吕氏春秋》曰："君子责人则以人，自责则以义。"前一个"人"意指"别人"，后一个则为"同情""怜悯""爱""爱人"。它告诉我们，只要是"人"，就理应具有"同情""怜悯""爱""爱人"之心。这是我国古人，特别是古代那些伟大学者、思想家们的共识。这不仅可以从"人"的最初构形联想分析出，也可以从古代学者们留下的众多思想资源中寻出。按照孟子、朱子的认知，人如有了"仁"这个基础，那么便不仅有了"恻隐之心"，而其他的"羞恶之心""恭敬之心""是非之心"也就都有了。而有了此"四心"，也就

"仁""义""礼""智"全有了。换言之，人如没有了"仁"，便失去了做"人"的资格，或还没有成其为"人"。

"恻隐之心，人皆有之；羞恶之心，人皆有之；恭敬之心，人皆有之；是非之心，人皆有之。恻隐之心，仁也；羞恶之心，义也；恭敬之心，礼也；是非之心，智也。"(《孟子·告子上》)

"盖仁义礼智四者，仁足可包之。"(黎靖德.朱子语类[M].北京：中华书局，1994：113.)

7. 如此之"㇇"又曰"信"

这种解读仍然属于关于"㇇"认知的"想象性"。只要是"人"，他就必定有"信"！"人而无信，不知其可也。"(《论语·为政》)即"人"如果没有"信"，他就不能在社会上立足或生存。简单的证明方法就是：因为是"人"，所以就必有"仁""义""礼""智"，而有了"仁""义""礼""智"，就一定有"信"。于是，《吕氏春秋》便有了"人曰信"的直截了当的论断。具体言之："信，是共同体得以建立或存在的基石；"人"没有了"信"，也就没有了"独立"与"自由"。

🔗 **相关链接**

"信"由"人"与"言"共同构成。即无论是"人"还是"言"，都属于"人"。因此，不仅可以说"人曰信"，亦可说"人曰言"。事实上，只有人才有穿越时空以传播经验知识、交流思想信息的语言。无论你说的是什么，只要是语言，无论是真还是假，其"信"都可以蕴于其中。原因很简单，真正的"知言"者可以："诐辞知其所蔽，淫辞知其所陷，邪辞知其所离，遁辞知其所穷。"(偏颇的言辞，可以知道它遮蔽的真实；迷惑的言辞，可以知道它所设下的陷阱；邪恶的言辞，可以知道它背离了正义有多远；欺骗的言辞，可以知道它的缺陷在哪里。《孟子·公孙丑上》)即你的语言能让你真实的思想在知言者的追问与反思中无处可藏。

"名以出信，信以守器，器以藏礼，礼以行义，义以生利，利以平民，政之大节也。"(《左传·成公二年》)人因"名"而存在。人没有了"信"，也就没有了"名"。没有了"名"，存在不存在也就没有价值或意义了。

"君子名之必可言也，言之必可行也。君子于其言，无所苟而已矣。"(《论语·子路》)

"人曰信，信维听。"(《吕氏春秋·季冬纪卷·序意》)

"人所以立，信、知、勇也。"(《左传·成公十七年》)

"信以行义，义以成命。"(《左传·成公八年》)

"礼以行义，信以守礼，刑以正邪。"(《左传·僖公二十八年》)

8. "色"字头上是个 " "

常听人言："色字头上一把刀。"极言"色"之予人之"害"。可是，事实并非如此。"色"的初文有多个，其意各有不同。如" "，上为一"手"，下为一男人与其阳物外露之形；" "，为一女人躬身翘臀且后下外露阴物之形；小篆之"色— "，为上下两"人"重叠，即两性相交之形。故三字本义皆与性有关。其上均非"刀"字。今之"色"字由小篆楷化而来，其下亦不是"巴"，而是"人"。换言之，"色"乃会意字，会男女相交之意，皆与"刀"无关。后人以"刀"解之，一因其构形在汉字楷化后的变化使其上部近楷书之"刀"形；二因公元前后佛教传入中国后，其某些教条或思想对中国传统思想文化所产生的影响。

9. 一撇一捺不是 " "

今一撇一捺之"人"与"近取诸身""随体诘诎"的" "已有了巨大区别。可是仔细想想，这种"区别"却并不是我们想象的那么简单：汉字构形的变化，没有也不可能反映出我们人类几千年来的体型或器官构造有何变化，故这种"变化"，反映的只能是"人"的思想与行为实践的变化。

图 2-3 中一撇一捺之"人"最早出现于秦末汉初，很明显，它是由金文中的" "的异体——" "快写而来。起初其"撇"仍有点弯，之后便越来越直。这种变化，从表面上看，只是书写方法由曲折蜿蜒而变得平直简单，由朴实无华而变得富有装饰性，但其背后反映的却是"人"对于旧的礼法、制度的无视与挣脱，以及对于自由的向往与渴望。

图 2-3 一撇一捺之"人"

到了魏晋时期，"人"字有了更多的变化，如图 2-4 所示。这些变化一方面反映的是"人"对于自身的"解放"，以及对于自身能力的强烈认可与自信——"义无反顾、大步向前、无所不能"等；另一方面，也同样反映出"人"的无知、自大与狂妄。这也犹如东汉赵壹所言的"上非天象所垂，下非河洛所吐，中非圣人所造"(《非草书》)，已经完全失去了其本来的意旨了。

图 2-4 魏晋时期"人"字的众多变化

第二讲 汉字构形的"玄机"——以"人"字为例

图 2-4 魏晋时期"人"字的众多变化(续)

是的,"人"可以追求人性、精神、艺术的自由,但却绝不能丢弃人之为"人"的最基本的"畏""仁""义""礼""智""信"。正是因为有了它们,才让我们有了最基本的人性光辉。非如此,我们的共同体将会失去安宁与和平,我们的灵魂将无所归依。于是乎,我们既要有""的自信、自由意志、进取精神,又要有""的礼义谦卑。我们虽不能完全固守传统,但也绝不能抛弃传统。原因竟是如此之简单:不管社会如何变化,"人"的思想如何超越飞扬,我们似乎永远也无法摆脱我们的身体只是如此之构形""的"天命",因为我们只有这样,""才更像"人"。

📎 相关链接

1. "人"即"人道"

《史记》云:"荒侯市人病不能为人,令其夫人与其弟乱而生他广。"(《史记·樊郦滕灌列传》)此"不能为人"即指此人不能尽"人道"。此"人道"却非彼"人道",而特指男女交媾之事。"人"之此意从一个侧面反映出:男女之事,乃人之大伦、大欲或人之本性,对于"人(主要指男性)"来说,具有非同寻常的意义。孟子云:"不孝有三,无后为大。"孔子编《诗三百》以《关雎》为首,意旨宏深:家庭、后嗣乃一切伦理道德之前提与核心。舍此,"仁义道德",一切便无从谈起。即按中国传统道德伦理:无后便是不孝,不孝便是不仁,不仁便不是人。遵此理念,今天选择别的更加理性和科学的方法让自己"有后",则理应受到社会的普遍提倡与保护。

2. "人"即"人人""每人"

"民则人给家足。"(《史记·平准书》)"若能同心一力,人自为战,大功可立。"(《后汉书·吴汉传》)其"人"皆为"人人"或"每人"。另,今语之"人各有志""人手一册"等,其"人"亦为此意。以"人"为"人人"反映出的实质是:一,"人"的出现,从来就是共同体的一员,即没有所谓个体独存的"人"。这种认识既是对本篇之首"一撇一捺是个人,互相扶持是本分;我为人人人为我,共建和谐促共赢"的进一步解读,亦是"人"对于自我存在的深刻认知。二,人各有别,即每一个体都有其独特的品性,无有同者。

3. "人"即"人才"

"子无谓秦无人。"(你不要说秦国没有人才。《左传·文公十三年》)"于是帝乃求人,更得舜。"("帝",指尧。《史记·夏本纪》)其中之"人"皆为"人才"。此解的实质是:凡是人,就是人才。孟子认为,凡"人",皆有仁、义、礼、智"四心"。试

17

想,这样的"人",难道还不是"人才"吗?另,不仅《三字经》中的"三才者,天地人"蕴含此意,而且老子的"知人者智,自知者明"、荀子的"知之在人"亦蕴含此意。只要是"人",就会有"知"的愿望;只要有"知"的愿望,就一定能有所"知"。只要能有所"知",那么就有"智",有"智"就是"有才","有才"之人就是"人才"。这种理解,既是"人"之自诩,亦是"人"之自信。

4. "人"即"某人""某些人""某种人"

"人谓子产不仁,吾不信也。"(《左传·襄公三十一年》)其"人"即"某人"或"某些人"。今语之中,四川人、北京人、主持人等,其"人"亦皆此意。凡"人",在别人眼中,就是"某人""某些人""某种人"。于是,我们要学会理解"某人"或"某些人",以换位思考,将心比心。"某些人"也是"人"。

5. "人"即"别人""他人"

"人之有伎,若己有之。"("伎",此通"技"。《尚书·秦誓》)"对人是马克思主义,对己是自由主义。"(《反对自由主义》)其"人"皆为"他人"或"别人"。一样的解读,两种态度与意味。一种是尊重与爱慕,另一种是偏私与自我放纵。"他人"也是"人"。

6. "人"即"自己"

"人"即"自己",如"文如其人""书如其人"等中的"人"。不仅"文""书"如此,自己也是"人"。即不管是生产劳动,还是思维活动、文学艺术实践,都会打上主体自身的烙印。因此,"在人之上,视人为人;在人之下,视己为人"。

7. "人"即"人情事理"

"庄子蔽于天而不知人。"(《荀子·解蔽》)其"人"即"人情事理"。荀子说得在理。庄子之"不知",是因其"无聊"。其所追求的所谓身心绝对自由,虽然境界高远,可以向往,但现实怎么可能?是"人"就应知"人情事理"。以此,庄子远离"人情事理",于是乎,只能幻想着做神仙。

8. "人"即"人为的"

"牛马四足,是谓天;落马首,穿牛鼻,是谓人。"(《庄子·秋水》)其"人"即"人为的"。这是"人"对其所谓"伟力"的炫耀!人通过劳动创造了自己,同时也在按自己的尺度不断地创造和改变着世界。"落马首,穿牛鼻",客观地反映了"人"对于客观物质世界规律性的认知与控制、利用能力。而这种能力的不断增强,不仅膨胀了"人"的欲望,激发了"人"的狂妄,而且也正在给人带来灾难。

9. "人"即"人的身体"

"人"即"人的身体",如"他人在这里,心不在这里"。"人"本来就是"人"之"形"的缩写。于是,它首先必然是"物质"。这是"人"的第一性,或动物性,或天性。正因此,"人"必得在解决衣、食、住等,即饮食男女之事的基础上,才可能进行其

他诸如哲学、文学艺术等精神活动。道德伦理等人的"第二性"或"社会性",同样也必须在此基础上才能得以建立或实现。不过,自启蒙以来,"人"似已为物质所"异化"——对于物质的追求几成唯一目标。而这种"异化",使人之为"人"徒增了无限苦恼与恐惧。

10. "人"即"人的品性"

"颂其诗,读其书,不知其人可乎?"(《孟子·万章下》)其"人"即"人的品性"。能反映"人之品性"的,不仅诗、书、字、画可以,一言一行均可以。凡人,皆有品性。"诗""书"可作代表,因其"雅"。"雅",正也。换言之,"诗""书",最能反映的是"人"之"正"的一面。没有人作诗、著书主观上欲自增其丑。

11. "人"即"偶"或"伴侣"

"彼方且与造物者为人,而游乎天地之一气。"(《庄子·大宗师》)只有"人",能与"天地并"。"道"是造物者,"天地"是造物者,人也是。故能与"天地"相"偶"者,只有"人"。这是其一。其二,"人"从来就不是个体的独存。它既是"人人",也是"他人"或"别人"。

12. "人"亦即"果仁"

"杏子人,可以为粥。"(《齐民要术·种梅杏》)其"人"即"果仁"。"果仁"即"果核","果核"即"果"之"核心"。凡有果之草木,其"生生之意"皆蕴藏、掌控于"果仁"之中。于是乎,"人"之以"果仁"自比,既是自以为是、自我膨胀、欲宰制万物的狂想,也是赋予万物以"人性"的"譬喻"。

13. 如此之"人"圣人造

自古至今,"人"的写法有多种,但其最初的造字理据却只有一种——"象形"。换言之,其他的多种写法都是由此象形变化、简化、美化、幻化而来。根据许慎、赵壹等人的观点,其最初且意义丰富的形象一定为"圣人"所造,而其他则由历代书家、民间作者在继承前人的基础上自由发挥而来。为什么呢?简言之,因为只有"圣人"才可创造出追幽捕微、意味深长的文字,以至于能让"天雨粟,鬼夜哭",而其他所有在此基础上所创之字体、书体,则由于符号化而多已失去其本义。(当然,这也可说它是社会发展的需要,书写或书法艺术发展的需要。)

第三讲 汉字之"根"
——符号字与象形字

因造字理据不同,汉字王国大致可分为主要的"四个族群":符号、象形、会意、形声(《说文》中所说的"指事"可并入"会意";转注、假借因未造出新字,所以也可属"会意、形声"一类)。其中,象形字、符号字数量较少,构形简单,但作用巨大,它们是制作其他所有汉字的基本"材料",而且规约着其他所有汉字的意义与读音,所以可称其为汉字之"根"。

所谓符号字,第一讲已提到,它们主要源于《说文》所提到的伏羲八卦、神农结绳或其他一些契刻符。它们出现于象形字之前,与象形字一样是实现汉字多义性、哲学性、抽象性、想象性的最根本依据。

所谓"象形",第一讲也已提到。依许慎在《说文》中的说法,便是以"**近取诸身,远取诸物**""**画成其物,随体诘诎**"的方法创造出来的"简单"汉字。它们一般为独体。除此之外,许慎还给它取了一个特别高雅的名字,叫作"文"——"**依类象形,故谓之文**"。"文",就是象形字。在整个汉字王国中,其数充其量不过三五百,却是构成其他绝大多数汉字的"材料"。即其他绝大多数汉字(除少部分符号字外)多由它们孳乳(孳生、生产、生育)而出。换言之,所谓汉字"四大家族",除符号字外,其他则皆是象形字,或由象形字与象形字,或象形字与符号字等互相叠加、纠缠而来,它们共同构成了整个汉字王国。

比如"仁"字,你说它是"形声"似乎也说得过去,但它却"形"与"声"集于"人"之一方,"二"只是个"符号";你说它是"会意",似更确切。究其实,它是个典型的"象形"与"符号"的集合体。

"象形"似乎较为"单纯",但其实也可与"会意"纠缠不清。如"矢—夨"字,你说它是"象形",证据确凿!因它是独体,而且形态逼真:像一人迈步疾行之形,或像一人掉头迈步疾行而去之形。你说它是"会意",似乎也说得过去,因它又可说是"大"字之上加了个"弯头"[这会让人顿生疑惑!原来这个"矢"并不是"箭矢"之"矢",而是"人(大)",且与"知""智"紧密联系]。类似的情形还不少。特别是"会意"与"形声",事实上,许多汉字既可"形声"亦可"会意",如本书前面已经讲过的"鉴"字,以及后面还要讲到的"玩"字即如此。

就"造字"方法而言,汉字学史上最为著名的当为许慎的"六书说":象形、指事、会意、形声、假借、转注。可其实此说是经不起推敲的。因其所谓的"假借""转注"只是用字之法,并未造出新字,而"指事"也可归于"会意"一途(其所举"上""下"两

第三讲 汉字之"根"——符号字与象形字

例,其实就是两个符号的组合)。因此,最后剩下的便只有"符号、象形、会意、形声"四种了。

相关链接

《说文·序》关于"六书"的描述。

【原文】 《周礼》:八岁入小学,保氏教国子,先以六书。一曰指事。指事者,视而可识,察而见意,"上、下"是也。二曰象形。象形者,画成其物,随体诘诎,"日、月"是也。三曰形声。形声者,以事为名,取譬相成,"江、河"是也。四曰会意。会意者,比类合谊,以见指㧑,"武、信"是也。五曰转注。转注者,建类一首,同意相受,"考、老"是也。六曰假借。假借者,本无其事,依声托事,"令、长"是也。(《说文》)

【释文】 《周礼》规定,官宦子弟八岁进入小学学习,学官教育他们,先教"六书"。"六书",即六种造字方法。第一叫指事,指事的含义是,字形、结构看起来认得,经过考察就知道它所体现的字义,"上、下"二字即属此例。第二叫象形,象形的含义是,用简练的线条画出物体的形状,随物体本身形状变化而变化,"日、月"二字即属此例。第三叫形声,形声的含义是,按照事物的性质和文字产生前的读音,挑选可相比譬的声符和义符组成文字,"江、河"二字即属此例。第四叫会意,会意的含义是,能从构成文字的部件组合产生联想,从而明白该字的意义,"武、信"二字即属此例。第五叫转注,转注的含义是,意思相近或相同的两字可互相注释,"考、老"二字即属此例。第六叫假借,假借的含义是,没有为某事某物造字,而按照某事某物的读音,找一个同音或近音字代表它,"令、长"二字即属此例。

一、符号字

符号字数量极少,但意义非凡。它们主要来源于八卦、结绳、契刻符号。如一、二、三、四、乂、十、廿、卅、丗、册、爻等。

其中最具代表性的是"一"。它既是伏羲八卦中的阳爻,也是后来道教所奉之太极(阴阳两爻的重合),所以它又可称为"道"。("惟初太始,道立于一"。《说文》)"道",既是物质的,又是精神的;既是根本存在,又是基本规律。道无处不在,无所不包。它的存在是自然客观的,不会随人类生灭,但其意义却只有通过人在赋予其"名"之后才可能加以规约与解读。老子说,"道"与"名""同出而异名,同谓之玄",说明"道"与"名"既是一个东西,又是两个东西,但要深刻理解它,却并不容易。

其次是"爻"。"爻",是古人占卜时所见卦象的最基本形态的抽象描摹,是具象与抽象的高度统一。由于其构形的特殊性,所以它具有多重意义,如效、学、教、变化、联系、悖反、错误,等等。对它的解读,较全面地反映了中国古圣先贤对于自然、人类社会、人的精神意识等方面的认识广度与深度。

"水",既可能源于对其自身自然形象的描摹,也可能源于八卦中的坎卦。类似的情况说明，早于文字产生的八卦符号深刻地参与了汉字的创造应是无可置疑的。

二、象形字

(一)"近取诸身"

"近取诸身"，即就近以"人"的整体或局部器官形象或轮廓特点为依据，以高度抽象的线条，把它们描摹出来的造字法。这种"描摹"即**"画成其物，随体诘诎"**。具体来说有两种：剪影成形(指按人体整体轮廓特征描摹而成)；摹"官"成形(指按具体的人体器官的大致轮廓特征描绘而成)。

1．剪影成形

(1) "▨"——"人"之初文。像"人"侧身曲体而立之形。古贤以此形为"人"，意涵深刻，它把人之为人所理应具有的谦卑、恐惧、道德以及必须如此的原因都深刻而形象地揭示出来了。

(2) "大"——"大"之初文。像"人"摊开两手正面而立之形。老子云："道大，天大，地大，人(王)亦大。"(《老子》第二十五章)"道、天、地、王"之所以大，不仅指其物理形体，也指其构形中皆有"人"的参与。"道—▨"中有"首"是人之首，而"天—天""王—王"则皆有"大"。"地—地"虽然没有人，但有"也—▨"。"也，女阴也。"(《说文》)故它可以生"人"。这背后的隐喻是没有"人"，所谓"大"或"不大"皆是不存在的。老子云："无名，天地之始；有名，万物之母。"(《老子》第一章)换言之，即"道、天、地"等之所以"大"，皆是人所想象或赋予的。

(3) "子"——"子"之初文。像襁褓中婴孩之形：上部为头，中部为两只小手，下部为襁褓所捆扎的两条腿。此形告诉我们：人之初既无男女之别，亦无贵贱之等。由此可知，它：既能称"子"，亦可称"女"，甚或"妻子儿女"；既是"民"，亦是"爱"，亦是"百姓、后嗣、后代"，甚或名气大、有思想、有智慧之尊者、长者之敬称、尊称。

(4) "女"——"女"之初文。像"人"双手反缚跪地之形，实为奴。此字出现于父系氏族公社繁荣时期，男权社会似已经形成。以此，它既指"女子、妇女、女儿"，亦指"雌性、幼小、柔弱"(如"女桑"即"小桑")；既通"汝、母"，亦通"婢、奴"。

(5) "⺃"——"尸"之初文。像人体曲身僵卧于床之形。或与"人—▨"形同。本义是尸体、死人(在床为尸，在棺为柩)。

引申：活人充任的"神主、神位"（"主人再拜，尸答拜。"《仪礼》）；主体（"宁为鸡尸，不为牛从。"《战国策》）、执掌、主持（"凡驿，有官专尸之。"《新唐书》），坐享禄位、不干实事(如：尸位素餐)；舒展（"尸其肌肤，以达于夷途。"《贞符》）、陈、陈列、陈尸以示众（"曹人尸诸城上。"《左传·僖公二十八年》）；等等。活的"神主、神位"，即"尸位"。它本是由活人代表死者或祖先来享受祭祀的一种仪式，居"尸位"之人一般由少年或小孩担任。"主体、执掌、主持或坐享禄位"也称"尸"，凸显的是这些名称或职位的神圣性。"人"死成"尸"，神性凸显。至于"舒展"，则是因为"人"躺下像"尸"之形最舒服。北方俗语："好吃不过饺子，舒服不过倒着。"南方戏称睡觉为"摊尸"，皆为此意。

(6) "🞧"——"夭"之初文。像人摆动双臂行走之形，或双臂折断之形。

引申：前者蕴含"人"之"幼嫩、姣好、茂盛的样子"，后者蕴含人"受屈"，因"受屈"而"弯曲、早死、死亡、晦暗、憔悴、壅塞、灾祸"等。故此字既通"妖"亦通"殀"。

(7) "🞧"——"交"之初文。像人两腿交叉之形。本义是脚胫相交。

引申：交错、结交、交往、朋友、此与彼受、贯通、通达、相并、合于一起、性交、交配、和谐、接触、付给、交替之际、交汇处、交易等。

2. 摹"官"成形

(1) "🞧"——"首"之初文。像人头部侧面之形：上部为头发，下部为人脸。不过，此字初文有多种，有像人头的，也有既像人头又像动物之头的，如 🞧 等。

引申：初始、开端、首领、最早、首先、根据、要领、第一、有罪自陈、出面告发、屈服、服罪、向、朝着、标明、显示，通"道"等。"首"有"自陈""告发"意，因其有"口"；有"屈服""服罪"意，因其有"知"；"首"又通"道"，因其有思想。"首"能"标明""显示"，因其有"面"——千人千面，各不相同。

(2) "🞧"——"心"之初文。像人心脏之形。其初形有多个，皆相类似。古人所认识的"心"，大概与现代哲学、医学、生理学、心理学所认识的人脑基本一致："心之官则思。"但因"道"以"首"为核心，"首"亦通"道"，再加上"思"之初文"心"之上并非"田"，而是"囟—🞧"，所以此说有点令人迷糊，因为"心之官则思"，"思"可理解为是隶属于"心"的管理者"囟"的，换言之，没有"囟"，"思"便不可能。

引申：内心、思想、心思、思虑、品行、树木的尖刺、花蕊、胸、性情、心性、人的主观意识等。"心"有"树木的尖刺"之寓意，一为"心"形"尖"，似"刺"；二为"心狠"，很厉害，能穿透物质，参透阴阳，领悟精神。

(3)"●"——"口"之初形。像人的口。人的口，既是维持生命存在的"进路"，亦是"言"的"出路"；既是疾病的"进路"，亦是污秽的"出路"。"口者，心之门户也。"(《鬼谷子·捭阖》)因此"口"是思想、智慧、语言的象征。

引申：口才、口味、亲口、破裂的地方、人、人口、进出的通道、锋刃、系统、行业等。"口"能代"行业、系统"，深刻说明"人"从来就不是一个独立的存在。

(4)"⬬"——"目"之初形。像人的眼睛。"人"有"目"即"见—🦴"(上为"目"，下为"人")；"人"无"目"则"盲—🦴"(上为"亡"，下为"目"。"亡"即"无")；"目"之所及，常与"直"或"公正"紧密相连。

引申：看、注视、以目示意、以目示愤、看待、看法、眼力、眼界、名、孔眼、条目、名目、称、称呼、标题、头领、首领、品评、品题等。与"口"一样，"目"同样不是独立的存在，它总是与"思想"紧密联系的。

(5)"⬭"——"鼻"之初形。像人的鼻子。本义即"鼻"，后借用为"自"，且借而不还，故另造形声字"鼻"。"自由"与"鼻"在脸(面子)中的位置、形象所表现出来的抽象意义及其关系的想象性紧密相连。如：突出自我，以自我为中心，始终受到所谓"面子"甚或眼(眼界)、耳(听闻)、口(思想认识)的制约，等等。

引申：始、开头、用等。另用作代词(自己、本身)、介词、连词等。人之所思所行，必是以"自己"为起点或圆心"开始"的。

(6)"🦴"——"右"之初形。亦通于"又"或"手"，像人右手之形。其他如"左—🦴""爪—🦴"等字亦从不同侧面如之。"无出其右"者其底层逻辑是"无出其手"也。

(7)"🦴"——"耳"之初形。像人的耳朵，是"多闻、兼听、善听"的象征，常与"聪""圣—🦴"紧密联系。

(8)"🦴"——"也"之初形。一般认为像蛇虫之类。《说文》云"女阴也"，即认为是女性外生殖器的抽象描摹。这也许是许慎没看到先秦之"也—🦴"字，而受秦小篆之"也—🦴"字影响的缘故。但令人吃惊的是，如果对"地"字之"也"进行分析，我们又会发现，"也"为"女阴"似更合乎实际。

(9)"🦴"——"之"之初形，又通"止"。像人或动物脚印的抽象描摹。这是虚无性与实在性的高度统一。"百尔所思，不如我所之。"(《诗经·鄘风·载驰》)其

"之"，往也，行也，达也。心动不如行动。知之不如行之。"非知之艰，行之惟艰。"（《尚书·商书》）

(10) " "——"臣"之初形。像人的侧面眼睛之形。由下往上仰视，以示服从。

(11) " "——"肉"之初形。像肉块之形。

(12) " "——"囟"之初形。像初生婴儿头上未合之囟门。"囟门"乃"生命之门"，它能避免婴儿出生时因头部受强力挤压而受到伤害。它又是"心之官"，即用来管理"思虑"的一种器官。

(13) " "——"手"之初形。像人五指叉开之形(亦有认为像握拳之形)。

(14) " "——"而"之初形。像人的胡须之形。"胡须"者，可有可无。

(15) " "——"白"之初形。像人的指甲之形，或像人的大拇指之形。又因与"貌"之初文" "上部之"人脸"相同，故又有像人之脸之说。细味之，各有理据。一说，古人做事，两手尽黑，唯指甲本色难掩其"白"；二说，拇指为大，又为"伯仲"之"伯"的初文，后为"白色"之"白"所借，借而不还，故后又造"伯"字；三说，人脸以"白"为美，故"白"又是洁净明亮、清楚明白的象征。

(16) " "——"止"之初形，通"之"。像人之脚印。又通"至"。

(二) "远取诸物"

"远取诸物"，即依"人"身体之外的自然界的一切事物(山河大地、日月星辰、草木虫鱼等)以"**画成其物，随体诘诎**"的造字法。其高度抽象性与具象性的统一与"近取诸身"相同。

1. 像动物

(1) " "——"犬"之初形。像犬之形。其初形有多种，皆似犬之形，又与豕相似。为与"豕"相别，其尾皆向上翘起。

(2) " "——"虎"之初形。像虎之形。其初形众多，皆似虎之形。

(3) " "——"羊、善"之初文。像羊头之形。"善"既是有"利"，也是有"德"。

(4) " "——"豕"之初文。像猪之形。以其尾下耷不翘，示与"犬"别。

(5) "🐎" ——"马"之初文。像马之形：上部为头，中部为身，下部为尾。"马"之初文很多，此为其一。

(6) "🐂" ——"牛"之初形。像牛头之形。

(7) "🐦" ——"鸟"之初文。像鸟之形。凡类鸟动物皆以此为形。如"鸡、鸭"等。

(8) "🐚" ——"贝"之初文。像扇贝之形。凡珍贵之物多以此为形。如"财、宝(寶)"等。

(9) "🐉" ——"龙"之初文。像龙之形。"龙"之初文有多种，皆是想象性的描绘。此"龙"的上部实为"帝"字，长尾亦似披风。

(10) "🐟" ——"鱼"之初文。像鱼之形。

(11) "🐛" ——"虫"之初文。像虫之形。

(12) "🦌" ——"鹿"之初文。像鹿之形。

(13) "🐍" ——"它"之初文。像虫、蛇之形。本义即"虫""蛇"。

(14) "🦬" ——"角"之初文。像动物之角。

(15) "🪶" ——"毛"之初文。像鸟之羽毛。

(16) "🐤" ——"隹"之初文。像雏鸟之形。

2. 像植物

(1) "🌿" ——"屮"之初文。像草之形。因"屮"被借为偏旁，故另造"草"字。

(2) "🌳" ——"木"之初文。像树木之形。

(3) "🌾" ——"禾"之初文。像禾苗之形。

(4) "㞢" ——"竹"之初文。像竹林之形。亦像"草",似状竹子像草一样丛生。其中小"二"既代表"土地",也表示"多"。此字亦可为会意字。

(5) "不" ——"不"之初形。像草木倒生之形。表示对自身的否定。也有认为似"鸟"由下向上冲飞。

(6) "⋯" ——"米"之初文。像米粒之形。

3. 像自然之物

(1) "☉" ——"日"之初文。像太阳之形。

(2) "𝄔" ——"月"之初文。像半月之形。

(3) "𣎳" ——"星"之初文。像草木丛中看到的天上晶亮的星星。亦可为会意字,其"方块"不是"口",而是"晶"。

(4) "⛰" ——"山"之初文。像连绵的山峰之形。

(5) "川" ——"水"之初文。像水流动或众水并流之形。此字也可能源于八卦中的"坎卦——☵"。坎卦属水。

(6) "土" ——"土"之初文。像带着尘灰的土块。

(7) "石" ——"石"之初文。像悬石之形。本义是石磬。

(8) "火" ——"火"之初文。像火焰之形。在古文字中,有时与"山"无别。

(9) "气" ——"气"之初文。像想象中的空气流动之形。

(10) "穴" ——"穴"之初文。像洞穴之形。

(11) "雨" ——"雨"之初文。像雨滴自天而下之形。

(12) "云" ——"云"之初文。像云朵之形。本为积雨之云,后因借用为"言说"之"云",而另造"雲"字。汉字简化后,皆同于"云"。

(13) "🌀"——"泉"之初文。像泉水自上下流之形。

(14) "〰"——"灾"之初文。像洪水泛滥之形。

(15) "⼗"——"行"之初文。像大道或十字路口之形。

(16) "⚡"——"电"之初文。像闪电之形。

(17) "回"——"句"之初文。像水流回旋之形。水到拐弯处略有停顿即呈回旋之形。

4. 像人造之物

(1) "日"——"户"之初文。像门扇、窗扇之形。

(2) "介"——"宀"之初文。像旧时房子之形。

(3) "戈"——"戈"之初文。像戈类武器之形。戈是盛行于殷周的一种兵器，长柄横刃，又称平头戟。其上部为戟，下部为饰物。

引申：军队、战争、强大力量等。

(4) "甘"——"其"之初文。像筲箕之形。

(5) "丝"——"丝"之初文。像丝束之形。此字亦可为会意字。

(6) "弓"——"弓"之初文。像射箭之弓。

(7) "斤"——"斤"之初文。像斧头之形。

(8) "田"——"田"之初文。像有阡陌之田地。

(9) "舟"——"舟"之初文。像小船、小舟之形。

(10) "豆"——"豆"之初文。像一种盛放祭品或食物的高脚礼器。祭祀用。

(11) "耒"——"耒"之初文。像一种手耕农具耜的曲木柄，又称耒耜。

(12) "册"——"册"之初文。像竹木片所作书册之形。

(13)　"🏳"——"中"之初文。像军旗。常置于将、帅驻地所在。

(14)　"𠄌"——"干"之初文。远古人类武器。既像有杈的木棒，也像某种金属武器。

(15)　"网"——"网"之初文。像鱼鸟网之形。

(16)　"臼"——"臼"之初文。像舂米的石臼之形。

(17)　"斗"——"斗"之初文。像有柄的量器之形。

(18)　"车"——"车"之初文。像古代马车之形。

(19)　"酉"——"酒"之初文。像盛酒陶坛之形。因借用为"酉时"之"酉"，借而不还，故又有形声之"酒"。

(20)　"向"——"向"之初文。像房子门窗之形。亦可为会意字。"门窗"可以代表房子的朝向。

(21)　"父"——"父"之初文。像手持某种武器或斧凿之形。

(22)　"皿"——"皿"之初文。像盛物器皿之形。

(23)　"鼎"——"鼎"之初文。像鼎器之形。

(24)　"帚"——"帚"之初文。像扫帚之形。

(25)　"且"——"且"或"祖"之初文。像男性外生殖器之形，或像宗庙牌位之形。一说为切肉砧板之形，存疑。

(26)　"乐"——"乐"之初文。像木制丝弦乐器之形：上部为两束丝，下部为木。

(27)　"曲"——"曲"之初文。像曲尺之形。

(28)　"亭"——"亭"之初文。像凉亭之形。

(29)　"用"——"桶"或"用"之初文。像木桶之形。

(30)"⌡"——"皇"之初文。像皇冠之形。

(31)"↓"——"矢"之初文。像羽箭之形。

(32)"爿"——"爿"或"疒"之初文。像床几之形。

(33)"⌡"——"擒"之初文。像捕鸟之网。

(34)"⌡"——"刺"之初文。像一种带刺的兵器。

第四讲 汉字之"魂"——会意字

一、为什么说会意字是汉字之"魂"

说会意字是汉字之"魂",其依据简单来说,是因其集中突出了全部汉字的所有典型性特征:象形性(具象性)、想象性、多义性、哲理性(抽象性)、开放性等。这些特征正是汉字既美观大方又意味深长,既容颜沧桑又充满生机活力的根源。

"象形性"之特性除了少数符号字不明显之外,绝大多数汉字都有。象形字、会意字自不必说,即或是形声字也不例外。就今天的简化汉字,虽然有符号化倾向,但这种"象形性"却从未泯灭。原因很简单:它们中的绝大多数构件或本是象形字(偶有符号字参与其中)或皆由象形字组合演化而来。

上讲之中,我们讲的象形字多像某单个的事物,而此讲之中除"标记会意字"也属此类之外,其他则皆像"某些"事物。如"▽—室"字,其上部的"∧"属"形",像房子的形状;下部的"至"属"声",却是一个由"矢—↓"与"一"共同组成的会意字——"至—↓",像一支箭到达了目标时的状态。除了下面的"一"是个"符号"之外,其他则均有所"象"。(当然,"一"也可认为有所"象",但因难以肯定它究竟像什么,所以,它又可归于"抽象"。)

"想象性"源于象形性或象形性的组合状况。比如上述的"▽",因为它是典型的形声字,下部的"至"只表示"声",所以能够给人以充分想象的只能是上部的"宀—∧"。于是"室"之意义便有了诸如房间、内室、房屋、住宅、家人、家产、妻子、朝廷、王朝、坟墓、刀剑的鞘、机关、学校等多种。它们的相通之处,只是它们皆有个近于封闭或可以全封闭的空间。这些"意义"或"想象性意义"皆与"房子"有相似性,而与"箭"或"至""一"则没有关系。如"男以女为室,女以男为家",即只能从男女结合则同居一室的必然状态想象而来。可是"向—▢"就不同了。虽然其上部也是"宀—∧",加上个"▢"也只不过像个"房子的窗户"或"房子与窗户"的样子,但因为不是"形声字",而是"会意字",于是,其上部、下部便都参与了其意义的构建与想象,故其总的意义,或其想象性、哲理性、多义性、开放性便比一般形声字要复杂得多。它的引申义除有朝北的窗口、朝着、对着、方向、趋向、归趋、崇尚、接近、爱、往、去、刚才、从来、向来、原来的、旧的、从前等之外，还可作副词(大约)、介词、助词等。很明显，其意义不仅与"房子—↑"或"窗口"的"想象性"有关，而且与"口—ㅂ"的"想象性"相关。如"向"有"爱"的意思，不为别的，正因其有"ㅂ"，而"口"不仅是"通道""关口"，还是"人""人口"。"仁也者，人也。"(《孟子·尽心下》)有"人"就有"仁"，有"仁"就是"爱"。如此等等。

"多义性"往往是由组合成该字的各个象形字部件的多少、各自本身意义，以及由此而产生的"想象性""哲理性"意义的丰富程度所决定的。比如上述的"向"字，在不同的情境中，其意义至少有数十项之多，即皆由其构形总体或部分的"想象性""哲理性"引申而来。比如"向"有"刚才"的意思，这是因为"人"朝向事物或对象，总是在不断变化的，所以这个"朝向"永远只是暂时的"刚才"。说"向"是"直"，"一向"为"一直"，则是因为我们面对事物时，总是直线相对的。"一直"蕴含"长久"，可本来与"长久"无关，而是与"一直"总是在变化有关。"多义"与"哲理"皆由此产生，等等。另如一个简单的会意字——"母—🙂"，一个"女—🙂"字加上两点，本为女人露出双乳的形状。看似简单，但却能给人以无穷无尽的联想：女子成熟了；女子能生育了；女子已生育了；女人正在奶孩子；等等。在此基础上，它给人的进一步想象性意义便是：既是"根本、根源"，亦是"养育、哺育"；既是"雌"，亦是"道"；既是"地"，亦是"天下始"；既是"老妇""本钱""年长女性"，亦是"能有所滋生的一切事物"；等等。

"哲理性"既源于"多义性"，更源于"想象性"。比如，"母"为什么可为"地"呢？原因是"地"能生育万物，与"母"有一样的特性。"地—🙂"，左部为"土"，右部为"也—🙂"，会意字。《说文》云："也—🙂，女阴也。"于是，"🙂"其质即为"土"的"女性生殖器官"。在文学作品中，我们常把"大地"比喻成"母亲"，把"母亲"比喻成"大地"，其根源不是"比"，而是"是其所是"而已。

二、会意字的概念与分类

(一)会意字的概念

简单来说，会意字就是通过对该字构形的各部分的意义及其关系进行联系、观察、比较、分析就能大致领会其总体意义的字。它可以把许慎所规定的"指事"与"会意"都包括在内。

许慎在《说文》中说："**指事者，视而可识，察而见意**(字形、结构看起来认得，经过考察就知道它所体现的字义)。**上、下是也。**""**会意者，比类合谊，以见指㧑**(能从构成文字的部件组合产生联想，从而明白该字的意义)。**武、信是也。**"其所举字例："上、下、武、信"等，我们皆可视为会意字。

(二)会意字的分类

会意字大致可分三种：标记会意字、简单会意字、复杂会意字。

1. 标记会意字

标记会意字与独体象形字无大差别，只是在原象形字基础上加上一个或两个标记而新造的汉字。这种字，有时某些可能会与原"象形字"相仿。如：

(1) "￠" ——"母"之初文。其形是在"女"字的基础上加两点，像女子胸露双乳之形。双乳是"母亲"的标志。其意义纵横，涉及形下形上，可作无穷引申。老子曰："众人皆有以，而我独顽且鄙，我独异于人，而贵食母。"(《老子》第二十章)其中的"母"，一般认为它就是生育、养育万物之道。

(2) "孕" ——"身"之初文。既像男人隆腹，又像"女人怀孕"之形。其"点"既是孩子的象征，亦可视为君子圣人"怀才、怀玉"。人皆有"身"。女子"有身"俗称"有孕"，雅称"怀丹"。老子云："圣人被褐怀玉。"(《老子》第七十章)"怀才、怀玉"与"怀孕"的共同特征是：由无形到有形，由不显到大显，直到最后无法遮瞒而为世人所知。

(3) "文" ——"文"之初文。既像人有文身，亦像是"文"中有"爻"。"爻"为两叉，既极简单，又极复杂。

(4) "方" ——"方"之初文。像人戴枷之形。人之有"枷"，常"违逆"人性；人之无"枷"，则有失"准则、法度"。老子云："圣人方而不割。"(《老子》第五十八章)这告诉我们：圣人一方面要端方正直，另一方面不会伤害别人。

(5) "尢" ——"尤"之初文。像"手指"长有异物之形。本义是"手指上的赘疣"。老子云："夫唯不争，故无尤。"(《老子》第八章)圣人以"不争"为争，所以"无尤"。"无尤"，就是不会犯下重大过失或罪过。

(6) "本" ——"本"之初文。其意指"木"之土下部分，即树根，它是树木存在的"根本"。"孝弟也者，其为仁之本与？"(《论语·学而》)"夫孝，德之本也。"(《孝经》)"立身有义矣，而孝为本"(《孔子家语》)，皆强调"孝"乃一切仁义道德存在的根本。不过，需要注意的是，中国传统文化之"孝"，并非仅为孝敬父母那么简单。"身体发肤，受之父母，不敢毁伤，孝之始也。立身行道，扬名于后世，以显父母，孝之终也。"(《孝经》)这告诉我们，爱护好自己，成就自己才是"孝"之最基本内容。

(7) "末" ——"末"之初文。其意指"木"之"末端"，即树梢。与"本"相对，又通"没"。

(8) "㓞"——"刃"之初文。以点为标记强调"刃"乃"刀"之锋口，即刀剑之最锋利部分。老子云："盖闻善摄生者，陆行不遇兕虎，入军不被甲兵。兕无所投其角，虎无所用其爪，兵无所容其刃。夫何故？以其无死地。"(《老子》第五十章)这告诉我们，善于保护自己的有道君子，是不会让虎兕兵刃等伤害到自己的。要实现这个目标，办法只有一个，就是尽力避开它们，不要到极端危险的地方去。

(9) "𠂆"——"敬"之初文。像"人"躬身负礼之形。对人有礼节却心中无恭敬叫作虚伪("礼，敬也。"《墨子·经上》)；对人心中有恭敬而不知礼数叫作粗野("敬而不中礼谓之野。"《孔子家语》)；而表现"敬"的最佳方式，在古人看来，除了躬身之外还必须给人送点礼物。

2. 简单会意字

简单会意字是由一个与两个或多个相同部件组合而成，认真观察即能领会其本义的汉字。如：

(1) "𢎘"——"安"之初文。其上部为"房子"，下部为"女"。"女"有"房"或"家"则"安"；或男有"家"与"女人"则"安"。"不失其所者久"(《老子》第三十三章)中的"其所"即房子。它告诉我们，一个人，只有在有了最基本的生存资源，特别是在有了房子之后，才可能有持久不变的道德之心；而如果没有了最基本的道德之心，就可以无所不为了。

(2) "𤯓"——"青"之初文。像草木幼苗出土之形。上部为植物幼苗之形，下部为苗圃。青，即植物幼苗的颜色，也是欣欣向荣的颜色，爱情的颜色，东方的颜色。

(3) "从"——"比"之初文。像两人相随之形，本与"从"同形，后分化。后引申为人与人结成关系很近或有共同利益的小团体。"君子周而不比，小人比而不周。"(《论语·为政》)君子做事周到圆融，但不会结党营私；小人则相反。

(4) "从"——"从"之初文。同"從"。本与"比"同形。本义是随行。人必须先为"从者"，方能"有为"。人因"有为"，方能为"主(率领)"。

(5) "𠈃"——"保"之初文。像大人背着小孩之形。"子"即"爱"，即"宝"。人莫不爱其子，保其宝。"道者，万物之奥，善人之宝，不善人之所保。"(《老子》第六十二章)"道"，是万事万物存在的奥秘，既是善于认识利用它的人的法宝，亦是不善于认识利用它的人能够存在下去的根本保证。

(6) "𠄟"——"恒"之初文。像月亮悬于天地之间。《诗经》载："如日之升，如月之恒。"本义是长久、固定不变。"人而无恒，不可以作巫医。""不恒其德，或承之羞。"(《论语·子路》)中的"恒"既指向恒心毅力，也指向坚定的道德。一个人如果没有坚定的道德之心，没有坚强的恒心毅力，就不可能成为能够沟通天地神人之间的巫医，给自己和他人带来的只能是耻辱。

(7) " "——"囿"之初文。似众幼苗长于园中之形。其外部为墙或栅栏，内部为草木花卉。古时多指统治者用以豢养禽兽、种植花木，且四周有围墙的园子。即"苑有垣者"。今人以"苑"或"苑囿"代之。

(8) " "——"刍"之初文。似以手断草之形。本义是以手断草。又可代指草。"天地不仁，以万物为刍狗；圣人不仁，以百姓为刍狗。"(《老子》第五章)"刍狗"既可能是以草做的"狗(古人的一种祭品)"，也可能是草与狗。天地没有偏私，平等看待万物，草也罢，狗也罢，人也罢，都一样。圣人以天地为则，所以也是没有偏私的。

(9) " "——"遊"之初文。像小孩子绕旗或举旗玩耍之形。通"游"。二字意义不尽相同，本为一字，后分为二，汉字简化后又合二为一。《说文》载："遊，旌旗之流也。"意思是说"遊"是指旌旗在风中的流动之形。不确。商承祚云："从子执旗，全为象形。从水者，后来所加，于是变象形为形声矣。"亦不确。实为"子"之"绕旗游玩"之形。"绕"之深意在于"反复"。故孔子说的"志于道，据于德，依于仁，游于艺"之"游"不是指一般的"玩耍"，而是指学习与研究甚或实践，皆须不断反复。其"艺"既可指"礼、乐、射、御、书、数"，亦可指《诗》《书》《易》《礼》《乐》《春秋》。当然，即或指向有点可观的"小道"艺术也未尝不可。

(10) " "——"恶"之初文。上部为一张"丑陋的人脸"，下部为"心"。初义是相貌丑陋者。《吕氏春秋·有始览·去尤》载："鲁有恶者，其父出而见商咄，反而告其邻曰：'商咄不若吾子矣。'且其子至恶也，商咄至美也。彼以至美不如至恶，尤乎爱也。故知美之恶，知恶之美，然后能知美恶矣。"其中"恶者"即面貌丑陋者。但上述故事告诉我们，人之美丑实与人之情感关系密切。后由形下而形上，并逐渐与"善"相对。人之"恶"，或"善"或"美"，有形于"脸"者，有生于"心"者。生于"心"，则"脸"之"恶、丑、美、善"难见矣。故能知"美之恶""恶之美"者，鲜矣！老子云："善之与恶，相去若何？"(《老子》第二十章)则更从哲学的高度揭示了"善"与"恶"的既相互矛盾又能相互衔接的辩证关系。

(11) " "——"甚"之初文。上部为"甘"，即安乐、喜欢；下部为"匹"，即匹配。本义是喜欢匹配。老子主张"**去甚，去奢，去泰**"，即认为人既不能过于沉于淫乐，也不能太过奢侈、骄傲。

(12) " "——"抑"之初文。因借为"印"，遂另造"抑"字。上部为人之手，下部为屈身之人。本义是按,按压。

(13)"🔣"——"畜"之初文。上部似丝、棉扭束之形,为人衣之源;下部为田地之形,为人食之源。本义是养育。人的存在,首先是物质的存在,所以必有"畜"。但人同时亦是精神的存在,所以又不能为"畜"所累。

(14)"🔣"——"天"之初文。实为"一大人"。上部之"一",示"天"或"道"在"人"头顶之上;下部之"大"即"人"。故天人本一。老子认为:"道大、天大、地大,人亦大。"(《老子》第二十五章)王者以百姓为天,民意即天意。故古人云:"天矜于民,民之所欲,天必从之。""天视自我民视,天听自我民听。"(《尚书·泰誓》)

(15)"🔣"——"貌"之初文。上部为"白",下部为"人"。似在强调人"脸"之"白"对于"人"的重要性。所谓"一白遮百丑"是也。

(16)"🔣"——"页"之初文。特指"人颈之上部分"或"脑袋"。本义是"头"。凡有"页"者字,皆与"头"相关。

(17)"🔣"——"上"之初文,与"下—🔣"相类。以点或短横示意。上为天,下为地;上为君,下为臣;上为夫,下为妻;上为男,下为女;上为阳,下为阴。上、下紧密联系,相形而存。"上"与"下"既相通,也能在一定条件下相互转化。

(18)"🔣"——"面"之初文。其意指"人眼所在平面及周边区域"。本义是人之脸面。"面"既是形下,亦通形上。人因"面"而活,国为"面"而存。富丽堂皇之"面",必有健康强大之"里"相撑。"面子",有时又与"尊严""义"等同。

(19)"🔣"——"见"之初文。上部为"人之眼",下部为"以膝跪地之人"。它喻示,"见"是人之见。只有人才可能有"见"。有俗语云"眼见为实"。而荀子说的"闻之不若见之,见之不若知之,知之不若行之。学至乎行而后止矣"则告诉我们,就是见了也未必知或能知。据《孔子家语》记载,子贡不经意间看到颜回煮饭时,匆匆从锅里抓了一把饭送进自己嘴里,大为疑惑,便求教孔子,并对颜回的道德品质产生怀疑。孔子不信,便对颜回谎说自己昨晚做了一个梦,梦到先祖,想用此饭祭之。颜回立马反对,说此饭有不洁,不能用于祭祀。原来他偷偷抓食饭粒,只不过是不想让落了尘灰的饭粒浪费而已。以此可知,子贡之"见"确不如孔子未见之"知"。

相关链接

　　孔子厄于陈、蔡,从者七日不食。子贡以所赍货,窃犯围而出,告籴于野人,得米一石焉。颜回、仲由炊之于坏屋之下,有埃墨堕饭中,颜回取而食之。

子贡自井望见之,不悦,以为窃食也。人问孔子曰:"仁人廉士,穷改节乎?"孔子曰:"改节即何称于仁义廉哉?"子贡曰:"若回也,其不改节乎?"子曰:"然。"子贡以所饭告孔子。子曰:"吾信回之为仁久矣,虽汝有云,弗以疑也,其或者必有故乎?汝止,吾将问之。"

召颜回曰:"畴昔予梦见先人,岂或启佑我哉?子炊而进饭,吾将进焉。"对曰:"向有埃墨堕饭中,欲置之,则不洁,欲弃之,则可惜,回即食之,不可祭也。"孔子曰:"然乎,吾亦食之。"

颜回出,孔子顾谓二三子曰:"吾之信回也,非待今日也。"二三子由此乃服之。(《孔子家语·在厄》)

(20) "㱾"——"休"之初文。左部为"人",右部为"木"。人于木下,倚木而息。《说文》载:"休,息止也。"人不可能不息。人间万苦人最苦!对人而言,唯有死亡才是最好的"息止"或"休息"方式。据《荀子》记载,子贡曾向孔子诉苦,说不想求学了,想做点其他什么更轻松愉快的事。孔子告诉他,如果要活得有些尊严,做什么都会一样的累。最后,孔子指着远山的坟茔对他说,那就是我们最好的休息之所。孔子这是在告诉我们:只要活着,就得努力。故"学而不厌,诲人不倦"既是君子的宿命,也是人的宿命。

相关链接

子贡问于孔子曰:"赐倦于学,困于道矣,愿息而事君,可乎?"孔子曰:"《诗》(商颂·那)云:'温恭朝夕,执事有恪。'事君之难也,焉可息哉!"

曰:"然则赐愿息而事亲。"孔子曰:"《诗》(大雅·既醉)云:'孝子不匮,永锡尔类。'事亲之难也,焉可以息哉!"

曰:"然则赐愿息于妻子。"孔子曰:"《诗》(大雅·思齐)云:'刑于寡妻,至于兄弟,以御于家邦。'妻子之难也,焉可以息哉!"

曰:"然则赐愿息于朋友。"孔子曰:"《诗》(大雅·既醉)云:'朋友攸摄,摄以威仪。'朋友之难也,焉可以息哉!"

曰:"然则赐愿息于耕矣。"孔子曰:"《诗》(豳风·七月)云:'昼尔于茅,宵尔索绹,亟其乘屋,其始播百谷。'耕之难也,焉可以息哉!"

曰:"然则赐将无所息者也。"孔子曰:"有焉。自望其广,则罩如也;视其高,则填如也;察其从,则隔如也。此其所以息也矣。"

子贡曰:"大哉乎死也!君子息焉,小人休焉,大哉乎死也。"(荀子·大略)

(21) "宮"——"宫"之初文。上部为房子之形,内部为相邻或连绵的众多房屋。《孔子家语·困誓》《说文》云:"宫,室也。"本义是房屋。但此房子大多高大连绵,声名远闻,能聚众。

(22)"㇇"——"及"之初文。上部为"人",下部为"手",会意触及、逮住、抓住。孔子说:"过犹不及。"(《论语•先进》)但事实上,"过"是否"及"或"不及",是需要具体问题具体分析的。因为许多时候,"矫枉必须过正"。孔子又说:"学如不及,犹恐失之。"(《论语•泰伯》)这则是颠扑不破的真理。

(23)"㚔"——"嗅"之初文。上部为"自",即"鼻"的初文,下部为"犬"。狗鼻子以善"嗅"为长。本为"嗅",因被借用于"香臭"之"臭",借而不还,故另造新字"嗅",但以"口"为形似远不如原字符合其义。

(24)"㶚"——"光"之初文。上部为"火",下部为"人"。"人"头上有"火",寓既能自主发出光热,亦能光彩照人。本义是光彩、风采。人为"光彩"而活。"光彩",有时是"面子、威仪",有时又是"名""名誉""名分""名利",或"尊严""义"。

(25)"㣺"——"係"与"系"之初文。上部为"丝",下部为"人"。本义是以丝或绳拴束、捆绑人。因常用于物物关系或系统而别造"系"。简化后皆归于"系"。"关系"无处不在。人是一切社会关系的总和。人生而自由,但无往不在枷锁之中。此中"枷锁"既是"关系"也是"道德""法律",或所谓的"矩"。

(26)"㠯"——"古"之初文。一口串联一口。会意即"故事(过去的事)"口口相传。本义即"故"。后因借用为"古代"之"古",借而不还,故另造"故"字。在中国的文化传统中,凡"故国"皆"古国"。"古国"因为君德臣忠,有许多世代相继的优良传统、经典经验被继承与发扬,所以历史悠久、德泽绵长、故事众多。"古者富贵而名摩灭,不可胜记,唯倜傥非常之人称焉。"(《报任安书》)

(27)"㝯"——"后"之初文。左上部为"人",右下部为"子",似人产子之状。人之有子,是为有后。又同"育"或"毓"。"不孝有三,无后为大。"(《孟子•离娄上》)"无后"之所以为"大不孝",是因为不能实现"祭祀不辍",所以既是"不仁、不德",也是"不义",其唯一的解决办法是行之以"忠"。如先烈为国捐躯,若"无后",但因其丰功伟绩而实现了"祭祀不辍",所以也就以"忠"而实现了"孝"。

(28)"㝊"——"命"之初形。同"令"。上部表示来自"上天的"或"人间的"绝对道德命令,下为以膝跪地之人。本义是加之于人的不可抗拒的绝对力量。孔子说:"不知命无以为君子也。"(《论语•尧曰》)孟子说:"莫非命也,顺受其正。"(《孟子•尽心上》)老子说:"君子得其时则驾,不得其时则蓬累而行。"(《史记•老子韩非列传》)由于君子对自然、人类社会的规律性有深刻认知,所以不仅知道自己能干什么不能干什么,还能在"顺受其正"的同时"知其不可为而为之"。

(29)"![牧]"——"牧"之初文。左部为"牛"或"羊",右部为一只拿着某工具或武器的手。本义是放牧人或放牧。"是以牧民之道,务在安之而已。"(《过秦论》)故"牧"亦能通于"管理"。孔子年轻时曾当过的一种叫"乘田"的小官,就是管理放牧牛羊的。"孔子尝为委吏矣,曰:'会计当而已矣。'尝为乘田矣,曰:'牛羊茁壮长而已矣。'位卑而言高,罪也;立乎人之本朝而道不行,耻也。"(《孟子·万章下》)这说明孔子不仅有把小事情干得好的脚踏实地,也有治国平天下的高远理想追求。

(30)"![守]"——"守"之初文。上部为"房子",或所谓官府、有司、衙门之所在;下部为"一手持一物"(或曰寸),绘手中掌有权力。本义是掌握一定权力。其职责主要为监守的小官。人皆有所"守"。

(31)"![承]"——"承"之初文。上部为"屈身之人",下部为"双手"或"众手"。本义是奉承别人,或被别人奉承。《说文》云:"承,奉也、受也。"奉承别人要尽心尽力。接受别人的奉承时,高兴之余要谦恭谨慎。尽心力奉承别人,意在有所收获;接受别人的奉承需要负起责任。人,既需要有"承",也需要有"奉"。

(32)"![责]"——"责"之初文。上部为"求",下部为"贝"。本义是寻求钱财。人皆有"责",因人皆需以存在为前提。君子之"责"为天下人求利益,即"仁以为己任",所以责任重大,死而后已。

(33)"![闻]"——"闻"之初文。上部左为"手",中为"鼻",右为"耳",下为"人"。本义是指人用耳朵、鼻子、手(主要指用耳鼻,但需要手的帮助)对事物进行感知或感知到的结果。"声无小而不闻,行无隐而不形。"(声音无论多么微弱,都是可以听得见的;行为无论如何隐秘,事后都会显现出来。《荀子·劝学》)与"莫见乎隐,莫显乎微。"(没有什么隐秘的东西不能为人所见到,没有什么微小的事物不会显现出来。《大学》)意同,皆强调君子需要"慎独"。"为善不积邪,安有不闻者乎?"(只干好事,不干坏事,只积德行善,不胡作非为,总有一天会美名传天下。《荀子·劝学》)"多闻,择其善者而从之,多见而识之"(《论语·述而》)强调"多闻、多见"是人实现"知"的主要途径。圣人也不例外。

3. 复杂会意字

复杂会意字是由三个或三个以上部件构成的会意汉字。其意多较复杂,即其表现出的"象形性、想象性、多义性、哲理性"等诸特征往往更加丰富多彩。

限于篇幅,此讲略举数例:

(1)"![徒]"——"徒"之初文。左上"双人旁"既为形上之"路",亦为形上之"道",同时也指向行动或实践;右上为"土";右下为人在泥地上留下的"脚印"或"痕迹",即"之、至"。本义是在泥泞的道路上赤脚行走(亦有认为"土"为声,不确)。泥地上的行走,最易前后跟从而不易迷失。这种前后互相跟随的人,即是同路人、同道人或同类人。老子说:"出生入死。生之徒,十有三。死之徒,十有三。人之生,动之于死地,亦十有三。"(人,从出生到死亡,属于能较健康地自然活到老年的部分占十分之三,属于会在出生过程中或婴幼儿时期就死去的部分占十分之三,属于在青壮年时期,会在各种不断的灾难、疾病与危险中挣扎死去的也占十分之三①。)其"徒"既是"同类"也是"跟随者"。

(2) "贼"——"贼"之初文。左部为"刀",右部为"戈",中部为"贝",以"刀、戈"怀"贝"谓之"贼"。本义是破坏。《论语》云:"子路使子羔为费宰。子曰:'贼夫人之子。'"(《论语·先进》)中的"贼"即"伤害"。最大的伤害是桀纣之类的"贼仁义""贼百姓"。而孔子骂他的发小原壤"幼而不孙弟,长而无述焉,老而不死是为贼"(《论语·宪问》),其中的"贼"却近于后人心中一无所用的所谓"寄生虫"或"害人虫"。

(3) "胜"——"胜"之初文。左为舟,右上为火,右中为双手,右下为力。人类以己力(包括体力与脑力)并借助自然之力(主要为"火"与"水"。以"火"胜木金,以"舟"胜水等)战胜自然,推动文明进步即"胜"。在中国传统道德哲学看来,真正的"胜利者"必须能自胜(承担)其利:既能得到自己所需要的物质利益,亦能实现其自身长久安全。当然,如能有力推动社会和谐发展、长治久安,那就更好了。如秦统一天下,不久便被推翻,结局是连"宗庙之祀"都绝了。这不是真正的"胜利",而只是暂时的"胜"而已。

(4) "弃"——"弃"之初文。上中为"头朝下的婴孩形象",中为"一宽口箕之类的工具",下为"双手"(也即"共",意谓不是草率或单个人的决定)。本义是抛弃婴儿。一般情况下,非万不得已,人绝不会出此下策。以此可知,"弃"与"不弃"皆会令人纠结。所以,"周公谓鲁公曰:'君子不施其亲,不使大臣怨乎不以。故旧无大故,则不弃也。无求备于一人。'"(《论语·微子》)这启示我们:君子对于"亲人、故旧"不仅无大故"不弃",就是对于"故物",亦该如此。

(5) "法"——"法"之初文。左为"水",中下为"去",右为"廌"(音"志")。"水"乃"仁、义、礼、智、信"或"公平、正义"的象征;"廌"为神兽,能分辨是非,其角所触,可去不平。以"廌"去不平而使之"平",以彰显"法"的正义性与神圣性。商鞅说的"法者,所以爱民也。"(《商君书》)韩非子说的"垂泣不欲刑者,仁也;然而不可不刑者,法也。""明主之道,一法而不求智,固术而不慕信。故法不败而群官无奸诈矣。"(《韩非子·五蠹》)皆肯定了"法"的崇高价值。孔子也认为治理国家必得"以德以法"。"法者,御民之具,犹御马之衔勒也。"(《孔子家语·执辔》)自古及

---

① 十分之三即约三分之一。

今,"法"都是统治阶级用来统治人民、维护社会最基本的公平正义的有力工具。

(6) "" ——"登"之初文。上部为"两脚印",中部为"垫脚登高的凳子"或其他物件,下部为"两手",即"共"。"登"高的过程必用脚,有时也得假以双手或他物。本义是攀、升、自下而上。荀子说:"登高而招,臂非加长也,而见者远。"这启示我们,欲自见得远,或想被别人远远地看到,须先登高;欲登高,又须先练好登高技,寻好登高路。

(7) "" ——"粪"之初文。下部为"双手",中部为"箕",上部为"便类秽物"。本义是清除秽物。"粪"有"弃"意,但"粪弃"易且乐,"弃"则难且苦!人生,既须忍受不断地被"弃",亦须不断地学习"弃"。

第五讲　汉字之"翼"——形声字

一、为什么说形声字为汉字之"翼"

说形声字是汉字之"翼",是因为:汉字的发展,自从有了此法之后,就如虎添翼,使得造字变得很"容易",汉字数量也因此大增。这种大增,自然而然地,不仅推动了语言文字的发展变化,同时也参与并记录了社会生产力发展、文明进步的进程。如近代物理学、化学学科中,新发现的诸多新材料、新元素——无论是气体、金属还是其他,其名称所用字便多为新造。而其所用造字之法,便多是形声,如氖、氚、铍、艳等。事实上,汉字总量中,象形字最多不过三五百,形声字则有三五万或更多,而上述之外的"会意字",充其量不过数千。换言之,数量庞大的汉字大家族,仅形声字便占了百分之九十左右。

二、"形声字"的概念与分类

(一)形声字的概念

顾名思义,形声字就是由"形"与"声"两部分共同构成的汉字。(按《说文》的说法便是:"以事为名,取譬相成。""以事为名",说明我们要表达的这个事物的发音与名字早在文字出现之前的日常语言中就有了,所以圣人造字时只要给它一个合适的汉字构形就可以了。"取譬相成"则告诉我们,这个构形必须与此事物的基本特征相吻合。比如"江河",其基本特征是"水",所以以"水"作"形";而其发音与"工可"相同或相近,所以以其作"声"。)不过,无论是"形"抑或"声",它们又多是由一个象形字或两个以上象形字(也有极少部分符号字参与)构成。"工"是一个象形字,"可"是两个象形字。我们文化和旅游部原部长,在一次综艺节目中说:"有人说,中国汉字是象形文字,其实这是不对的。因为象形文字只是六种造字法的一种,其他五种指事、形声、会意、转注、假借等都不是。"其实,这话既对又不对。因为所谓指事、形声、会意、转注、假借,虽然不是独体的象形字,但却是两个以上或多个象形字的叠加。至于某些符号字,你说它不是象形也可以,但若说它是象形,也是说得过去的,因为它像某些抽象的符号。比如"一",虽然很难说它像某个具体事物,但它至少像一个"阳爻"符号。所以,笼统地说,汉字是象形文字,它是有道理的,也是勉强说得过去的。

"形",一般由独体的象形字担任(也有少部分由符号字充任)。如"担任"二字,其左部的偏旁"扌""亻"便是"形",右部的"旦""壬"便是"声"。"形",是形声字的本质意义所在;而"声"则一般仅指与该字发音相同或相近的部分,一般认为没有实质性的意义(既是"会意"又是"形声"的除外)。我们仍以上述的"担任"为例:古人认为,"担"必须要由"手"来担(并认为"肩"只是"手"的一部分。或没有"手"的参

第五讲　汉字之"翼"——形声字

与，"担"的任务便无法完成)，"任"则只能由"人"来"任"。不过，又不尽然，有部分"形声字"既是"形声"亦可称"会意"，或往往是"形声"与"会意"的有机结合。这种情况与汉字的初文及其发展变化有关，即其原初就是会意或象形字。如"玩"与"仁"等字，便既是形声亦可会意。而下面提到的"渊"与"私"等字，其原初却只是象形字。

(二)形声字的分类

形声字大致可分两类：一类为会意形声字；另一类为简单形声字。前者或由于古今字的不断发展变化造成，或因造字理据的不同，即同一字既可为形声字，亦可为会意字。后者则相对简单：一字之中，主干部分构件(一般为偏旁)为"形"，是其本质意义所在；余部为"声"，与字义没有明显关系。前者数量相对较少，后者数量相对较多。

1. 会意形声字

(1) " "——"渊"之初文。这是个典型的象形字，像水凼、池塘之形。但其发展过程中，又形成了" "的写法，于是，它便成了典型的会意形声字。其左部为形，右部亦形亦声。这种情况又可视为汉字发展过程中的繁化或标准化现象。其本义为积水而成的深水区。其实初文" "早已具有此意，后来加"水"旁，是汉字发展过程中"画蛇添足"的结果。荀子说的"积水成渊，蛟龙生焉"告诉我们，量的不断积累，总会发生质变的。而老子说的"渊兮，似万物之宗"则告诉我们，(道)，就像深渊一样，是万物变化不息的根本或源泉。以"水"为偏旁，即以"水"为"形"的形声字，在汉字王国中，就有将近2000个。它们大多为简单形声字。

引申：回水、深池、人或物聚集之地，深、深邃、源头等。

(2) " "——"持"之初文。亦是个典型的会意字。上部为"足"或"之"或"止"，下部为"手"；以手抵足、助足，会意亲密的、有力的、当然的、乐意的支持、支撑、扶助、扶持、坚持。后来，此字由于被"寺院"之"寺"所借用，且借而不还，便另造"持"字(不过，"寺"并未抛弃"持"之本义，即无论是和尚自身还是其所居住修行的"寺"，都必须有所"持")，于是"持"便成了典型的会意形声字。与上述的"渊"一样，加"手"也是"画蛇添足"，因" "下面部分本来就是"手"。老子说："持而盈之，不如其已。"(一个人如果有所把持就骄傲自满、狂妄自大，还不如回到他从前的状况)这明确告诉我们，人必得有所持，也必得有所不持。有所持，能让人坚强自信；有所不持，能让人知道谦虚谨慎，进退有度，通达权变。以"手"为形的汉字有1300个左右。

引申：拿着、握住、把持、掌握、掌管、主张、抱有、治理、侍奉、守、保护、控制、约束、挟持、要挟、抗衡、对抗、储备等，亦通"恃"。

(3) " "——"私"之初文。此字很特别，乍看是个典型的象形字。其形有人认为像

男性生殖器官,但实际上不是。依《韩非子·五蠹》的解释:"自环者谓之私,背私谓之公。"它也可算是个会意字:是由一个"人—八"字"自环"而成。它会意一个"人"只顾自己眼前的利益便为"私"。后来,另造形声字"私"以代之。这既是汉字发展规范化的结果,也是农耕文明发展、私有财产以粮食为主呈现出来的结果。以"禾"为形、以"厶"为声的"私",已然颠覆其初文的本义了。换言之,"厶"本已具备了"私"的全部意义,而在此字中却变成了"声"。《说文》:"私,禾也。"实在大错特错!说"私"就是"禾"或"私"是"禾"的一种,这种说法都是经不起推敲的。它完全无视了"厶"的"自环"之意。从其引申义分析,它们皆与"人"以及"人"之"自环"有关。再从"私—厶"与"公—公"的构形关系以及韩非子的论述分析,我们可以得出:"私"是属于每一个"人"的,它是"公"存在的基础。没有"私—厶","公—公"便也不存在了。以"禾"为形的汉字有600个左右。

引申:个人的、自己的、非法的、秘密、隐秘之事、私田、古之家臣、亲族、家族、谦辞(自称)、便服、邪、不正、个人意见、恩惠、爱、偏爱、私下生活与行为、私予、贿赂、养、利、小、小便、不正当男女关系、生殖器、私自、独自等,亦通"思"。

(4) "妨"——"妨"之初文。典型的形声字。"女"为"形","方"为"声"。本义为害。如果说仅仅以"女"来承担"害"的意思,总是有些勉强。但分析一下"方",情况就会大为不同。"方"之初文为"方",即人戴枷之形。"人生而自由,但无所不在枷锁之中"即是"人"必有"方"的真实写照。人之戴"枷"似"违逆"人性,但实非如此不可。换言之,人如无"枷"则有失"准则、法度"。"方"者,"法度、准则、道理、义理、规律"也。以"女"为"法度、义理、准则、道理",自然是荒谬可笑或有害的。以"女"为形的汉字有1000个左右。

引申:损害、阻碍、妨碍、中止、相克等,"女"不能为"妨","方"不能为"妨"。若以"女"为"方",则必为"妨"。

(5) "教"——"教"之初文。左上为"爻","爻","卦象"的最形象、最具概括性的表达,既极简单,亦极复杂。极简单,它就是两个"叉";极复杂,它既能垂示来自上天的信息,寓无穷变化,也能表示错谬或悖反。左下为"子",一个襁褓中的婴孩的形象。左部上下相连为"学"。《说文》云:"爻,效也。""爻"的构形,在古文字中,"学"与"教"皆有,故无论是"学"还是"教"皆得从模仿开始。右部为一只拿着棍棒或武器的手。自古及今,真正的教育都是国家的产物,所以多带有一定的强制性。按上述,此字本为会意字,但后却迁为形声字。换言之,"教"中之"孝"本非"孝",而是"学",真正的"孝"却是"老"与"子"。以"学"为"孝",主要是由篆(古文字)而隶(今文字)的汉字书写性所造成的,或也受到来自社会伦理道德等意识形态发展的影响。以"攵""攴"为形的汉字有500个左右。

第五讲　汉字之"翼"——形声字

引申：教化、教育、练习、宗教、传授等。教育是传道受业，是文化传承、文明延续、民族意识形态形成与发展的根本途径。

(6) "🗚"——"魄"之初文。作形声字：左"白"为声，右"鬼"为形。作会意字：它是指白天里也能离开人身的"鬼"，即人体之阴神。在古人的意识里，凡人皆有魂魄：魂离人体即死，还魂即活；魄则既能随时离开人体四处活动，也能随时回到人体。人皆有魂魄，如无，则谓"行尸走肉"。汉字乃中华民族之魂魄、中华智慧之形状、中华文化之核心。以"鬼"为形的汉字有200个左右。

引申：精神、气质、神色、间隙、肉颤、糟粕、落魄等。

(7) "🗚"——"疵"之初文。作形声字：左上部"疒"为形，右下部"此"为声。作会意字：左上部为床榻之形，右下部为侧卧之"人"，中部为"凶"，会意"人之有病"。"疒"为"床"，有"床"可能有"病"，也可能没有；但"床"有"凶人"则必有"病"。毛泽东说："人有病，天知否？"这告诉我们，人皆有病。即或天不知，但我们自知。老子说："涤除玄览，能无疵乎？"(《老子》第十章)这告诉我们，不管你把自己洗得如何一尘不染，都不可能洗尽你身上所有的瑕疵。即不管你如何聪明深察、博辨广大，你永远都有认识不到、看不见的缺点。以"疒"为形的汉字有600个左右。

引申：忧虑、缺陷、缺点、非议、挑剔、黑斑、痣、疵睚、疵点等。

(8) "🗚"——"迎"之初文。《说文》认为是形声字，有些勉强。如认定为会意字似更为确切：左上部为"行"(即路)，左下部为人之脚印，两者相叠今为"辶"；右为两迎面相逢之"人"。本义与《说文》相同："迎，逢也。"人生何处不相逢？相逢总会面对面，而且必定会在"路上"或"路边"。不过，如果是"人"与"道"相逢，那么无论是形上或形下，则必定是"迎之不见其首，随之不见其后"(《老子》第十四章)了。因为不仅形下之"路"无处不在，形上之"道"更是无处不在。以"辶"为部首的汉字约有600个。

引申：遇、承奉、迎合、正对着、相反、反向、预测、推算等。

(9) "🗚"——"埏"之初文。作形声字："土"为"形"，"延"为"声"。作会意字：土即土地，中为"行"(即道路)，右上为人迹极至处。本义是八方之地或人迹所至最远的地方。老子说："埏埴(音'直')以为器，当其无，有器之用。"(糅合黏土以制作陶器，只有留下可用的空间时，它才可能有当作器皿的用途)"埏"之所以有"糅合"的意思，是因为它有"止"或"之"。"止"或"之"是人的脚或脚印，有时亦指动物或自然界各种事物留下的形迹。和泥为陶器，中国自远古直至近世，最初多以人之脚力反复踩踏，后多用牛、马、骡等畜力替代。以"土"为形的汉字约有1000个。

引申：为"边际、边远之地、墓道、水池、下湿之地、登、方"时读"严"。引申为"糅合"时读"山"。

(10)"宠"——"宠"之初文。作形声字：上部"宀"为"形"，下部"龙"为"声"。作会意字："宀"为房子或宫殿，下为龙。会意龙所居住的地方，即令人尊崇的居所。如以"龙"之居所加于一般人，实乃非分之荣耀，是为"宠"。老子说："宠为下。得之若惊，失之若惊，是谓宠辱若惊。"这告诫我们，不管什么时候，我们都须高度警惕"宠"。得之失之皆如此。因"宠"从来就意味着人格或地位的不平等，即被"宠"者往往地位低下。今之成语"宠辱不惊"，实非客观描述，或不如"宠辱若惊"意旨深厚。以"宀"为"形"的汉字约有1100个。

引申：尊崇、荣耀、喜爱、过分的爱、受宠的人、骄纵、恩惠等。

(11)"患"——"患"之初文。"患"之初文有多形，以"患"最具代表性。很明显，作形声字：上部"串"为"声"，下部"心"为"形"。但作为会意字，它似乎更有说服力："一心一口"为"忠"，"两口"一心则为"患"。"一心一口"蕴含的是"言出由衷、一心一意"；"一心两口"蕴含的是"言不由衷、心意相悖"。《说文》云："患，忧也。"一"心"不能忠于一"人"(口，即人)，"言不由衷、心意相悖"，能无忧"患"乎？本义是忧虑、担心、忧患。荀子说的"行衢道者不至，事两君者不容"便表达了这种担忧。老子说："吾所以有大患者，为吾有身，及吾无身，吾有何患？"这告诉我们，无论是"痛苦"还是"忧患"，无论是"疾病"还是"灾难"，皆是"吾"之有"身"之故。换言之，只要吾心已忘吾身，或曰"无我"或曰"吾丧我"或曰"奋不顾身"，那么"忧"便不存在了！孟子说："好为人师，人之大患也。"此则告诉我们，喜欢做别人的老师，是最令人担心或忧虑的事了。为什么？因为要做好别人的老师绝非易事：学不高不行，德不高更不行！(一般认为，"好为人师"会给主体带来灾难性的影响是经不起追问的。事实上，历史上那些伟大人物都是好为人师者。孔子、孟子如此，尧、舜、禹、文王、武王、周公，莫不如此)以"心"为形的汉字约有1300个。

引申：祸害、灾难、憎恶、生病、疾病、苦、苦于等。

(12)"昧"——"昧"之初文。作形声字：上部"未"为"声"，下部"日"为"形"。会意：日欲出而未出，天将明而未明，即黎明前的黑暗。其异体字为"昧"：寓人心蒙昧未启。人心常为物所昧，为情所昧，为人所昧，为事所昧，为时代所昧，为知识经验所昧，故永远都需要启蒙。启蒙，既是历史的过程，更是现实的需要。以"日"为形的汉字约有700个。

引申：冥、昏暗、昏愚、迷乱、隐瞒、掩蔽不显、违背、贪、贪图、冒犯等。

(13)"侮"——"侮"之初文。作形声字："人"为"形"，"每"为"声"。作会意字：人把野草插于母亲的头顶。本义为伤害或出卖自己的母亲。人，最不愿意受到伤害的，一个是自己，更甚者是自己的母亲。以"人"为形的汉字约有1100个。

引申：欺凌、欺侮、轻慢、轻视、戏弄、对奴婢的蔑称等。

第五讲 汉字之"翼"——形声字

(14) "𣦵"——"殃"之初文。或左形右声，或会意。"歹"为人死后枯骨之形，"央"似人戴枷之形。本义为凶、祸殃、灾祸。老子说的"无遗身殃"，即自己不要给自己留下祸殃。人，如能"见小、守柔"，不"好议人"，不"发人之恶"或"为人臣者毋以有己，为人子者毋以有己"，那么就能"明、知明"，就能"强"，也就能"无遗身殃"了。以"歹"为形的汉字约有 250 个。

引申：残害、罚、败等。

(15) "㓞"——"割"之初文。既为形声字，亦为会意字。作形声字：其形像一根被反复切割过的方木，中竖之点为断点，作会意字："断"或"切割、分割"。其异体字为"㓞"，会意以刀截断。引申为伤害、戕害。老子说的"方而不割，廉而不刿，直而不肆，光而不耀"，是说既能方方正正又不伤害别人，既廉洁公正又不昏庸、暗昧，既能正直勇敢又不任情放肆，既光彩照人又不会耀瞎别人的眼。以"刀"为形的汉字约有 500 个。

引申：分割、划分、灾害、断绝、舍弃、裁决、决断等。

(16) "或"——"国"之初文。一般认为为形声字："囗"为"形"，"戈"为"声"。其实不然。如作会意字："戈"代表武器、武力、军队、武装、强大力量等，"囗"初代表城池、政治中心等，后亦指文化、人口、核心价值等。"或"，从其构形上观察，最初指以城池(政治中心)为中心且没有具体边界(只有边陲)的城邦。因其边陲可因武力强弱而不断变化，所以在古文字中"彊(强)"亦通"疆"。后在"或"加"囗"，表明"国"之"边陲"已为"边界"所取代。以"戈"为"形"的汉字约有 250 个，以"囗"为"形"的汉字约有 200 个。

引申：都城、古代王侯封地、国家、地方、地域、建国、建都、代表国家的、全国最突出的等。

(17) "欿"——"欲"之初文。亦形声亦会意。左为声，亦如人口水流出之状；右似人张嘴欲食欲饮之形。本义为人之饥而欲食。"饮食男女，人之大欲也。"饥欲食，寒欲衣，色欲淫，既自然天成，亦文化造就。欲不可禁，禁之生乱。欲不可纵，纵则成灾。老子主张的"圣人欲不欲，不贵难得之货"(《老子》第六十四章)是说老子不反对人有正常的欲望，但主张圣人所追求的，应是大家所不愿意追求的。"不见可欲，使民心不乱"(《老子》第三章)则是说当政者要认真培育纯朴善良的民心，不要让他们看到可以引起贪欲的各种事物。但这一定有个前提，就是要让他们都能吃饱穿暖。以"欠"为形的汉字约有 300 个。

引申：欲望、爱好、邪淫、色欲、想要、想、愿意、要、需要、将要、将等。

(18) "神"——"神"之初文。作形声字：左形右声。作会意字：左为"示"，即展开给人看；右为"申"，或为闪电之形，或为两手撕扯闪电之形。如此之展示，既为神奇，亦可为神迹。本义为天神。荀子说："神莫大于化道。"这告诉我们，如果能够把上天的玄妙之意、幽深之理，以通俗、简单的方式传递到百姓之中，其人亦可称"神"，其事迹亦可谓"神迹"。故人修到极处便可通"神"。以"示"为形的汉字有 300 个左右。

引申：精神、表情、神志、肖像、神奇、玄妙、尊重、珍贵、治理等。

2. 简单形声字

(1) "锐"——"锐"之初文。"金"为"形"，"兑"为"声"。在这里，"兑"除表达"声"外，没有其他实质意义。本义锋利或芒。老子主张"挫其锐"。仅从此三字看，意有三层：一为要想常保持"锐"的存续，就必须不断地"挫"，即磨砺；二为因为"锐不可挡"，挡之或伤或亡，或伤己或伤人，所以必"挫其锐"而使其"钝"，使之不伤人；三为无论自然或人类社会，"锐"必不如"钝"之能够持久存在，因此必定遭"挫"。就像长河中的石头，日久必无棱角，"锐利"总是难以长存。以"金"为形的汉字有 1500 个左右。

引申：锐利的兵器、精锐、细小、精明、机灵、疾速、尖、上小下大、急切、进、锐气、向前的气势等。

(2) "纷"——"纷"之初文。左"丝"为"形"，右"分"为"声"。"丝"由于细而多，所以总是容易交错纷乱。老子主张"解其纷"。对于人或人类社会而言，这大体上是不错的。可又不尽然。屈原有诗云："绿叶素荣，纷其可喜兮。""纷吾即有此内美兮，又重之以修能。"其"纷"即不可解，亦无须解。以"丝"为形的汉字约有 1000 个。

引申：旌旗上的飘带、花边、杂乱、混杂、扰乱、变乱、祸乱、灾难、纠纷、争执、盛大的样子、多、众、喜、缓、抹布等。

(3) "犬"——"狗"之初文。亦是"犬"之初文。这是典型的象形字，像狗之形。小篆"规范"为"狗"，是典型的形声字。老子说："天地不仁，以万物为刍狗。圣人不仁，以百姓为刍狗。"这告诉我们，"圣人"之行，以"天地"为法，不管是人是狗是草，还是草做的"狗"，一视同仁，皆无偏私，一律平等看待。但需要注意的是，天地、圣人所谓的"平等看待"并不意味着可以把人与其他非人类事物相同对待，因为所谓的"平等"，并不是绝对相同或相等，而是要以公正为前提把人与万物分成不同的等级。"仁者爱人"，意味着爱其他事物便不能称"仁"。如果非说也是，那也只是一种"仁"的扩展。以"犬"为形的汉字约有 600 个。

引申：人失意或事失度、生肖之一、狗星等。

(4) "筲"——"筲"之初文。音同"稍"。上部"竹"为"形"，下部"肖"为"声"。本义为筲箕。今南方农村地区仍在广泛使用的一种生产工具。一般用竹篾制成，形状类似撮箕，有的地方亦称笸箩。老子说："天地之间，其犹橐籥(橐龠)乎？"这是老子对于宇宙形状的想象。值得称颂的是，它突出了宇宙是有形与无形的有机结合："筲"

的有形部分很小，但开放性空间却无限，其以有形而延宕于无形、无穷的想象性，有如形下与形上的无缝链接。以"竹"为形的汉字约有1000个。

(5) "㞎"——"屈"之初文。上部"尾"为"形"，下部"出"为"声"。本义为短尾之鸟。此字简化之后，其上部之"尾"与"尸体"之"尸"无别，故其初文意被掩蔽。老子说的"虚而不屈"，离开原文，其意为它可以给我们以无穷的启示。"虚"是一种策略、一种态度，"不屈"才是我们需要长久坚持的。以"尸"为"形"的汉字约有200个。

引申为无尾、短尾、短、弯曲、屈服、委屈、勉强、冤屈、短亏、穷困、断绝、集中、聚积、交错陈列、收治、治理、郁时读"曲"。引申为枯竭、顽强、高起、突出时读"决"。

(6) "牝"——"牝"之初文。左部"牛"为"形"，右部"匕"为"声"。本义为母兽。老子说："谷神不死，是谓玄牝。玄牝之门，是谓天地根。"(《老子》第六章) "天下之交，天下之牝。"(《老子》第六十一章)老子把"牝"比作"道"、"谷神"、大地，它伟大而玄妙，是宇宙万物存在、发展、变化的根本。为何如此？因为它不仅"善下"，而且是母性，是根本，是本体，是女性生殖器官，有生生不息之大德。以"牛"为形的汉字有300个左右。

引申：雌性、锁孔、溪谷等。

(7) "阖"——"阖"之初文。外"门"为"形"，即两扇门的形象，内"盍"为"声"。本义为门或闭门。"盍"在此字构形中以"声"与"合"同音而借用了"合"之意。"秦人阻险不守，关梁不阖，长戟不刺，强弩不射"(《过秦论》)其中的"阖"即"合"。以"门"为形的汉字约有400个。

引申：关闭、全，通"合"，等等。"阖家欢乐"之"阖"即"合"。

(8) "輻"——"辐"之初文。左"车"为形，右"畐"为声。本义为车轮中连接毂(车轮内圈固轴、定辐之轮环)与辋(车轮外圈固辐之环)之间的木条。这些木条呈放射状分布，与"毂"共同组合成车轮。古时一般的木制车轮有辐三十股。这与今天的汽车、自行车相似。自行车之"辐"一般为"钢丝"，每轮或三十六根，或二十八根不等。亦有非钢丝而毂辐共铸的，其辐便很少，或三或五。其他车轮之"辐"虽形状五花八门，但均衡、美观，承载力却是一致的。当代哲学中常用到"辐辏"一词以言某事物之作用或影响如同车"辐"一样向周围散布或向中心聚集。当代物理学中的"辐射"一词，也表达了相似的意思：一般自然条件下存在着能量的物体均以光热形式向四周均匀散射。"辐射"主要表现为"光辐射""热辐射"，其主要区别是前者量子频率大，后者量子频率小。在现代技术的条件下，辐射的方向性可以得到完美控制，如激光等。以"车"为形的汉字约有600个。

(9) "詰"——"诘"之初文。左"言"为"形"，右"吉"为"声"。本义为问、追问、细问。老子说："视之不见名曰夷,听之不闻名曰希,搏之不得名曰微。此三者不可致诘,故混而为一。"(《老子》第十四章)这告诉我们,无论是什么,不管是物质还是能量,声音抑或信息、图像,只要是细细地追究下去,它们便都"混而为一"了。这种思想与当代哲学、宇宙物理学前沿关于宇宙物质及互相关系的认知是高度一致的。亦可引申为攻击别人的短处,或揭发别人的隐私。如"诘以为直"(《论语·阳货》)把揭发别人的隐私或攻击别人的短处当作正直不阿,实乃君子之所恶也。以"言"为形的汉字有 1100 个左右。

引申:细问、责问、追究、查办、禁止、纠察、整治、明天、翌日、弯曲等。

(10) "極" ——"极"之初文。"木"为"形","及"为"声"。本义为正梁。荀子认为"礼"乃"道德之极"。这与老子的"夫礼者,忠信之薄,而乱之首"完全相反。其实,只要我们细加推究便会发现他们各自所论之"礼"内容并不相同。荀子之"礼"不仅包括我们一般所认为的礼仪,而且指向一切礼法制度。而老子此处之"礼"却仅指向礼仪。司马迁说:"立名者,行之极也。"(《报任安书》)这告诉我们,士君子应把"立名"视为生命中一切行为实践的最高旨归,即"名之所彰士死之"(《韩非子·外储说》)。以"木"为形的汉字有1500个左右。

引申:顶点、最高境界、至、到、尽头、终了、尽、穷尽、远、边际、边界、最高的、最终的、中、正中、北极星、藏、出、出生、疲困、口吃、数学、天文用词等。

(11) "阿" ——"阿"之初文。"阝"为"形","可"为声。本义为大山陵。但一般不指山陵之峰,而指山陵间凹处。老子说:"唯之与阿,相去几何?"(《老子》第二十章)"应诺"与"屈从",既有共同处也有区别:"应诺"似更接近于"自由、平等","屈从"似更接近于"压迫、奴役"。但现实中,这种区别又十分模糊:因人之"势位富贵"之不同,愉快的"应诺"之中,又岂没有"屈从"的意味?而"屈从"又何不可是一种策略?以此可知,"唯""阿"之间或并无区别,故"唯唯诺诺"等于"阿谀奉承"之说。以左"阝"为形的汉字有 500 个左右。

引申:大土山、山陵的弯曲处、弯曲处、水边、屈从、阿谀、迎合、徇私、偏袒、倚靠、房屋正梁、屋宇、亲附、近、一种细缯、我等。

(12) "荒" ——"荒"之初文。"艹"为"形","亢"为"声"。本义为草漫淹了土地,即芜。老子说:"荒兮,其未央哉!"(《老子》第二十章)这告诉我们:这个世界的荒唐与迷乱,从来就没有尽头!就像荒芜的原野延宕远方,其中的怪异与神奇往往超乎人们想象。"孰知其极?其无正。正复为奇,善复为妖。"(《老子》第五十八章)以"艹"为形的汉字有2000个左右。

引申:凶年、收成不好、荒废、弃置、事物的严重缺乏、离首都最遥远的地方、虚空、亡、败、沉溺、迷乱、不确定、不合情理、荒淫、荒诞、荒唐、破烂、废弃物、扩大、开拓、包括、据有、掩盖、通"慌"等。

第五讲 汉字之"翼"——形声字

(13) "🖋" ——"常"之初文。"尚"为"声","巾"为"形"。本义为衣裙的下部,通"裳、长、尚",亦通"恒"。老子说:"知常曰明。"(《老子》第五十五章)"道可道,非常道。"(《老子》第一章)此"常"应为"一般情况下"。这一方面告诉我们人只有了解了这个世界的最基本的规律性,才可能进入到其所谓的聪明智慧的境界。另一方面又强调人对于"道"的认知乃至言说皆是具有局限性的;这个世界就算一切都是理性构成的,也是可以言说的,但却不是随随便便可以,而是必须放在一定条件、环境与一定的主客对象之间才行。以此,当我们面对问题时,便必须实事求是,具体问题具体分析。以"巾"为形的汉字有 400 个左右。

引申:常规、常法、纲常、伦常、规律、本质、永久的、固定不变的、日常的、普通的、经常、常常等。

(14) "🖋" ——"碌"之初文。"石"为形,"录"为声。本义为石多的样子,亦指漂亮的石头。老子说:"碌碌如玉,珞珞如石。"(《老子》第三十九章)这告诉我们:在圣人眼中,无论是石头还是玉,无论漂亮不漂亮,其本质区别都不大,关键在于如何雕琢与使用。人亦如之。以"石"为形的汉字有 600 个左右。

引申:小石、平凡、繁忙等。

(15) "🖋" ——"郊"之初文。"交"为声,"阝"为形。本义为距国(首都)百里为郊。此指首都周边地区。老子说:"天下无道,戎马生于郊。"(《老子》第四十六章)如果天下失去了最基本的社会公正或道德,那么战争或灾难便不可避免。须注意的是,所谓"天下无道"或"天下无德",并非真指"道"或"德"已在自然世界乃至人类社会全然失去,而是仅指其在上层统治者中暂时失去。因此,老子又说:"六亲不和,有孝慈。"(《老子》第十八章)"绝仁弃义,民复孝慈。"(《老子》第十九章)以此可知,"道德仁义"即或在上层社会全部失去,在百姓之中也会永远存在。因为"孝慈"既是"德之本"(《孝经》),也是"义之本"(《中庸》)或"仁之本"(《论语·学而》)。以右"阝"为形的汉字有 500 个左右。

引申:城市周边地区。

(16) "🖋" ——"脱"之初文。"月"为"形","兑"为"声"。本义为人身之肉漫漫消减。以"月"为形的汉字,其原意大多为"肉",但偶有为"月""舟"者,如"朝"之"月"即真月亮之月;"胜"之"月"实则为"舟"。老子说:"善建者不拔,善抱者不脱,子孙以祭祀不辍。"(《老子》第五十四章)这告诉我们,善于建立的,难以破坏、动摇,善于守藏的,不会遗弃、掉落,这样的人,一定会享用其子孙万代永不停止的祭祀。永不磨灭的东西,只能是镶嵌在人民的心上、铭刻于历史长河中的道德、事功、思想。也只有拥有如此道德、事功、思想的人,才可能享用子孙万代永不停止的祭祀。但从大尺度的时空来看,"永远"并不存在。以"月"为形的汉字有 1000 个左右。

引申:脱离、逃脱、解除、掉落、取下、临摹、散落、出、轻漫、全部、疏漏、脱手等。

(17)"䖝"——"螫"之初文。音"是",口语读"蜇"。"虫"为"形","赦"为"声"。本义为虫类以毒攻击、咬、刺。老子说:"含德之厚,比于赤子。毒虫不螫,猛兽不据,攫鸟不搏。"(《老子》第五十五章)这告诉我们,蕴含道德的深厚如何,可以用初生的婴孩来作比喻。初生的婴孩,有毒的虫蛇不会咬他,凶猛的兽、禽不会抓他。为什么?因为人们对于这种"赤子"的保护,会像精心捍卫"道德"一样。以"虫"为形的汉字有1100个左右。

引申:危害、毒害、因恼怒而加害等。

(18)"味"——"味"之初文。"口"为"形","未"为"声"。本义为滋味。老子认为"五味令人口爽"(《老子》第十二章)。各种浓厚的味道,既可与人以快感,亦可破坏人的味觉或与人以不爽,所以老子实则主张"味无味"(《老子》第六十三章)。在"浓厚的味道"与"为腹"或"实其腹"之间,老子选择先"为腹"或"实其腹"。以"口"为形的汉字有1600个左右。

引申:舌头能尝到的感觉、品尝、菜肴、鼻子闻到的感觉、意义、体会、研究、光泽等。

(19)"褐"——"褐"之初文。"衣"为形,"曷"为声。本义为粗布衣服。在"圣人"眼中,粗布与细布没有本质区别,关键在其人。所以老子认为"圣人"可以"被褐怀玉"(《老子》第七十章)。"怀玉",指圣人既怀有绝世的才能,亦怀有高远的志向。以"衣"为形的汉字有700个左右。

引申:粗麻袜子、卑贱的人、兽毛做的衣服、褐色等。

(20)"病"——"病"之初文。"疒"为形,"丙"为声。本义为疾之重者。古人认为"有疾"为常,有"病"则是大患。老子说:"夫唯病病,是以不病。圣人不病,以其病病。"(《老子》第七十一章)这告诉我们,只有常常担心耻辱或失败,才可能不会遭遇耻辱或失败;圣人之所以少有耻辱或失败,只是因为总是在担心耻辱或失败。故君子常"以恐惧修省"(《易传·象传·下震》),遇大事总是高度谦虚谨慎:"战战兢兢,如临深渊,如履薄冰。"以"疒"为形的汉字有600个左右。

引申:忧虑、担心、耻辱、失败。

第六讲　汉字中的繁简字与异体字

一、什么是繁简字

　　繁简字是指一个字有两种或两种以上的不同繁简写法。笔画多的为**繁体字**，笔画少的为**简体字**。

　　一般人多会认为：汉字的繁与简，只要离我们越久远就越繁，离我们越近就越简。事实远非如此简单。如我们上讲曾讲到的"渊""鼻""持""私"，其初文分别为"🌀""🐽""✋""◯"，经过数千年的发展变化，它们比原初的笔画还多了。幸好，这并不是它们的全部。客观全面的情形是：从汉字发展的历史长河看，对于大多数汉字而言，它们都有一个繁简反反复复不断发展变化的过程。对具体的每个字，我们必须做具体分析：它们有极少部分是由繁到简，有极少部分是由简到繁，而大多数则是繁简变化反反复复或繁简、异体同时混用，也有少部分从古至今变化甚小，或基本没有变化(如己、一、二、三、八、乙、卜、下、北等)。如此等等，绝不可一概而论。

　　不过，我们似乎也可以"截断历史"，即可认为"繁简字"仅指 1956 年中华人民共和国国务院公布的《汉字简化方案》和 1964 年 3 月文化部、教育部、中国文字改革委员会发布的《关于简化字的联合通知》及 1986 年 10 月《简化字总表》所公布的共 2274 个简化字，即我们今天仍在使用的那些规范汉字其简化前后的"繁简字"。

　　繁体字是指与这些简体字相对应的简化前的繁体楷书写法。其他未列入的，一字多形的，则一律视为异体或俗体。1977 年中国文字改革委员会所公布的《第二次汉字简化方案》所收的 853 个简化字，由于问题太多已被废除，流入民间的也一律视为俗体。

　　汉字的简化，是一把双刃剑：一方面，加快了文字书写的速度，使汉字进一步向符号化方向靠拢(其中的所谓进步性也不是一定经得起追问的)；另一方面，也丧失了汉字所蕴含的一些造字理据、文化内涵。于是，反对之声不绝于耳。属于学术探讨的，我们理应接受与欢迎，但属于无理取闹或肆意攻击的，我们也不妨姑妄听之。比如说"爱无心""养无良""买无钱""亲不见""乡无郎""响无音""显无脸"不好，我们或可以接受。但若说"车无轮""东无日""乐无弦""当无田""应无心"不好，则是贻笑大方了。道理很简单，这里的"车""东""乐"等并不是中华人民共和国成立后汉字简化的产物，而是有约 2000 年的客观存在了。它是汉字"书写性"发展的必然产物。虽然汉代赵壹也曾写文章坚决反对：因为它们确实"上非天象所垂，中非河洛所吐，下非圣人所造"，且已失去"天雨粟，鬼夜哭"的深意，但这确实就是汉字发展的客观情形。再者，中华人民共和国成立后的汉字简化并非全无可圈可点之处。比如：阴—陰，阳—陽，籴—糴，粜—糶，灭—滅，灶—竈，宝—寶，双—雙，体—體，众—

眾，泪—淚，尘—塵等新造会意字，就不仅比原来的繁体写起来简单，而且其造字理据也更加令人信服。

二、《简化字总表》所颁简化字的来源

1. 草书楷化

草书楷化即现在使用的简化字，是其繁体字的草书形体加以笔画分解并楷书化而来，如：

佥——劍，岂——豈，东——東，头——頭，门——門，韦——韋，车——車，当——當，尧——堯，为——爲，学——學，会——會，尽——盡，应——應，乐——樂，归——歸，书——書，实——實，继——繼，长——長，带——帶，恋——戀，时——時，娄——婁，买——買，宁——寧，专——專等。

有些楷化并不是某一个具体的草书字形体楷化的结果，而是有所取舍或综合的。如"归""头""当"尤其如此。而"宁"不仅是草书的楷化，也近于其初文。

2. 简化、改换声符

拥——擁，战——戰，肿——腫，吨——噸，递——遞，惧——懼，枥——櫪，俪——儷，贱——賤，剑——劍，认——認，础——礎，补——補，窃——竊，远——遠，态——態，窜——竄，灯——燈，让——讓，钻——鑽，织——織，纤——纖，俦——儔，价——價，衬——襯，达——達，忆——憶，袄——襖，坝——壩，阶——階，涌——湧，极——極，跃——躍，赶——趕，进——進，炉——爐等。

第六讲 汉字中的繁简字与异体字

3. 以象征符号代替繁复部件

邓—鄧,欢—歡,鸡—鷄,艰—艱,仅—僅,乱—亂,对—對,凤—鳳,轰—轟,赵—趙,罗—羅,过—過,岁—歲,办—辦,树—樹,荐—薦,几—幾,伤—傷,刘—劉等。

4. 以局部代全体

离—離,习—習,广—廣,飞—飛,点—點,声—聲,竞—競,凿—鑿,奋—奮,夺—奪,齿—齒,亏—虧,虫—蟲,号—號,么—麼,亲—親,务—務等。

5. 简化改换形符

猫—貓,猪—豬,肮—骯,鳖—鱉,腮—顋,粘—黏,财—財等。

6. 同时改换形符、声符或另造形声字

响—響,护—護,惊—驚,义—義等为同时改换了形符与声符;板—闆为另造的形声字。

7. 新造会意字

阴—陰,阳—陽,籴—糴,粜—糶,灭—滅,灶—竈,宝—寶,双—雙,体—體,众—眾,泪—淚,尘—塵,尖—尖等。

其中,"籴""粜""灭"也可视为以部分代全体。

8. 合并、简化同音(包括异体)字

发—發、髮,里—里、裏,后—后、後,才—才、纔,钟—鐘、鍾,干—乾、幹、榦、干,只—祇、秪、隻,台—檯、臺、颱,斗—鬭、鬥、鬪、鬦,余—余、餘,征—徵、征,党—党、黨,谷—谷、穀,汇—匯、彙,复—復、複。

上面的例子并不是全部,也有些在下文的异体字内容中介绍。同音(异体)字的合并,并不是一个简单的问题。因为繁体字形中有部分异体，其字形的不同会导致意义上的区别，所以不能随意反向推导，特别是在电子文档中的使用尤其如此，如不谨慎就会贻笑大方。如"发"，在简化字中，既可用于"头发"，也可用于"发展"，但在繁体字中则有很大区别，"头发"只能用"頭髮"，而不能用"頭發"；"发展"不能用"髮展"，而只能用"發展"；"王后"不能作"王後"；"五公里"不能用"五公裏"；"北斗星"不能用"北門星"等。其他类似情况还有很多，务必注意。

一些名胜古迹在重建与修复时，由于组织领导者不懂行而大量使用计算机字库中的繁简字，因此，有些字的"书法"格式化，而且令人啼笑皆非的错字现象也屡见不鲜。

9. 起用初文、古文，废除后起字

从—從，网—網，云—雲，采—採，卷—捲，舍—捨，气—氣，达—達，朱—硃等。

其中，"达"字不仅是起用其初文，也是以声符进行改造的结果。

10. 选用古代简单、通俗异体字

丽—麗，电—電，礼—禮，无—無，弃—棄，世—卋，庙—廟，泪—淚，凭—憑、凴等。

其中的"无"字，比起源于"舞"的"無"，其本原性意义则要更贴切。

11. 简化部分，保持原字轮廓

龟—龜，紧—緊，虑—慮，奋—奮，齿—齒，盘—盤，尝—嘗，伞—傘，宾—賓，农—農、辳，毙—斃，帮—幫、幇、幇，尔—爾，尒，劳—勞，房—廎，蚕—蠶等。

三、什么是异体字

异体字早在甲骨文中就已经大量存在了。这是由于文字之创，出于众手，远取诸身，近取诸物，其理据、角度各有所依而形成。如"人"，有 𠆢、𠔻、𠂉、尸 等写法；

如"逆",有 ⿱屮屮、⿱屮屮、⿱屮屮 等写法;如"暮",有 ⿱茻日、⿱茻日 等写法;到春秋战国时期,由于国家分裂,"文字异形,言语异声",异体字就更多了。

裘锡圭在《文字学概要》一书中表示,"异体字就是彼此音义相同而外形不同的字。严格地说,只有用法完全相同的字,才能称为异体字。但是一般所说的异体字往往只包括部分用法相同的字。严格意义上的异体字可以称为狭义异体字,部分用法相同的字可以称为部分异体字,二者合在一起就是广义的异体字"。

《中国大百科全书》解释异体字是汉字通常写法之外的一种写法,也称或体。

《辞海》解释异体字是音同、义同而形体不同的字。即俗体(字)、古体、或体、帖体之类。

从上可以看出,裘锡圭的解释是较全面的,但笔者认为没有必要分成什么广义或狭义。《中国大百科全书》的解释显然是有问题的。而《辞海》的解释,简单明了,比较全面准确地反映了关于异体字的复杂情况。

四、异体字的类型

1. 俗体字

相对于正体字而言,俗体字是流行于民间的简化字。这是个相对的概念,区分正俗体的标准往往随时代不同而有所差别。在汉字的发展过程中,后代的正体字有一部分就是从前代的民间俗体字而来。如"头""灯""穷"等字,现为正体字,但原来就是先流行于民间的俗体字。现在民间用的俗体字也有很多,如 1977 年颁布的《第二次汉字简化方案》,颁布前就有部分字在民间流行,而今仍有一部分被一些人使用,这些就是所谓的"俗字"。如:

钉—丁,信—伩,影—彡,展—尸,勤—勘,国—旺,锋—铎,雄—太,要—妥,量—另,命—令,真—真,解—军,宣—宀,直—立,戴—代 等。

2. 古体字

相对于通行的正体字而言,某字的古代写法,就是古体字。古体字也是个相对的概念。如"余"—"予","舍"—"捨"等。"舍"字,现为正体字,而 1956 年《汉字简化方案》公布之前的部分历史时期,它是有"提手"旁的,现在可以说"捨"是"舍"的古体字,但是"捨"的古体却又是今天的"舍",即"舍"是"捨"的初文。

类似的情形还有不少,在书法中,大多时候,它们是可以混用的,虽然它们的古今义项并不一定完全相同。如:

"益"—"溢"，"益"本是水从盘中溢出之意，但后来由于"益"多用于其引申义"利益""富足""增加"等，故新创"溢"字以表其本义。"益"即"溢"之古体字。

"采"—"採"，"采"的初文上部为一手爪形，下部为木，本义是"採摘"，但后来，由于多引申作"神采""风采"之意，故再造"採"字，以作採摘之意。

"州"—"洲"，"州"的初文为象形字，本义"水中陆地"，但后来多用于"州郡"之"州"，所以只能是另造"洲"字以表其本义。

"厉"—"砺"，"厉"由于多用于"严厉""厉害""严格"等引申义，故只有另造"砺"字以表其初文。"止"—"趾"、"奉"—"捧"等，与上相类。

"队"—"坠"，"队"的本义是"坠落"，只是因为被假借为"队列"之意，久借不还，只有另造"坠"字以代其本字。"其"—"箕"，"孰"—"熟"，"县"—"悬"，"然"—"燃"，"莫"—"暮"，"或"—"域"等，也基本相类。

3. 或体字

或体字主要是指因为造字的理据不同而造出的同义异形字。例如：

"泪"—"涙"，前者从目从水，会意字；后者从水，"戾"声。"伞"—"繖"，前者为"伞"之象形，后者从丝，"散"声。"老"—"耂"，前者为象形字，后者为会意字。"凭"—"馮"，前者为会意字，从几；后者为形声字。"野"—"埜"前者为形声字，从里，"予"声；后者为会意字。"琴"—"栞"，前者为形声字，后者为会意字。"岩"—"巖"，前者从山从石，会意字；后者从山，"巖"声，为形声字。"床"—"牀"，前者为会意字，后者为形声字。

叹—欸，唇—脣，猫—貓，獐—麞，遍—徧，歌—謌，钵—缽，溪—谿，睹—覩 等皆为形声字，但形符的选择却有所不同。

第六讲 汉字中的繁简字与异体字

糧—糧，褲—袴，蚓—螾，猿—猨，綫—線，烟—煙，訛—譌，蝶—蜨，勛—勳，喚—唱 等皆为形声字，但声符的选择有所不同。

迹—蹟，村—邨，視—眂 等，同为形声字，但所选形符、声符均不相同。

4. 帖体字

书法家在书法创作过程中，为求字的外形美观或易于书写而新创出来的字，就是帖体字。帖体字是所有异体字中数量最多的，要想全部弄清楚，可能性不大，但它们对于我们的书法学习却又十分重要，所以我们不得不加以重视。首先，我们要弄清它们与正体字的关系；其次，我们要明白书法家如此写的原因；最后，我们还要了解，文字的书写性与文字本身发展的关系。下面是一些带有普遍性的例子，但不是全部。

土—圡，加上一点以与"士"相区别，或取土地要多点的喻意；此字涉及所有与土相关联的字，如"吐""杜"等。民—氏，加点可能是受"弋"字形有点笔画的影响，或为习惯性的带笔。私—秘，加撇，明显受"厶"的影响。建—建，加点，是受"辶"书写习惯的影响。韭—韮，加草字头；鼎—鐳，加金字旁；梁—樑，加木字旁，都主要为加强表意功能。

散—散，數—數，眉—睂，真—眞，年—秊，春—萅，則—剮，看—翰，裘—裹，吴—吳，宜—宐，致—致 等，主要是受其篆书形体楷化的影响。

塋—堂，省去一点；餐—飡，省去首横、竖；堯—尧，省去横，并改断为连；繞—绕，省去两短横；講—讲，省去横；竈—窀，省去首点、一横和中竖；絲—丝，省去两点；薩—萨，省去两撇；悉—悉，師—师，橋—桥，性—性，圖—图，皆—皆，皆省去一撇；傳—传，惠—惠，省去中部件；隨—随，省去右上"工"部件；藁—棠，省去"口"部件；龍—龙，省去右上部；修—修，改撇为横；函—函，改点为横；肩—肩，改点为横；劉—刘，尼—尼改变部件形态；念—念，省去折；曾—曾，连点为横；衆—众，改变部件形态；滿—满，改两人为四点；希—希，飾—饰，貌—貌，血—血，皆为改变笔画方向与性质；骨—骨，改变部件形态；翠—翠，翼—翼，延长中竖；彭—彭，極—极，延长下横；聖—圣，延长上横；肅—肃，改变部件形态；映—映，竝—並，省略并改变笔画形态；敏—敏，串联两点；惡—恶，改变笔画交接状态；導—导，桑—桑，改变部件性质；趨—趋，省略并改变部件性质；頰—颊，改变部件为避让；懷—怀，省略部分部件；瞻—瞻，省略并改变笔画；檀—檀，改变笔画次序；贊—赞，省略并改变笔画性质；昏—昏，熱—热，改变部件性质；墙—墙，省并笔画；珍—珍，疑—疑，罕—罕，改变部件形态；灰—灰，改变笔画方向与性质；岩—巖、嶬，延长中竖，或改变部件

第六讲　汉字中的繁简字与异体字

位置；徽—徽，省去中横；夢—夢，改断为连，减少笔画；筆—筆，改变部件形态；章—章，改变交接状态；革—草，改串为断；耴—耻，延长上横画，改"止"为"山"；妍—姘，变"开"为"井"；岱—岱，改变笔画位置；漆—漆，改变部件形态；羅—羅，省略横画；流—流，省略点画；幸—幸，尊—尊，增加横画；倪—倪，寡—寡，省略并改变笔画位置；纏—繞，省并笔画；微—微，改变笔画；鄒—鄒，合并笔画；今—今，改折为竖，主要为美观而便于书写。

髪—髮，黔—黔，峰—峯，拿—舒，和—咊，秋—秌，鞍—鞌，閣—閙，花—苍，腕—肙，籃—籃，昇—昇，虞—虞，宿—宿，器—嚚等皆为改变部件或笔画位置。

省略部分笔画或部件，改变笔画长短、种类及交接状态，更换部件，移动位置，等等，主要是为了便于书写，求新求雅，美观大方。

升—升，泪—泪，潜—潜，册—册，凌—凌，徒—徒，定—定，看—看，赫—恭，恶—恶，翼—翼，旨—旨，再—再，斷—斷，眺—眺，腰—膏，卷—卷，杰—点，最—寂，倪—佂，朋—用等明显是受到草书楷化的影响。

鹿—鹿，靈—靈，幽—幽则是受汉隶影响而改变笔画形态。

我—我，受"禾"字影响而改变笔画；敦—燉，受"煌"字影响而增加了火旁。

秉—秉是受到魏碑的错字影响；天—天是受到汉简的楷化影响。

5. 部分异体

部分异体，是文字发展过程中的一种特殊现象。是因为某些异体字在使用过程中，由于某些意项发生了分歧，或因文字改造、合并所造成。如"和"—龢、咊，就是一个明显的例子。当"和"用于"和睦""心平气和""和平""和解""温和"等词时，是可以用龢、咊字互换的；但当用作连词，如"我和你"等时，或作"连带"之意，如"和盘托出""和衣而卧"时，或作数学上相加总数的"和"时，却是不能互换的，只能用"和"，而不能用龢、咊。

类似的情形还有一些，我们举出一些较为常见的例子以供参阅。

暗—"闇"，当用作"光线不足""黑暗""糊涂""不明白"之意，如"暗淡""昏暗"等词时，可以与"闇"互换；但作为"不公开""隐藏不露"之意，如"暗号""暗杀""暗喜"等词时，只能用"暗"或"晻"字，而不能用"闇"。

尝—"嚐"，当用于"尝试""尝咸淡"等词时，可以与"嚐"互换，但当用作"曾经"之意，如"未尝"时，却只能用"尝"字，而不能用"嚐"字。

出—"齣"，一般只用"出"，但当用于"一出戏""唱的是哪一出"时，却可用"齣"字互换。

锤—"鎚"，用于"秤锤"时，只能用"锤"，但用于"锤子""千锤百炼"等词时，却可用"鎚"互换。

耽—"躭"，当用于"耽搁""耽误"等词时，二者可以互换，但当用作"沉溺""入迷"等意，如"耽乐""耽于幻想"等词时，却只能用"耽"，而不能用"躭"。

第六讲 汉字中的繁简字与异体字

抵—"牴""觝",当用作"抵达"等意时,只能用"抵",但当用作"抵触"时,却是可用"牴""觝"互换的。

泛—"汎""氾",当用于"泛舟""泛泛而谈"等词时,可与"汎"互换。当用于"广泛""泛滥"时,可以与"氾"互换,但不能与"汎"互换。当然,现在已很少用到后两字了。

丰—"豐",当用于"丰采""丰姿"等词时,不能与"豐"互换,但当用于"丰年""丰功伟绩""丰衣足食"等词时,却可以与"豐"互换。

干—"乾""幹",当用于"干涉内政""干禄""相干""干戈""天干地支""江干"等词时,只能用"干";但用于"干燥""饼干""外强中干""干焦急"等词时,可以用"乾"互换;如用于"躯干""骨干"等词时可以用"幹"互换。

谷—"穀",当用于"山谷"时,只能用"谷",但当用于"五谷""谷子""稻谷"时,却可以与"穀"互换。

轰—"揈",当用于"轰动""轰炸"时,只能用"轰",而当用于"轰赶"时,却可用"揈"互换。

胡—"鬍""衚",当用于"胡子""胡须"时,可用"鬍"互换,而当用于"胡同"时,却可用"衚"互换。其他情况如"胡说""胡不归""胡萝卜"等却只能用"胡"。

后—"後",当用于"王后""皇后""皇天后(君王)土"时,只能用"后",但当用于"前后""先后""后代"时,却可以用"後"互换。

回—"廻",当用于"回家""回信""一两回""回族"等词时,只能用"回",而用于"回环""回绕""回避"等词时,却可与"廻"互换。

汇—"彙",当用于"汇流""汇款""外汇"等词时,可以用"汇""匯"

"滙",而当用于"词汇""汇报""汇集"等词时,却可以用"彙"互换。

伙—"夥",当用于"伙伴""合伙""伙计""一伙"等词时,可用"夥"互换。但当用于"伙食"之意时则不可用"夥"互换。

获—"穫",当用于"获取""获救""获悉"等词时,只能用"获",而用于"收获"时却可用"穫"互换。

斤—"觔",当用于重量单位时,可与"觔"互换,而当用于"斧斤""斤斤计较"时,则只能用"斤"。

径—"逕",当用于"直径""半径"时,只能用"径",而用于"径直""径向""径庭""径赛""径流"时,却可用"逕"互换。

局—"跼",当用于"局部""局势""结局""公安局""饭局"时,只能用"局";而用作"局促"时,却可用"跼"互换。

眷—"睠",当用于"眷顾""眷恋"时,可与"睠"互换;而用于"亲眷""眷属"时,却只能用"眷"。

撅—"噘",只有用于"撅嘴"时,"噘"才可与"撅"互换。其他情况都用"撅"。

慨—"嘅",只有当用于"感慨""慨叹"等词时,才可与"嘅"互换;用于"慨然""愤慨""慷慨"等词时,只能用"慨"。

考—"攷",当用于"考试""考勤""考证""考究"等词时,可用"攷"互换;如用于"寿考""先考""考妣"等词时,则只能用"考"。

克—"剋""尅",一般情况下都用"克",如"克勤克俭""克敌""克服"等;但当用于"克期""克扣"等词时,则可与"剋""尅"互换。

昆—"崑",一般情况下均用"昆",但当用于"昆仑"时,则可用"崑崙"互换。

第六讲　汉字中的繁简字与异体字

困—"睏"，当用于"困境""穷困""困难""困守"等词时，只能用"困"；而当用于"困倦""困觉"时，却可用"睏"互换。

历—"厤""曆"，一般情况下均用"历(歷)"，但当用于"历法""日历"时，则可用"厤""曆"互换。

帘—"簾"，一般情况下均用"帘"，但当用于"布帘""门帘""窗帘"时，则可用"簾"互换。

梁—"樑"，当用于"房梁""桥梁""梁子"时都可用"樑"互换，但用作"梁朝""山梁""鼻梁"时，只能用"梁"。

蒙—"濛""矇"，当用于"启蒙""蒙蔽""蒙昧""蒙难""承蒙"等词时，只能用"蒙"；但用于"蒙蒙细雨""山色空蒙"时，可用"濛"互换；用于"眼睛蒙眬"时则可用"矇"互换。

面—"麵""麪"，当用于"面子""面前""对面""平面""方面""一面"等词时，只能用"面"，不能用"麵""麪"；而用于与粮食有关的，如"面条""面粉"等词时，却可用"麵""麪"互换。

渺—"淼"，当用于"渺小""前途渺茫"时只能用"渺"，不能用"淼"；但当用于形容水面辽阔的"浩渺""渺茫"时，却可用"淼"互换。

秋—"鞦"，一般情况下都用"秋"，只有当用于"秋千"时，才可与"鞦"互换。

曲—"麯""麴"，一般都用"曲"，只有用于"酒曲"时，才可与"麯""麴"互换。

升—"昇""陞"，一般情况下均用"升"，当用于表示容量、体积时，只能用"升"；但当用于"上升""升旗"时，可与"昇"互换，当用于"升级"时，则可

与"陞"互换。

疏—"疎"，当用于"疏导""疏密""疏通""疏忽""志大才疏"等词时，均可与"疎"置换，但当用于"疏食(粗食)""生疏""注疏""奏疏"时，却只能用"疏"，而不能用"疎"。

苏—"甦"，一般情况下均用"苏"，但当用于"苏醒""死而复苏"时，却可用"甦"互换。

脱—"侻"，一般情况下只用"脱"，但当用于"通脱放达"时，则可用"侻"互换。

托—"託"，当用于"托住""枪托""烘托"等词时只能用"托"，但用于"托付""委托""推托"时，可以用"託"互换。

衔—"啣"，当用于"衔接""衔命""衔恨"等词时，均可用"啣"互换；而用于"军衔""职衔"时，只能用"衔"。

效—"傚""効"，当用于"效能""效验""效率"时，只能用"效"；而用于"仿效""效法"时，则可用"傚"互换；如用作"效力""效劳"等词时则可用"効"互换。

凶—"兇"，当用于"凶年""吉凶""凶事"时，只能用"凶"；而用于对人与动物的描写，如"凶恶""凶狠""凶手""很凶"时，则可用"兇"互换。

丫—"桠""枒"，当用于"树丫"时，可用"桠""枒"互换；而用于"丫环"时，则只能用"丫"。

游—"遊"，当用于"游泳""上游""游鱼"时，只能用"游"；当用于"游击""游逛""郊游"时，则可与"遊"互换。

欲—"慾"，当用于"欲望"之意时，可用"慾"互换；如用于想要、需要、将要等意时,如"欲盖弥彰""山雨欲来""将欲取之,必先与之"等,则只能用"欲"。

旨—"恉",当用于"旨趣""要旨""意旨"时,可用"恉"互换;而用于"圣旨""旨酒(美酒)"时,则只能用"旨"。

周—"週",一般两字用法无别,如用于"周遭""周期""周游""周而复始"等词时,都可互换;但当用于"周济""周急""周朝"等词时,则只能用"周"。

五、异体字与古今字、通假字的关系

1. 异体字与古今字的区别

相对于古今字而言,异体字是个共时的概念,指同一个词在同一个历史时期有不同的写法,大多数情况下都可以互换,而不发生读音与意义上的变化。古今字,是个历时的概念,指同一个词在不同的历史阶段用不同的字来表示。从古今字的发展,可以看到文字的发展变化,新字如何产生。古今字之间有意义上的联系,但它们之间并不对等。

2. 异体字与通假字的区别

异体字相对于通假字而言,两者虽都是共时的概念,但通假字中本字与借字只是音同或音近,并不一定有意义上的联系,而异体字,则必须音全同,义全同或部分相同。

3. 异体字、通假字、古今字之间的共同点

异体字、通假字、古今字都是不断发展变化着的。如"乌"与"於"原就是一异体字,大约在春秋前后分化为两个不同的字。之前都可用于"乌呼""於乎",之后"乌"专用于鸟名,它们就分工明确了。再如"喻"与"谕"、"猷"与"猶"、"雅"与"鸦"、"怡"与"怠"等均是如此。

此外,从整个历史上看,一个字数十形、多个异体、多种通假的现象并不鲜见。特别是在一些先秦简帛书中更似没有底线,这里就不赘述了。

第七讲　什么是"道"

庄子说的"道不可言，言而非也"(《庄子·知北游》)和王阳明说的"道不可言也，强为之言而益晦"(《王阳明全集》)皆认为"道不可言"，即一说就错，越想说明白，就越说不明白！这种认识以真际言之，是极为深刻且似无可辩驳的。因为他们既说出了"道"的多义性、复杂性以及人对其认识的多元性、历史性等特点，也公然承认了语言的巨大局限性。但是，这种认识在现实世界与众生实践中，却没有意义。原因是它不仅极端消极，容易把人导向对于"道"的认识的神秘化、不可知论，而且也很难经得起当代哲学、自然科学关于世界是理性构成的也是理性可以认知的思想的追问。

但可喜的是，如果我们能适当地理解老子说的"道可道，非常道。"(《老子》第一章)就会发现，他比起庄子、王阳明说的或更加圆融，或更符合事理与逻辑。他明确告诉我们，"道"一定是可以言说明白的，但不是随随便便可以，而是必须放到一定环境、一定条件、一定的主客对象之间才行。这种认识，不仅涵盖了孔子、庄子、王阳明等哲学家们的所有认识，而且无懈可击。亦如老子自己所言的"善言无瑕谪"(《老子》第二十七章)。其原因是它不仅与当代哲学、自然科学、马克思主义基本原理以及当代社会实践等对于这个世界认识的高度统一，而且亦与汉字学对于"道"的认识并行不悖。上述认识如用现代哲学语言来加以描述，它便是：真理既有相对的，也有绝对的；语言是建构意义世界最伟大的工具；具体问题必须具体分析；我们的一切社会实践，必须实事求是，尊是而行。

有了上述认识，我们对于"道"的言说也就可以无所顾忌了。

一、"道"的概说

"夫道者，所以明德也"(《孔子家语·王言解》)告诉我们，所谓道，就是指能够深刻地告诉我们什么是德的一切东西。联系孔子的相关论述，再细加以推敲，我们会发现，"能够告诉我们什么是德的一切东西"主要指向四个方面：一指自然、人类社会最基本的规律性。这些规律性，人类通过学习或实践可以获得部分认识，但永远不可能全部认识。二指"中庸之道"。它是自然之道在人类社会的最伟大实现，它的核心是"公正"。三指"尊道而行"的"仁、义、礼、智、忠、孝、信、勇"等。它们既是为人之道，也是为人之德。四指人类的一切行动或实践。它源于人类对于自然的效仿，却对人类有特殊意义。上述内容好像无所不包，但在中国传统哲学中，这还不是"道"的全部。老子说的"道生一，一生二，二生三，三生万物"(《老子》第四十二章)则意味着"道"不仅是精神的、形而上的，同时也是物质的、形而下的。

如果我们从汉字学关于"道"的初文构形进行分析，得到的认识或比上述认识更加全面、深刻。

二、"道"字的初文构形分析

"道"的初文为"𠁢",两个主要的异体为"𢔁""𠁢"。秦统一文字,小篆写成"衟",其构形看起来与今天楷书之"道"区别很大,但其实,今天的"道"字,不仅完全保留了上述所有"道"字的基本信息,而且还有所拓展。(今天"道"字的"走之底"的"点"与"横折"即为上述诸"道"字中的"行"的简化,下面的"捺"即为"之"或"止"的简写。"首"虽有所简略,但不仅"面目、头发"仍在,且上面的两点还引入了新的信息——"阴阳"。)

"𠁢"由两部分构成,外面部分是"行—𧘇"字,一个"十字路口"的形象。"行"有四层意思:一为道路,尤指平坦宽广的大道;二为整个物质世界,即自然世界;三为"形上之道",既指向人的整个精神世界,也指向自然、人类社会发展变化的最基本规律性;四为行动或实践,行动或实践把物质世界与精神世界连接在一起,是物质与精神、形上与形下的高度统一。人对于这个世界的一切认识既源于其行动或实践,亦源于在此基础上所进行的思维逻辑的展开。

"道路",就在我们脚下。其最初是指人的脚印能够到达的所有地方。后来,主要因为《老子》,它便有了无穷多的引申。看得见摸得着的,我们把它叫"形下之路",看不见摸不着的或叫"形上之道",或叫"形上与形下之间的路"(今天我们说的"轨迹"尤像这种"路")。事实上,一切"形上之道"皆可从此"形下之路"引出。人,永远在"路"上或在"道"上。人如果要安全舒适地活着,就必须"尊道而行"。"尊道而行",不仅对人对己舒适方便,而且也是有德的表现。孔子说的"谁能出不由户?何莫由斯道也?"(《论语·雍也》)告诉我们,日常生活中,人只有经常从自家的门口出入,才可能安全舒适愉快。现实世界里,没有人不是这样做的!这说明,一般情况下,打洞、爬墙、翻窗户,不仅是无德,会造成危险或不快,而且反过来也能证明,正常"人"的存在,所谓"无德",几乎是不可能的。

"行"作为整个物质世界,就以"𠁢、𢔁、𠁢"三个"道"字的构形(以三维视角)所给予我们的启示,即指位于我们"人"之"四方上下"的一切。("道"字中间部分,或"首"或"人",皆可代表"人")这种认识亦与老子的"迎之不见其首,随之不见其后"(《老子》第十四章),"道生一,一生二,二生三,三生万物"对于"道"的描绘高度一致。"人","迎之不见其首,随之不见其后"的一切,既是"人"的"四方上下"的物质世界,也是"人"所面对的古往今来的精神世界。"万物"既然皆为"道"之所"生",那么"道"首先必定是物质的。这种认识的背后所隐藏的"玄机"是人的一切行动、实践、思想、理论等,皆不能离开对于物质世界的联系与思考。人类要解决的一切问题,都一定要受到物质世界的制约。就此而言,"人"所谓对于物质世界的"超越",其实只是一种想象而已。

汉字鉴赏

"行"作为整个精神世界，既指向古往今来人类所取得的一切精神文化成果，也指向古往今来人类所进行的一切实践活动。它与人对于物质世界的改造紧密相连。

"行"为行动或实践，它意味着"道"，无论是"形上"或"形下"，都必须通过"行"来达到或实现，所以"物质运动"是绝对的，"人"的实践既是绝对的也是相对的。因此，老子说，"反者道之动"（《老子》第四十章），孔子说，"先行其言而后从之"（《论语·为政》），荀子说，"不闻不若闻之，闻之不若见之，见之不若知之，知之不若行之。学至于行之而止矣"（《荀子·儒效》），王夫之说"知所不豫，行且通焉"（《思问录·内篇》）。他们既强调了"运动"的绝对性特点，也强调了"实践"对于认识或改造物质世界，对于成圣成人的无比重要性。

"行"之所以可通于形上之"道"，一是在于一切"形上之道"必须寓于"形下之器"（"形而上者谓之道，形而下者谓之器"，但又"道不离器，器不离道"）；二是在于"道"的存在必须以"行"表现出来。

相关链接

玄奘西行

中国的《西游记》一书很出名，现已名动全球。作为中国古典四大名著之一，其想象力之丰富独特，可谓首屈一指。但吴承恩的生花妙笔只是成功地塑造出了一个孙悟空，或再加一个猪八戒，而对于唐僧的塑造则是"失败"的。"失败"不是因为其艺术性的唐僧形象与历史上真实的唐僧有多么相近或相去甚远，而是他把唐僧描绘得太过愚蠢窝囊，以致颠倒了主配角关系，让孙悟空的形象完全掩盖了真实唐僧的伟大或光辉。

要了解真实的唐僧的故事，必须得读读玄奘自己写的《大唐西域记》和他的弟子慧立、彦悰写的《大唐大慈恩寺三藏法师传》，以及《新唐书》等相关传记。2016年由黄晓明主演的电影《大唐玄奘》虽然有些简略，但其基本情节却是于史有据或是基本真实的。

玄奘既非唐太宗李世民的御弟，也没有一个中了状元的父亲。说有三个徒弟随其一起从长安出发，更是子虚乌有。如果说《西游记》的哪些描写有点依据，那也只是在其出了玉门关、阳关，穿过莫贺延碛沙漠与高昌国王麹文泰结为兄弟之后的事。之前，他孤身一人，不仅无人陪伴，而且是违法偷越国境。不仅唐太宗没有帮助他，就连长安洛阳的"僧侣集团"，甚或他同是僧人的同胞哥哥也坚决反对。他是随"寻食"(因长安当年霜灾农业歉收)的百姓潜出长安的。西行路漫漫，孤身一人的远行，对于一般人而言，既无法理解，更无疑是送死的行为。但玄奘意志坚定，义无反顾。其间多次被抓，几次欲死，特别是在莫贺延碛沙漠四天五夜的食水未进，如果不是意念坚定以及得识途老马相救，取经的故事就真没有下文了。

玄奘的西行无疑取得了巨大的成功。他不仅在印度学到了其梦寐以求的《瑜伽师地论》，在印度的全国性经论大辩中博得了桂冠，而且还带回并保存了那段时期的大量的印度佛经(657部)。更可贵的是，他后来的著作《大唐西域记》也成了关于那段时期古代印度乃至中亚诸国的信史。于是，现代世界不仅中国人崇敬玄奘，就是印度人、中亚诸民族也

第七讲 什么是"道"

不得不感谢玄奘。因为不仅那些玄奘带回的经典在今天的印度已经全部失传,而且印度这个虽善于玄思冥想却不善于记录历史的民族自己已全无那段时期的信史。玄奘西行所成就的辉煌,使之随着历史的推演而愈加辉煌。其人,则早已走上了神坛。

玄奘的成功经历,如果用一个字来概括就是"行"。其幼时的"好学"是"行",如果不好学便不能发现已有佛经的谬误。成年后的辩经是"行",如果不辩就不会产生西去求经的决心与信念。西去的过程是"行",如果没有这样艰难曲折复杂的人生旅程就不会有非同常人的深刻的人生感悟。求师、学经、藏经、译经、传经、著述同样是"行",没有这样的过程,就不能传播文化、弘扬佛法。以此观之,"知"与"行"是统一的,统一于"行"。一方面,"知"是"行"的重要组成部分,另一方面,具体的"行动实践"又可反过来促进"知"的发展或检验"知"的谬误。"知"很重要,但"知行合一"——把深刻的"知"付诸具体的、有明确目标的行动与实践更重要。于是玄奘通过自己伟大的"行"超越众僧而成为一代圣僧。故"行"既是"道"也是"德"。(《大唐西域记》)

" "的中间部分为"首— "。它像一个侧面的人头,其上部是头发,下部为人之"面",亦可引申为形上之"面目、面子"。人之"首"既是人的"面目"也是人的"面子"。"首"的引申义主要有三层:一,代表"人"或"人的思想、智慧、理论";二,与"行"一样,亦通于"道";三,为第一、首长、元存在、根本。

位于"道"中或"行"中的"首",给予我们的启示:世界存在的价值或意义,都是人所赋予的。"道"必定是"人"之"道","行"主要是"人"之"行"。"人"不仅是"道"的一部分、"行"的一部分,而且是"道"的核心、"行"的核心。能认识"道"或通"道"的只能是"人",能进行行动与实践的也只能是"人"。"人"的存在,是"道"的第一存在。因此荀子说,"道者,非天之道,非地之道,人之所以道也,君子之所道也"(《荀子·儒效》)。

" "在" "的基础了增加了一个"止— "(或"之"或"至")字。" "本为"人"或"物"或"时间"留下的"足迹"。所谓"足迹",乃虚无性与实在性的统一,十分"神奇"。苏东坡诗:"人生到处知何似,应似飞鸿踏雪泥;泥上偶然留指爪,鸿飞那复计东西。"其中的"雪泥鸿爪"便深刻地揭示了这种"神奇"。"止"对于"道"的加入,不仅强调了"行、行动、实践、时间"等对于"道"的重要性,也凸显了"道"正是这种虚无性与实在性的统一。换句话讲,对于人类社会而言,其对于"道"的认识,从来就是历史的、多元的。而对于个体而言,关键在于其是否有"行",是否能"尊道而行"。如果能"尊道而行",那么就证明此人不仅"知道""有道",而且"有德"。故"实在性与虚无性的统一"旨在告诉我们,一切实践、功德、言论等均有历史性、多元性或时空性的特点,此非彼是、今是昨非的现象十分普遍,而穿越时空具有永恒价值的东西则很少。

"行、首、之"组合在一起,可以让我们对于什么是"道"或"道"的认识产生诸多联想。

(1) "道",是指人类足迹能够到达的地方,即"路"。目前人类足迹已经到达过的地方,最远处是月球表面。但由人类制造的没有载人的航天器却已经飞出太阳系,因为它承载了人类的"足迹",所以它之所至,也可以算是"人迹"所至。

(2) "道",是指人类思想能够到达的地方,即"形上之思"。它可能比"人类足迹能够到达的地方"要深远得多,但却永远不可能无所不至。

(3) "道",是指"自然之行",即自然存在的一切及其发展变化之规律性。人类是自然存在的一部分,故人类社会所谓发展变化的规律性也可算是其中一部分。

(4) "道",是指"人类之行",既是人类社会存在发展变化的规律性,也是人的思想与实践均能到达的地方。它常被唯物主义者认为是人类"最高之道"或"最高智慧"。

(5) "道",即物质世界与精神世界的高度统一。

(6) "道",即人类足迹与思想能够到达与不能到达的一切地方。这似乎是一个悖论。有人可能不理解或不认可,或认为不可言说。但实际上,这正是"道"的"神奇"之处。人类承认自身有永远都不可能认识的事物,正是其最深刻的认识之一。

(7) "道",即第一存在、元存在或根本性存在。

(8) 为首者必"知道"。

(9) "道者,非天之道,非地之道,人之所以道也,君子之所道也。"这告诉我们,这个世界因为有"人"、有"君子",才有"道";没有"人"、没有"君子",就没有"道"。一切价值或意义都是依附于人或君子而存在的。

三、部分经典关于"道"的论说

(一)老子、孔子的"治道"

先秦时期,对于"道"认识最为深刻的当属老子与孔子。但其"落脚点"最后却皆集中于"治道",即"天下治理"上。用《左传》的一句话来概述,就是"所谓道,忠于民而信于神也"。"忠于民"集中表现为让百姓们过上好日子,给予他们最基本的社会公正;"信于神",主要表现为与自然世界建立起最基本和谐的关系。

老子是以"无为"施治。"无为"不是"不为",而是在遵从事物发展最基本规律的基础上,从最大处、最根本处以"为",以实现"无不为"。按老子的话便是"以百姓心为心","为天下浑其心"(《老子》第四十九章)。按毛泽东说的就是"全心全意为人民服务"。他们均以"人民"为中心、为根本、为最大,以解决他们最基本的生活需求为最先、最根本、最重要目标。

孔子则表现为"为政以德""举直错诸枉""中庸"等。

由于"为政以德"需要当权者,特别是国君、大夫们先学做君子,又要对百姓实行最基本的社会公正,而这是大多数当权者无法做到的。因为当权者通常不愿意为"道德"所约束,所以孔子的"治道"又被称为"至大之道",以至于"天下莫能容"(不是天下百姓不能容,而是天下的当权者不能容)。由于"天下莫能容",所以孔子一生大多数时候不为世用,只能是"累累若丧家之狗"。

相关链接

孔子曰:"回,诗云'匪兕匪虎,率彼旷野!吾道非邪?吾何为于此?"颜回曰:"夫子之道至大,故天下莫能容。虽然,夫子推而行之,不容何病,不容然后见君子!夫道之不修也,是吾丑也。夫道既已大修而不用,是有国者之丑也。不容何病,不容然后见君子!"孔子欣然而笑曰:"有是哉?颜氏之子!使尔多财,吾为尔宰。"(《史记·孔子世家》)

"举直错诸枉",主要表现为"善用人"。孔子说的"举直错诸枉,能使枉者直"(《论语·颜渊》)告诉我们,推举提拔公正廉洁之士居上位,就能使居下位者也变得公正廉洁。老子说的"圣人不行而知,不见而明,不为而成"(《老子》第四十七章)与孔子所一再称誉的"昔者帝舜左禹而右皋陶,不下席而天下治"(《孔子家语·王言》)其实都是"善用人"的具体表现。换句话讲,当权者只有"善用人",才可能实现"无为而治"("无为而治者,其舜也与?夫何为哉?恭己正南面而已矣。"《论语·卫灵公》)。进言之,所谓"无为"只是最高统治者的"专利",对于一般人而言或与"无为"无缘。

当政者,特别是最高领导者,只有自己有才有德,才可能善用有才有德之人。只有善用有才有德之人,才可能实现"天下有道"。

(二)卫灵公的"治道"

据《论语·宪问》载,有一次,孔子对鲁国执政大夫季康子说:"卫灵公无道。"季康子听了之后,有些疑惑,于是反问道:"既然卫灵公无道,那为什么他的国家至今还不灭亡呢?"孔子的回答是:"他有仲叔圉应对诸侯、管理外交,有祝鮀管理宗庙、主持祭祀,有王孙贾管理军队、训练士卒,既然有这么多贤能之人帮他,那他的国家又怎么可能灭亡呢?"

相关链接

子言卫灵公之无道也,康子曰:"夫如是,奚而不丧?"孔子曰:"仲叔圉治宾客,祝鮀治宗庙,王孙贾治军旅。夫如是,奚其丧?"(《论语·宪问》)

孔子的认识是矛盾的。因为"善用人"既是"治道"的最高境界,也是实现社会公正的最基本准则。不仅如此,这也是孔子一生主张与向往的。可见,孔子这里说的"卫灵公无道",或并非指他没有把国家治理好,而可能是仅指他在某些私德(如宠幸并放纵夫人南子,溺爱美男子弥子瑕,宠爱宦官雍渠等)上做得不好,即所谓"无德"。

在《孔子家语·贤君》中,孔子对于卫灵公的评价恰恰相反。即认为卫灵公就他所处的那个时代而言,虽然算不上特别贤明,却是最好的君主了。好在哪里?主要表现还是在于"善用人"。他不仅用了上述贤人仲叔圉、祝鮀、王孙贾,而且还用了其他不少的能臣贤士,如足智多谋的公子渠牟、见贤必进的达士林国、善成大事的庆足、公正秉直的史鰌等。他们都曾是卫灵公的重要帮手。特别是史䲡,更是名气大得不得了:后世的《千字文》中都有他的名字流传。("史鱼秉直"中的"史鱼"即"史䲡")因此,在卫灵公统治时期,卫国治理得不错,人口繁盛,物资丰富,人民安居乐业。即基本实现了孟子所讲"乐岁终身饱,凶年免于死亡"(《孟子·梁惠王上》)的最基本的"仁政"目标。

相关链接

哀公问于孔子曰:"当今之君,孰为最贤?"孔子对曰:"丘未之见也,抑有卫灵公乎?"公曰:"吾闻其闺门之内无别,而子次之贤,何也?"孔子曰:"臣语其朝廷行事,不论其私家之际也。"公曰:"其事何如?"孔子对曰:"灵公之弟曰公子渠牟,其智足以治千乘,其信足以守之,灵公爱而任之。又有士曰林国者,见贤必进之,而退与分其禄,是以灵公无游放之士,灵公贤而尊之。又有士曰庆足者,卫国有大事,则必起而治之;国无事,则退而容贤,灵公悦而敬之。又有大夫史,以道去卫。而灵公郊舍三日,琴瑟不御,必待史之入,而后敢入。臣以此取之,虽次之贤,不亦可乎。"(《孔子家语·贤君》)

《吕氏春秋》对于卫灵公还有更加生动的描述,"卫灵公不仅善用人,而且亦善纳谏,且能体恤民情,爱惜民力"。据其记载,有一次,卫灵公打算在冬天修个水池,可有一个叫宛春的鲁国"匹夫"却进谏说:"天寒地冻,却要百姓们服劳役,这恐怕会伤害他们。"卫灵公听了后说"天气真的很冷吗?"宛春回答:"您穿的是狐裘衣服,坐的是熊皮垫子,墙角还有暖灶,当然不冷。但老百姓,衣不蔽体,鞋不裹脚,能不冷吗?""好!"于是卫灵公立即下令免除了百姓们冬天的劳役。

从下面卫灵公与其左右大臣的对话分析以及《吕氏春秋》对于他的评价来看,卫灵公不仅勇于纳谏,不与匹夫争功,而且胸怀宽广、赏罚分明。以此,卫灵公不仅是有"道"、有"德",而且还可能是那个时期实现了当时所谓"治道"的最高代表。

相关链接

卫灵公天寒凿池,宛春谏曰:"天寒起役,恐伤民。"公曰:"天寒乎?"宛春曰:"公衣狐裘,坐熊席,陬隅有灶,是以不寒。今民衣敝不补,履决不组。君则不寒矣,民则寒矣。"公曰:"善。"令罢役。左右以谏曰:"君凿池,不知天之寒也,而春也知之。以春之知之也而令罢之,福将归于春也,而怨将归于君。"公曰:"不然。夫春也,鲁国之匹夫也,而我举之,夫民未有见焉。今将令民以此见之。曰春也有善于寡人有也,春之善非寡人之善欤?"灵公之论宛春,可谓知君道矣。君者固无任,而以职受任。工拙,下也;赏罚,法也;君奚事哉?若是则受赏者无德,而抵诛者无怨矣,人自反而已。此治之至也。(《吕氏春秋·似顺论·分职》)

综合一下孔子对于卫灵公的两次有些矛盾的评价,以及《吕氏春秋》对于卫灵公的高度认可,我们会发现:第一,人们对于什么是"道",以及怎样做才叫作"有道",或符

第七讲　什么是"道"

合"道"的认识，既是多元的，也不是一成不变的。第二，孔子关于"卫灵公无道"的评价，让我们似乎能感觉到，圣人有时亦有意气用事的时候。司马迁说的"昔卫灵公与雍渠同载，孔子适陈"（《报任安书》）也敏锐地观察到了这点。孔子曾对于卫灵公好色，宠幸宦官，没有充分重视、重用自己等行为，深以为耻，并针对卫灵公某些"无道"的行为，说过这样一句名言："吾未见好德有如好色者也。"（《论语·卫灵公》）当然，这话亦不单是对卫灵公而言，也是对天下人而言。因此，孔子说的"卫灵公无道"其实只是表达了他对于卫灵公公开羞辱了自己的行为的一种不满情绪而已。换句话讲，如按孔子的一贯观点，卫灵公不是无"道"，而是真正的有"道"。

相关链接

古人论"道"节选

"师氏掌以媺诏王。以三德教国子：'一曰至德，以为道本；二曰敏德，以为行本；三曰孝德，以知逆恶。'教三行：'一曰孝行，以亲父母；二曰友行，以尊贤良；三曰顺行，以事师长。'"（《周礼·地官司徒·师氏·媒氏》）此所言"道本"乃周公之"治道"的一部分，其主要内容后来为孔子所继承，且以"敏于行""知逆恶""亲父母""尊贤良""事师长"等"至德"表现出来。

"人心惟危，道心惟微，惟精惟一，允执厥中。"（《尚书·虞书·大禹谟》）"天道福善祸淫"。《尚书·商书·汤诰》此乃《尚书》"治道"之精髓。前者认为，不管是"危险"的"人心"还是"微妙"的"道心"，对于统治者而言，应对的策略只需一条："允执厥中"。即持守"中庸"或"公正"就可以了。后者所认为的"天道"其实也是"人道"。（"天视自我民视，天听自我民听。"《尚书·泰誓》）"天道福善祸淫"若为"真"，则必符合"民众"的期望，且必须由"人"的努力才能实现。

"子谓子产有君子之道四焉：'其行己也恭，其事上也敬，其养民也惠，其使民也义。'"（《论语·公冶长》）孔子说的"子产有君子之道四焉"，不仅预设"道"之可道，而且认为"道"一定是有许多种类的。事实上，既然认为有"君子之道"，那么就一定有"圣人之道""善人之道""仁人之道"，抑或"小人之道"，等等。曾子曰："夫子之道，忠恕而已矣。"（《论语·里仁》）这里说孔子之道仅为"忠恕"二字，其实只是曾子的想当然。"夫子之道至大，故天下莫能容夫子。"（《史记·孔子世家》）又岂是一句"忠恕而已矣"可以概括！"夫子之道"关键在"一以贯之"。"一"主要指向"恒"。"恒"则主要指向"坚定持久的道德之心"与"学而不厌，诲人不倦"的为学精神。

"临，刚浸而长，说而顺，刚中而应，大亨以正，天之道也。"（《易传·彖传上·临》）它说明，不仅一切"道"皆"可道"，而且"天道"也是需要且能够通过人的认识，然后才可能加以言说与传播。"大观在上，顺而巽，中正以观天下。观，盥而不荐，有孚颙若，下观而化也。观天之神道，而四时不忒；圣人以神道设教，而天下服矣。"（《易传·彖传上·观》）它告诉我们，"治道"源于"神道、天道"，但均需通过人的"中正以观"才能实现对它的认识与传播。"中正"即"公正"。"形而上者谓之道"

(《易传·系辞传上》)明白告诉我们,"道"都是没有所谓"具体形状"的。最大的"道","迎之不见其首,随之不见其后",既涵括了"人"又位于"人"的"四方上下",既是物质的又是精神的,既寓于物质又超越于物质,是物质与精神、形上与形下的高度统一。

"君子之道也:贫则见廉,富则见义,生则见爱,死则见哀。四行者不可虚假,反之身者也。"(《墨子·修身》)告诉我们"君子之道"可通过其"贫则见廉,富则见义,生则见爱,死则见哀"等"四行"表现出来,"小人之道"反是。

"圣人之在天下也,自古及今,其道一也。"(《鬼谷子·捭阖第一》)这告诉我们,自古及今,"圣人之道"均有其共同特征。按老子的说法,便是:"为学日益,为道日损。""学不学,以复众人之所过。""以百姓心为心","为天下浑其心"。按孔子的说法,便是"学而不厌,诲人不倦","志于道,据于德,依于仁,游于艺"等。

"天地之道,非阴则阳;圣人之教,非仁则义;万物之宜,非柔则刚。"(《列子·天瑞》)上述对于"道"的言说方式容易让人产生误解,即可能被认为"阴阳""仁义""刚柔"都是可以分离的。但其实它是想告诉我们,一阴一阳谓之道,一仁一义谓之教,一柔一刚谓之宜。即"阴"与"阳"、"仁"与"义"、"柔"与"刚"都是不可分离的:阴阳互长、仁义并施、刚柔相济。

"道者,令民于上同意,可与之死,可与之生,而不危也。"(《孙子兵法·计篇》)由于"兵者,国之大事,死生之地,存亡之道",又为"不祥之器,不得已而用之"(《老子》第三十一章),所以人心的向背乃是"用兵之道"的前提条件,古代尤其如此。

"孟子道性善,言必称尧舜。""夫道一而已矣"。"人之有道也,饱食、暖衣、逸居而无教,则近于禽兽。"(《孟子·滕文公上》)其不仅认为"道可道",而且认为"道"必具规律性,所以常能以"必""一""近"称之。"教"或"学"是通达"道"的不二之途。

"治世不一道,便国不必法古。"(《商君书·更法第一》)其显然认为"道"不仅有"治道",而且"治道"有多种,不仅可以言说、可以实践,而且认为"治道"之实现,必须依据一定时空条件,必须具体问题具体分析。

"夫道者,所以反本复始。义者,所以行事立功。谋者,所以违害就利。要者,所以保业守成。若行不合道,举不合义,而处大居贵,患必及之。"(《吴子·图国》)其所认为"道者,所以反本复始",就是承认"道"的客观性,即在一定的思维模式中一定可以自洽。凡具客观规律性的事物不仅可以言说,而且皆可通过科学实验或研究观测以反复证实。

"神莫大于化道""礼恭而后可与言道之方,辞顺而后可与言道之理,色从而后可与言道之致。"(《荀子·劝学》)前者告诉我们,能够把最神奇、玄妙的道理以最简单的语言教化于民众之中,即可谓之"神"。这种认识,一方面承认"道可道",另一方面又认为能道"道"者了了,即既肯定了"道"之可言,但同时又认为并非一般人可以言。后者告诉我们,传道是需看对象的。即没有具体主客对象的限制,"道"便不可道。

"道法往古,则见以为诵。"(《韩非子·难言》)"道者,万物之始,是非之纪

第七讲　什么是"道"

也。"(《韩非子·主道》)前者告诉我们,"道"必须有对于传统的继承,即如老子"执古之道,以御今之有"(《老子》第十四章)。后者告诉我们,"道"首先是物质性的,然后才是精神性或批判性的。

"大学之道,在明明德,在亲民,在止于至善。知止而后有定,定而后能静,静而后能安,安而后能虑,虑而后能得。物有本末,事有终始,知所先后,则近道矣。"(《大学》)其不仅言说了"大学之道"的内涵,而且也言说了实现此道的方法与步骤。

"今有声于此,耳听之必慊(慊),已听之则使人聋,必弗听。有色于此,目视之必慊,已视之则使人盲,必弗视。有味于此,口食之必慊,已食之则使人瘖,必弗食。是故圣人之于声色滋味也,利于性则取之,害于性则舍之,此全性之道也。"(《吕氏春秋·孟春纪·本生》)其所言"全性之道"既反映了事物的规律性,也反映了人们对于规律的尊重与敬畏。虽然可以言说,但亲历却比听闻更为重要。

"师者,所以传道授业解惑也。"(《师说》)既然"道"可传,"惑"可解,那么就必然"可言""可道"。在此,韩愈说出了"师"在"传道"过程中的重要性。但重要归重要,并非绝对,即"传道"之外还有"悟道"。也即人类的前行,必须在传承的基础上有所发明、创造。

第八讲 什么是"德"

孔子认为治国为政，最好的办法是"以德以法"(《孔子家语》)。当下，"以德治国""立德树人""讲道德"等，仍是从官方到民间，从社会到学校，人们不断重复的话题。可是，你要问某个人什么是"德"，却很难得到一个令人满意的答案。不管是领导者还是学者，教师还是学生，等等，多难例外。但是，你如读了《孔子家语》或对"德"字的构形有所研究，那么你就一定有底气把它解说明白。或至少在这个视域下，你会得到一个较为令人信服的答案。因为这个答案，它不仅能与先秦各种经典关于"德"的论述相吻合，而且也能与当代主流社会道德实践、哲学、自然科学，以及国家治理理念相融相通。

一、"德"的概说

"德者，所以尊道也"(《孔子家语·王言解》)。"德"，简单来说，就是"尊道而行"或如何"尊道而行"。在所有的关于"德"的解读中，孔子的这句话，最为简要、全面、深刻。

"尊道而行"，从"形而下"来说，就是沿着大路向前走。换言之，我们沿着大路向前走，走我们应当走且方便走的路，就是有"德"。如我们每天从自己家的门口出入，在马路上走人行道，开车不与行人争道等，都是有"德"的表现。反之，如果我们出入不走方便之门，而是爬窗、跳楼，打洞、穿墙；在马路上步行强行与机动车争道；开车强行与别人争道等，不仅很麻烦、危险，而且在一般情况下就是无"德"的表现。以此可知，我们理应人皆有"德"。无德者不仅寸步难行，而且难以在这个世界上生存。但事情不会如此简单。因为在正常情况之外还有特殊情况。如灾难性事件堵塞了原来的正常通道等，我们则必须开辟新的道路，以走出困境。而能够在艰难困苦或极端危险的条件下开辟新路或带人走出困境者，不仅不能被视为"无德"，而且还可能被视为"大德"。如果放到"形而上"来说，情况可能会更加复杂。因为作为意识形态的"道德"不仅具有历史性、多元性，而且可能在同一时空环境中也能产生完全相反的认识。处于社会大变革时期其状况可能更会令人无所适从。换言之，没有慧眼便很难分辨什么才是真正的"德"。故"德"与"不德"，在许多时候便既无明确特征亦无明显界限。老子说的"上德不德"(《老子》第三十八章)，"孔德之容，惟道是从"(《老子》第二十一章)，"善之与恶，相去若何"(《老子》第二十章)更是深刻地揭示了这种似乎有些"诡异"的客观存在。因为"道"，许多时候并不是所有的人都可以随便认识的。既然不能认识，那么所谓"尊道而行"也就无从谈起。

第八讲 什么是"德"

🔗 **相关链接**

"上德不德"

"上德不德"出自传本《老子》第三十八章或马王堆汉墓帛书《老子》第一章第一句。

初见此语，令人惊诧莫名。但经过多年研究后，窃以为终于可以大白其真相：无论什么样的伟大道德，它总是须以"不德"的形式呈现，或总是与"不德"紧密相连。其之所以如此，原因是，所谓"上德"，它就是"道"，它必须"尊道而行"。这种认识首先源于"道法自然"。例如，太阳经行天上，给地球带来无限生机，没有太阳，地球就没有生命。地球上一切生命存在都依靠太阳所赐，所以太阳必有"生生之大德"。可是，地球上几乎一切源于自然的灾难性事件又皆与太阳紧密相关，如海啸、地震、火山、水灾、旱灾等。人类历史的前行，道理也大多如此。原因是，许多时候，只有武力或战争才是推动这种前行的主要力量。而武力或战争便必得有杀戮。"杀戮"无疑就是"不德"。中国历史上有"神农伐补遂，黄帝伐涿鹿而擒蚩尤，尧伐䥷兜，舜伐三苗，禹伐共工，汤伐有夏、文王伐崇，武王伐纣，齐桓任战而霸天下"，无不如此，否则我们不仅要付出更多的生命、更多的时间、更多的财富损失，而且还会进一步把这个世界推向更加危险的深渊。因此，"上德"就是"道"，就是规律。

人类历史的前行如此，生活中的某些事例也如此。

十九世纪中期，爱尔兰发生连续的大灾荒，五年之中有上百万人饿死。其间，许多灾民自愿找到一个叫基尔拉什的船长，希望他能把他们卖到美洲为奴以求活命。船长见既能顺乎民心又有利可图，便答应了他们。以一船载五百人，来回赚五万爱尔兰镑的速度，很快便把成千上万的爱尔兰人卖到了美洲，并赚到了无数的金钱。但此事惹恼了当地一名极有名望的教士乔治。他以一封长达六十八页的控诉信把基尔拉什船长送进了监狱。进了监狱的船长追悔莫及，不久便于狱中自杀。可是问题并未解决。愤怒而又饥肠辘辘的灾民只有涌进乔治的修道院。但修道院的微薄之力没能阻止仍然有人饥饿而死。于是乔治只有雇用水手并亲任船长以把这些难民继续送往美洲。可事实上，来到美洲的灾民仍免不了卖身为奴的命运。不仅如此，满脑子仁慈博爱的教士虽没有卖掉灾民赚钱，但却要收取每个灾民十镑的费用。受到质疑，只能如实回答：需要付与水手工钱。于是此事便成吊诡：卖人为奴又赚到了钱的船长受人爱戴，不赚钱的教士反受人唾骂。教士临终遗言："眼中尽是金钱的船长，满脑尽是慈悲的教士，他们所犯的错误都不值得世人原谅。"

其实，教士说错了，不值得世人原谅的只是他自己。上述事例中，船长的行为即为"上德"，教士的行为虽"不失德"却是"下德"。之所以如此，是因船长的行为虽有悖当时的法律，但却符合当时的时势或事物发展的规律性。(船长如果不赚钱，他的商业活动便无法继续)教士的行为虽然迎合了法律且主观愿望仁慈正义，但却有违当时的时势或事物发展的规律性。

上述事例不仅道出了"上德不德"的真实性，而且也证成了老子"贵德"必得以"尊道"为前提的无比正确性。

事实上，当代社会现实中因为所谓的"放生"而引发的生态灾难，大多也是这种"下德"。因为它缺乏对于事物发展规律性的最基本认识，结果便只能是事与愿违。(据笔者所知，"放生"至少要懂得相关生物学、地理学、社会学等知识才行。)

"孔德之容，惟道是从"其意义与"上德不德"高度一致。伟大的美德之所以伟大，就是因为它总是与聪明智慧如影随形，总是以道为边界。

"善之与恶，相去若何"明确告诫我们，"善之与恶"在绝大多数时候并无明确界线。换言之，从极端意义上说，一切思想、文化甚或科学技术，都存在着悖论。之所以如此，其原因既有认识上的局限，也有价值上的局限，更有工具理性与价值理性之间的深刻矛盾。认识上的局限告诉我们，人对于自然与社会而言，永远都有认识不到的事物或规律；价值的局限告诉我们，是非对错永远都是相对的；工具理性与价值理性的悖论告诉我们，人类永远也无法解决我们目的追求与规律认识之间的矛盾。

"尊道而行"，实为不易。它不仅需要我们知道什么是"道"，而且需要我们知道如何行"道"。"知道"须"修道"。"修道之谓教""自明诚，之谓教"告诉我们，所谓"知道、修道"的过程，既是"教"与"学"的过程，也是知行合一的过程。据老子、孔子的观点，能"知道"者只能是少数"圣人"或"善人"，而"不知道者"的唯一出路则在于"跟着走"，即跟着"圣人(知道者)"走。

"中庸之为德，其至矣乎？民鲜久矣"(《论语·雍也》)又启示我们，"德"的最高境界是"中庸"。"中庸"是什么？把它放到具体的政治实践中，用今天的话来表达，就是最基本的社会公正的实现。在孔子所生活的那个时代，对于"公正"的认识，虽与今天有所不同，但它仍然是个殊难实现的理想或目标。孔子认为，在他生活的那个时代，"中庸"从来就没有实现过。

上述孔子、老子关于"德"的认识都很深刻，但它们或只是"德"字初文构形的部分具体描述而已。

二、"德"字的初文构形分析

"德"字的初文为"㥁"。两个主要的异体为"惪""德"。"㥁"是甲骨文，"惪"是楚简或玉简，"德"是秦小篆。

"德"—"㥁"字近于最初的"道"—"衜"字。外面部分都是"行"，只是中间部分略有不同。"德"字中间部分为"直"字，"道"字中间为"首"字，但皆有"目"。从形下来说，"首"字之"目"主要指向"面目"，"德"字之"目"主要指向"眼睛"。从形上来说，它们则皆喻含最基本的社会公正。

"德"—"惪"字抛弃了"行"。抛弃了"行"既是抛弃了"道"，也是对于"直"(即"公正")的高度认可。换言之，在某些学者看来，"公正"乃合规律与合目

第八讲 什么是"德"

统一。它既喻含了"道",符合最基本的人性,也是人类社会最美理想的实现。

"德"—"德"字既是秦统一文字后的模样,也与秦统一前其所用"史籀大篆"之"德"高度一致。相对于"惠""彳"而言,此"德"加了一个"心"。"心"是良心、思想、智慧的象征。

"行"—"彳",前讲已经述及。它既是"路"亦是"道",既是物质世界亦是精神世界,既属"形而上"亦属"形而下",是行动或实践与思想理论的高度统一。

"悳"—"直",单独成字可写作"直"。其上部为一根"直线"或"一根带结的绳",但无论是"直线"还是"一根带结的绳",它们皆是一个"十字"。此"十"虽有用来"正视、注视"或"瞄准的目标"或"靶子"的意思,但主要指向"多、众多"。其下部为一只"眼睛"。它们组合在一起,即是"直"。"直",既是"一只专注直视于某一目标的眼睛",也是"众多的眼睛直视同一个目标"。

"直"是"德"的人性化或社会性的最直接表征。换句话讲,唯有"直"才最关切"人",或人类社会,或人类社会的"是非曲直、善恶情仇"。"直"之本义为正视、直视。因为"人"的眼睛只能"直视、正视",即不可能在不借助工具的前提下"弯视"或"曲视",所以其引申义主要有不弯曲、正(公正)、合乎正义、公心不偏、端正、挺直等。作为"德"字的中间部分,所以它的主要意义又必定为"德"所蕴含。事实上,"德"亦通"直"。(《左传·襄公二十九年》载:"辩而不德,必加于戮。"俞樾平议:"德当读直。")换句话讲,"德",或是否有"德",必得以"直"或"公正"或"公平正义"为核心。由于"德"又通于"道","直"又通于"德",所以"直"亦能通于"道"。有人问孔子"以德报怨何如"?孔子的回答"以直报怨,以德报德"。其中之"直"即为"公正"。一般的理解总有些片面,即认为孔子的"直"已游离于"德"之外,其实不然。孔子的"以德报怨"源于老子的"报怨以德"。而老子的"德"必通于"道",即与汉字学对于"德"的认知完全一致。综言之,"直"是"德"的核心,既是"公正",亦可通于"德"通于"道"。

把"彳"与"直"组合起来,我们可以得到如下一些启示。

其一,"德"的原初意义大致是:不管什么人,当你在面对公众,或者对待公共事务时,因为总是有许多眼睛在直视着你,所以你的行为表现一定要让公众看得到你的公平、公正、正直或正义。这种情况大概与此字义所要表达的氏族公社早期的社会现实有关。由于当时生产力极不发达,劳动产品大多数时候没有剩余,所以大家认为平均分配劳动产品便是最为公平、公正的。可是,怎样的平均才算是公平、公正呢?这在"民莫之令而自均""始制有名"之前,很难有个明确的标准。因为重的并不等于好的,小的也不等于差的。于是,主持分配的人,拿别人挑剩下的,便被认为是最公平的。而这又都是在众目睽睽之下,或说是在众人的眼睛的"直视"之下完成的。这样,被众人认为最公平的分配者，便往往被认为是"直"，或有"德"者。如此理解"德"的内涵，既能反映当时生产力的落后性，也能反映出先民们对于"德"认知的局限性。在此，"行"既被理解为"公众场合"，也被理解为"被众人所理解或支持"；"直"既被理解为"被众人所正视"，也被理解为"公平、正直"。

其二，"德"即各种主体关于"公平、正义"之关系。当我们把"𣎴"看作自然物质世界时，它是人与自然的"公平、正义"之关系；当我们把"𣎴"看作大众时，它是人与大众间关于"公平、正义"之关系；当我们把"𣎴"看作规律性或行动实践时，它是人与规律性或行动实践关于"公平、正义"之关系。很显然，人与自然之间的关于"公平、正义"之关系的实现，要求我们必须保护自然，把自然看成是人自身存在、发展的一部分。人与大众间的"公平、正义"之关系的实现则尤显其难。在今天，除了强有力的政府、健全的民主与法律制度之外，个体的自尊、自立、自强亦不可或缺。人与规律性或行动实践的"公平、正义"之关系，则主要表现为人既不可背"道"而行，亦必须把自己对于"德"的修行或"公平、正义"的理解坚定且不断地付诸实践。

其三，"直"置于"𣎴"的中间，说明它既是"德"的核心，同时也可能是通达"道德"的最大阻碍。据《论语》《韩非子》《吕氏春秋》等记载["叶公语孔子曰：'吾党有直躬者，其父攘羊，而子证之。'孔子曰：'吾党之直者异于是。父为子隐，子为父隐，直在其中矣。'"（《论语·子路》）"楚之有直躬，其父窃羊，而谒之吏。令尹曰：'杀之！'以为直于君而曲于父，报而罪之。以是观之，夫君之直臣，父之暴子也。"（《韩非子·五蠹》）"楚有直躬者，其父窃羊而谒之上。上执而将诛之，直躬者请代之。将诛矣，告吏曰：'父窃羊而谒之，不亦信乎？父诛而代之，不亦孝乎？信且孝而诛之，国将有不诛者乎？'荆王闻之，乃不诛也。孔子闻之曰：'异哉！直躬之为信也。一父而载取名焉。'故直躬之信，不若无信。"（《吕氏春秋·仲冬纪·当务》）]可知，自古以来人们对于"直"的认识，就很不一致。但大多对取小"信"而废"大伦"以致"不孝"之"直"持反对态度。换句话讲，我们对于"直"抑或"公平、公正、正义"的认知与践履，许多时候会因为主体的多元、认知不同或走向反面。不仅如此，时代不同，对于它们的认识更是有别，所以老子以"正善治""枉则直""方而不割，廉而不刿，直而不肆，光而不耀"告诫我们，我们心中所秉持的"公平、公正、正义"，一定要以适合于国家、社会的治理，美好的生活、良好的效率为前提。因为"直"有时反而是"不直"，唯有"曲"才能达致"直"的目标。这就像两点之间最近的距离并不一定就是直线，登月的旅程必得以"曲"为"直"、为"美"一样。进言之，通达"大德"的"路"往往并非"直线"，为了应对现实的复杂局面，我们在有一腔正义的前提下，还得有足够的智慧或策略。

从"直"的初文"𣎴"的构形看，它其实也是一个倒着写的"民—𣎴"字。前者为"十目"，后者为"目十"。这说明，我们古圣先贤，早就明白，真正的"公正"永远也

第八讲 什么是"德"

不可能与广大民众相脱离。孔子说的"斯民也，三道之所以直道而行也"(《论语·卫灵公》)即表达了这种思想。

秦统一文字，抛弃其他，只用此"德"。

"彳"省去了右边一半，但仍保存了"行"的所有信息。一是表明，"德"必得"尊道而行"。这与老子、孔子的认识是完全一致的。二是认为，"德"是必须以行动或实践表现出来的。如果一个人只是嘴巴说说而没有具体行动，那就谈不上"有德"。三是因为"行"是"十字路口"，可代表公众场合，所以它表明，"德"主要指向面对大众时所作出的关系处理。而至于个人私德，即或有些不足也没什么大问题。("大德不逾闲，小德出入可也。"《论语·子张》)

"直"居于"心"之上，它仍然表明了"德"必得以"公正"为核心。"公正"即经得起民众眼睛的直接审视。既合乎主体的愿望与诉求，也符合民众的道德期望。因此，"报怨以德"的前提是"以直报怨"，然后才谈得上"以德报德"。

"心"居于"直"之下，它表明"德"还必须经得起自己良心的拷问以及他人思想智慧的追问。这背后反映的问题是：生产力的进步对道德建设会产生深刻影响；人类社会之"德"是一种意识形态，与人类社会之"道"一样，是不断发展变化的。特别是当社会处于变革时期，尤其如此。因此，历史上曾经被坚定地认为是"无德"或"不德"的事，却可能因为时空的变换而完全走向反面。秦统一中国，对于当时的周或六国而言可能是"不德"，但透过历史的烟尘，我们今天却可能会得出相反的结论。

孔子曾不无感慨地对他的大弟子子路说："由！知德者鲜矣。"(《论语·卫灵公》)这明确告诉我们，真正深刻地知道什么是"德"的人很少。因为一般人既不知道什么是"道"，也不知道什么是"公正"，更不知道"仁、义、礼、智、信"等皆具有巨大局限性。

三、部分经典关于"德"的论说

先秦经典关于"德"的论述如果涉及"仁、义、礼、智、信"等诸德目，则复杂纷纭、难以穷尽。但如仅局限于"德"的直接阐释，则只是对于汉字学关于"德"之初文构形认知的某种互证而已。《老子》关于"德"的论述虽多，但却皆非直接。直接的以孔子说的"德者，所以尊道也""中庸之为德也，其至矣乎！民鲜久矣"，韩非子说的"德者，核理而普至""德者，道之功"最为精确恰当。至于庄子说的"德者，成和之修也"，《吕氏春秋》载的"德也者，万民之宰也"，《礼记》云的"德者，得也"则略显隐晦而让人难以把握。

1. "德者，核理而普至。"(《韩非子·扬权》)

"德者，核理而普至。"它认为，"德"是一切道理的核心，而且普遍地存在于一切人与事物之中。一切道理的核心，就是"道"。"道"无处不在。"道"即规律，公正无私、客观无情、没有偏爱。老子说的"善者吾善之，不善者吾亦善之""天地不仁，以万物为刍狗""天道无亲,常与善人"等皆表达了这样的思想。就人类社会而言,这个"核心"便是以公平、正义为前提的合规律性与合目的性的统一。"普遍地存在",既存在于自然界,也存在于人的一切社会实践之中。它要求我们为实现这种统一,不仅要不断学习以认识事物发展的规律,而且还要不断地把这种规律形成理论智慧,以指导我们一切生产、生活实践,并不断地反复、总结、提高。

"德者,道之功"即认为"德"就是"道"在人类社会所实现或发挥的功用,取得的成果。它以认识"道"为前提,如果我们对于"道"没有认识,那么这种"用"便会走向错误或荒谬虚诞。因此,对于一般人而言,"德"便只能是追随圣贤的足迹前行。

2. "德者,成和之修也。"(《庄子·德充符》)

"德者,成和之修也。"它认为,"德"是人或人类社会取得一切利益、成功,实现一切和谐所必需的修为、修养。既能建功立业,又能实现社会和谐,有这种"修为、修养"之人,必为"知道、知人、知言、自知"之人。所谓"知道",即既能认知、顺应、利用事物发展规律性,又能以之指导与规范我们的一切行动。不过,其核心仍然离不开"公正"二字。而其结果,不仅是"仁义道德"得以实现,"利"也得以全面实现。"知人"按照老子、孔子等的说法则主要是通过"知命、知言、自知"等实现。(老子说"知人者智,自知者明",孔子说"不知命无以为君子""不知言,无以知人也")所谓"知言",按照孟子的说法则是"诐辞知其所蔽,淫辞知其所陷,邪辞知其所离,遁辞知其所穷"(《孟子·公孙丑上》)。于是,具备如此修养、修为之人,或乃"圣人、善人",或乃"君子、有恒者"。

3. "德也者,万民之宰也。"(《吕氏春秋·季秋纪·精通》)

"德也者,万民之宰也。"它直白地告诉我们,"德",即人类社会一切思想与行动的最高主宰。这个"主宰",只能是"道"或以"尊道"而行的"仁、义、礼、智、信"等。就当代中国而言,它的主要内容表现为社会主义核心价值观:富强、民主、文明、和谐;自由、平等、公正、法治;爱国、敬业、诚信、友善。

4. "德者,得也。"(《礼记·乐记》)

"德者,得也。"其意为"有德者"就能"有得"。(按照韩非子的说法便是"德者,内也;得者,外也。"《韩非子·解老》)具体"得"什么?主要指向名利。但无论是得名、得利、得精神愉悦、得感情抚慰或别的什么,都带有强烈的功利主义色彩。这种说法既与"义,利也"(《墨子·经上》)、"德义,利之本也"(《左传·鲁僖公二十七年》)异曲同工,也与汉字学对于"得"的认知高度统一。

"得"的初文主要有"![字形]""![字形]"。只要我们稍加留意便会发现:"![字形]",上为"贝",下为"手",以"手"得"贝",明显指向的是对于金钱或其他物质利益的获得。"![字形]",其"双人旁",既是"行""路""道",亦是"行动"与"实践"。按照《说文》的解释"得,行有所得也",即是告诉我们,人之所得或利益或荣誉,只能是

第八讲 什么是"德"

在"前行"的路上、在大众面前、在不断的行动或实践中,并因遵循了"道义"的原则而获得。""与""构形大部分相同,意义也相通,但却因前者只是直接地指向金钱或物质利益,与"![德]"的构形相距太大而被抛弃。换言之,"得"只能是"尊道而得"。如"得"不合"道",即一定如孔子所言"虽得之,必失之"(《论语·卫灵公》)。

第九讲　什么是"仁"

在中国学界，多数学者认为儒家学说就是"仁学"。这种认识的主要依据源于《论语》。因为在"仁、义、礼、智、信、忠、恕、孝、勇"等诸德目中，其对于"仁"的论述最多。整部《论语》中，有"仁"字109见，远高于"义"(24见)、"礼"(75见)、"智"(其实《论语》中并无"智"字，"智"皆以"知"代之。"知"有118见，但通"智"者仅24见)、"信"(38见)、"忠"(18见)、"恕"(2见)、"孝"(19见)、"勇"(16见)字，甚或"道"(89见)、"德"(39见)。另外，可能的原因是，"仁"不仅是"德之光"("仁者，德之光"。《韩非子·解老》)，而且还可以囊括其他几乎一切德目(见后面朱熹语)。即有"仁"者，则必有"礼、义、智、信、勇、忠、孝、恕"也。

一、"仁"的概说

据《论语》记载，樊迟曾三次向孔子"问仁"，孔子最有代表性的回答是"爱人"(《论语·颜渊》)。樊迟之外，其他直接或间接向孔子"问仁"的弟子至少有颜渊、司马牛、仲弓、原宪、樊迟、子张、子贡、子路八人，孔子虽然每一次的回答都不相同，但其核心意思却是一致的，就是"爱人"。"爱人"二字，用孔子的另外两个字表达即"忠恕"，用两句话表达即"己欲立而立人，己欲达而达人。""己所不欲，勿施于人。"

此外，孟子说的"仁者，人也"(《孟子·离娄下》)其核心意思与"爱人"也是一致的。不过，对于"爱人"二字的理解，众人又可能会有所不同。孟子似乎在告诉我们，"仁"主要有三层意思：一是"仁"是属"人"的，只有"人"才可能有"仁"，其他的东西如果也有，那也是人所想象或赋予的。二是"爱人"首先要爱自己，而后也要把别人当成与你自己一样的人对待，即我们渴望从别人那里得到什么，与别人渴望从我们这里得到什么都是高度一致的，如果我们想从别人那里得到尊重、爱或帮助，那么别人也是一样的。三是"人"只有爱自己、爱自己的同类才算是"仁"，如一个人不爱自己，也不爱自己的同类，而把爱畜生或其他什么看得比爱人更重要，则不能算是"仁"。

《吕氏春秋》说："仁于他物，不仁于人，不得为仁。不仁于他物，独仁于人，犹若为仁。仁也者。仁乎其类者也"(《吕氏春秋·开春论·爱类》)即表达了与孔子、孟子同样的意思。它明确告诉我们，"仁"的所谓"爱"，首先指向"爱人"，即爱我们的同类。(某些"爱狗人士"，为了"爱狗"，既不爱家人，也不爱别人，甚或不爱自己，那么他们就是"不仁"。"不仁"就是不忠不孝不义。有人可能会问，那么他们图什么？图"名"！一种所谓"有爱心"的"名"。这种"名"虽然虚无，但既可自欺又可欺人)但反过来，如果某人只爱我们的同类，对其他东西却不甚爱，则仍然可算得是"仁"。孔子"仁者，爱人"的论述，及他在其马厩发生火灾时"问人不问马"的行为，以及老子"夫

第九讲 什么是"仁"

唯无以生为者,是贤于贵生"("那些没有办法活下去的我们同类的生命,要远比我们自己养生长寿更重要。"《老子》第七十五章)的论述,等等,皆表达了这样的思想。

⊙ 相关链接

厩焚。子退朝,曰:"伤人乎?"不问马。(《论语·乡党》)

另据《吕氏春秋》记载,赵简子有两匹十分喜爱的白毛骡。可当他的臣下胥渠生病,医师说必得以白骡之肝治病时,他便毫不犹豫地杀骡救人。赵简子用实际行动诠释了什么是真正的"仁"。

⊙ 相关链接

赵简子有两白骡而甚爱之。阳城胥渠处广门之官,夜欵门而谒曰:"主君之臣胥渠有疾,医教之曰;'得白骡之肝,病则止;不得则死。'"谒者入通。董安于御于侧,愠曰:"嘻!胥渠也。期吾君骡,请即刑焉。"简子曰:"夫杀人以活畜,不亦不仁乎?杀畜以活人,不亦仁乎?"于是召庖人杀白骡,取肝以与阳城胥渠。(《吕氏春秋·仲秋纪·爱士》)

以此类推:有人于高速路上停车救助受伤的动物;有人于高速路上以危险方法逼停运狗车辆;有人于住宅小区自己家中大量养狗、养鸡或其他所谓的宠物;有人愿意花无穷金钱与精力赡养救治畜生却不愿帮助社会弱势群体等皆算不得是"仁"。即"仁"之"爱",只有在先爱同类的前提下才可以向其他物类扩展。否则,就算不得是真正的"仁"。

有人可能会持反对意见,并可能拿出佛教中"众生平等"的论述来作依据。但这是经不起追问的!在任何文化中,"平等"永远都是相对的,它的前提必须是"类平等"。如果一个人非得"认狗作子""认狗作父",那么就是"异"。其结果不仅会导致社会、家庭、伦理全面崩溃,也会让他们不自觉地站到了主流社会的对立面。

二、"仁"字的初文构形分析

下面关于"仁"字初文的解读,不仅能够融汇上述,而且还会给予我们更多、更深刻的启示。

"仁"字初文为" ",左边是一个躬身而立的"人— ",右边是个符号字"二"。

"仁"以"人— "为形,它映证了前述孟子的说法"仁是属于人的,只有人才可能有仁"。

汉字鉴赏

"人"，从目前的普遍认知而言，应从自然进化而来。既是自然的一部分，又超拔于自然。它有理性(能用自己的意志控制自己的情感或行为)，有自我意识，有思想灵魂，所以又有"万物之灵"之称。人之所以能从自然界中超拔出来，最重要的还在于它有不同于一般动物的"群"意识，是"一切社会关系的总和"。以此可知，只要是人就必定具有人所具有的"仁、义、礼、智、忠、信、廉、耻"等诸道德。

孟子又说的"仁，人心也"(《孟子·告子上》)也表达了与"仁也者，人也"同样的意思。它要求我们对人一定要学会换位思考、将心比心、推己及人。

但是，"人"毕竟也是动物的一种，即永远也无法摆脱其动物性一面(既需要吃住，也需要种族的繁衍)。这种动物性，即"第一人性"的存在，总让我们在面对他人、社会、自然，或其他"群"时，时不时会表现出其自私、偏私、贪婪、狭隘、功利，甚或愚蠢等局限性的一面。事实上，"人"的局限性，也是"仁"的局限性。因为"仁"的"故事"或"事故"，只会发生于活生生的"人"与"人"之间。如果说人对于其他非人的事物也有"仁"，那么这种情况便是"仁"的扩展。

"二"，既是"道""阴阳""天地""天"，亦是数字之"二"。

说"二"是"道""阴阳""天地""天"，首先是因为我们可把它看成一个"阳爻"与一个"阴爻"的结合。《易传》云："一阴一阳之谓道。"(《易传·系辞上》)。其次源于它为"一"所"生"以及老子的其他的一些论述。("道生一，一生二，二生三，三生万物。"《老子》第四十二章；"容乃公，公乃全，全乃天，天乃道，道乃久，没身不殆。"《老子》第十六章)这种认识告诉我们，"仁"亦可直通"形上"之"道"，既是事物发展变化之最一般规律性，也是人们认识世界及与人相处的目的与工具，是合目的与合规律的统一。"人"如果认识了此"二"，也就认识了"道"。只有认识了"道"的人才可能实现真正的"仁"，才可能有无穷智慧，所以《中庸》说："取人以身，修身以道，修道以仁。仁者，人也。"

相关链接

"修道以仁"

"修道以仁"也可谓"修德以仁"。据孔子说的"志于道，据于德，依于仁，游于艺"(《论语·述而》)可知，"德"乃实现"道"的依据，"仁"乃"德"之根本或核心。现实中，管仲之所以被孔子称为"如其仁，如其仁"，就是因为管仲的作为或功绩不仅帮助了周天子，而且亦有功于天下百姓。有功于天下百姓，就是"博施于民而能济众"，就是"仁"的表现。

不过，事实上许多人对于"爱人"的理解可能是片面的，认为"爱人"就是爱护别人。但以儒家经典系统考察，我们会发现，"爱人"不是仅指爱别人，也不是仅指爱自己与亲人，而是指以爱自己为圆心向四周扩散，而后及于天下人乃至自然万物。故"博施于民而能济众"在孔子看来，不仅是"仁"的境界，而且还可能是"圣"的境界。

一个人如果不爱自己，那么就失去了其他一切爱的前提或基础。如何爱自己？具体来

第九讲 什么是"仁"

说就是要保护好自己的生命健康，成就最好的自己。这同时也叫作"孝"，所以《孝经》云"身体发肤，受之父母，不敢毁伤，孝之始也。立身行道，扬名于后世，以显父母，孝之终也。夫孝，始于事亲，中于事君，终于立身"。《中庸》说"成己，仁也"。"孝"不仅是"仁之本"，亦为"德之本""义之本"。如一个人要爱别人或帮助别人，但自己却一无所长，没有任何能力，那么他的"仁"便会是空话或笑话。而作为"仁"的具体分目"忠恕"，同样如此。换言之，一个完全无用之人，是没有资格谈论或实施"忠恕"的。

爱自己之外，再把这种爱施及周边的人，这当然也是"仁"。但这种爱必定是要分等级的。他们首先是父母子女，其次是至爱亲朋，再次是邻里乡亲，最后才是天下人。(《大学》云"孝者，所以事君也"即表达了这样一种思想)这是最基本的规律，也是最基本的人性。

最后，我们会发现"修道以仁"，归根究底是要求主体通过不断地"修"以成就自己，帮助别人，造福社会。

说"二"不仅是数字之"二"，还在于它可通于大写的"贰"。"贰"，既有"两样、有区别"之意，也有"不专一、不忠诚"或"副、次"之意。因此，许多时候它又是"愚蠢"的代名词。

于是，"人、二"结合，既是"天人合一""同于道"，也是"二人"或"人二"。

"天人合一"告诉我们：首先，人乃自然之一部分；其次，在人的世界里，以"仁"的态度处理人与人之间的关系，既是合乎人性的，也是合乎自然、人类社会发展最基本规律的，即是合规律与合目的的统一。

"同于道"告诉我们：人必须认识自然、人类社会发展最基本之规律，并适当地顺应它、利用它，以达到人的目的。

"二人"又是"两个人"。因为两个人是这个世界最小的"群"或共同体。这种"群"能够长期存在，其最根本原因只能是因为"爱"。夫妻是其最集中的代表。所以夫妻之间，互有"爱人"之称。以此可知，"仁者，爱人"，除了以自己为核心向周边扩散之外，它又是以夫妻之爱为前提组成的小共同体为圆心向周边逐渐扩散的。它先及子女、父母、兄弟，再及亲戚、朋友，再及宗族、邻里、乡党，再及邦国，再及异国他邦、天下，再及自然万物。因为没有夫妻之爱，便没有一切道德伦理赖以存在的根基。此外，"二"所昭示的"有区别"也同样反映了这种思想。"爱"从来就不是墨子说的"无差等"，而是必定有所区别的。

事实上，所有共同体的形成，必须既有"爱"，又有"等次"，有"区别"。所谓"平等"，说得简单点，就是以"公正"为前提把人分成不同等级。事实上，"人"与"人"之间，没有"爱"便不能"群"；没有"等次、区别"同样不能。刘备、关羽、张飞，能长时间地在一起奋斗，不仅因为他们是兄弟，更重要的是他们也是上下级关系。不过，"二人"同"群"，即便是夫妻，也不可能总是从思想到行为完全保持一致。这便是主体或个体的多元性：人各不同，思想各异。如果是众人所组成的共同体，情况将会更加复杂，有时会形成敌对性的单位或组织，但其基本情形却高度一致。极端的情形就是对抗或分裂。即便是夫妻，也不例外。"仁"因为有"二"的存在，所以也具有同样的特性。进言之，不合适的仁爱的施与是愚蠢的，它既可能伤害自己，也可能伤害他人或社会，所以老子说："与善仁。"(对于别人的仁爱的施与一定要适当。)

"人二"反映了人性、人格的分裂，即人的动物性与社会性的双重特征，也反映了人因为对于"二"即"道"没有认识的愚蠢与狂妄。因此孔子说"好仁不好学，其弊也愚"(《论语·季氏》)。《农夫与蛇》的故事，其中农夫的"仁"就是愚。"愚"所形成并得以发生的原因，就是因为他不好学，即对于这个世界运行的最基本的"道"认识不足。

"仁"字有个古文异体字"㤚"。上边是一个"人—㇀"字，下边是一个"心"字。它正是孟子说的"仁，人心也"，不过这个"人—㇀"字一般人并不认识，包括许慎也认为它是一个"千"字。《说文》认为"㤚—忎"字"古文仁，从千、从心。""从千"的说法明显是错误的。因为"㇀"同样是"人"。只不过它是一个戴了"脚镣"的"人"而已。它表达的是人对于"法则、规律"以及"道德"的恐惧。类似的情况如"信"的异体——"𧩁"也表达了同样的思想。人，从来就不是个体的独存，其之所以皆具有"仁、义、礼、智、信"等诸德目，正是因为他们皆须受到社会性制约的缘故。

三、部分经典关于"仁"的论说

韩非子的"仁者，德之光"(《韩非子·解老》)和宋朱熹说的"盖仁义礼智四者，仁足可包之"(《朱子语类》)都告诉我们，"仁"是诸德目中最重要、最光彩、最丰富的部分。一方面，它是"道德"的一部分，从属于"道德"，是其他主要德目"义、礼、智、信、忠、恕、孝、勇"等的基础或根本；另一方面，它又几乎把所有德目的主要内容都包括在内。换句话讲，人只要"有仁"，就必定"有义""有礼""有智""有信""有忠""有恕""有孝""有勇"。由于人皆有"仁"，所以人皆有道德。如果说某人没有，那只是在一定的情境下暂时由情感控制了理智，或只是"禽兽"而已。

据《淮南子》记载，鲁国孟孙打猎获得一头小鹿，把它交给一个叫秦西巴的下属，要他给烹了。可是由于母鹿尾随其后啼鸣不已，秦西巴不忍，就把小鹿给放了。孟孙一回来就问起小鹿之事，秦西巴据实回答。于是，孟孙一怒之下，便把秦西巴给赶走了。不过，一年之后，孟孙又把秦西巴请了回来，并给了他一个更重要的职位——让他当自己儿子的老师。他的手下很疑惑，便对他说："秦西巴之前曾得罪了大人，今天您又把他请回来当您儿子的师傅，这好像不太合适吧？"孟孙回答："一个人对于一个小鹿都不愿意伤害，那么何况于人呢？"

相关链接

孟孙猎而得麑，使秦西巴持归烹之。麑母随之而啼，秦西巴弗忍，纵而予之。孟孙归，求麑安在，秦西巴对曰："其母随而啼，臣诚弗忍，窃纵而予之。"孟孙怒，逐秦西

第九讲 什么是"仁"

巴。居一年,取以为子傅。左右曰:"秦西巴有罪于君,今以为子傅,何也?"孟孙曰:"夫一麑而不忍,又何况于人乎!"(《淮南子·人间训》)

秦西巴的故事告诉我们,人类之"仁"不仅可以向自然世界扩展,而且亦可感动他人,并能给自身带来好的名声与利益。以此可知,"仁"也是"智"。类似的情况不胜枚举。特别是当权者对于其下属的仁义施与,其目的往往都是希望或要求他们在自己或国家处于危难之时,能誓死效力。以此观之,对于统治者,特别是对最高统治者而言,所谓的"与善仁"也可算是一种策略。

另据西汉刘向《新序》所记载的《孙叔敖埋蛇》的故事,或能说明"仁"对于某些人来说,亦可能是天性使然。春秋时期,楚庄王的令尹(令尹相当于当时其他国家的宰相)孙叔敖年幼的时候,出去玩耍,看见一条两头蛇,便杀死它并埋了起来,之后,他便哭着回了家。母亲问他为什么哭,孙叔敖回答"我听说人看见两头蛇,必定会死,刚才我见到了两头蛇,恐怕就要先于母亲而死了"。他母亲又问"蛇现在在哪里?"孙叔敖答"我担心别人再看见它,就把它杀死埋掉了"。他母亲对他说"我听说积有阴德的人,上天会降福于他,所以你不会死"。孙叔敖长大成人后,做了楚国的令尹,还没有上任,人们就已经相信他是个仁慈的人了。

相关链接

孙叔敖为婴儿之时,出游,见两头蛇,杀而埋之,归而泣。其母问其故,叔敖对曰:"闻见两头之蛇者死。向者吾见之,恐去母而死也。"其母曰:"蛇今安在?"曰:"恐他人又见,杀而埋之矣。"其母曰:"吾闻有阴德者,天报以福,汝不死也。"及长,为楚令尹,未治国而国人信其仁也。(《新序·杂事第一》)

孙叔敖之仁,还亦印证了"仁"主要是针对"人"的。为了保护"人",我们有时不得不杀死其他某些动物或植物或微生物。这与孔子的"问人不问马"也是高度一致的。

由于"仁"的极端重要性,所以历代经典对其论述颇多。其中以孔子、孟子为最。

孟子说的"天子不仁,不保四海;诸侯不仁,不保社稷;卿大夫不仁,不保宗庙;士庶人不仁,不保四体"(《孟子·离娄上》)直截了当地说出了"仁"对于"人"的存在与发展的绝对重要性。"莫之御而不仁,是不智也"(《孟子·公孙丑上》)则告诉我们,如果觉得践行仁义而不能得到依恃,或不能得到好处,就拒绝践行仁义,是不明智的。因此"智者"必定亦是"仁者","仁者"必定也是"智者"。孔子认为"志士仁人,无求生以害仁,有杀身以成仁"(《论语·卫灵公》)。孟子则要求君子"天下有道,以道殉身;天下无道,以身殉道"(《孟子·公尽心上》),其根本原因就在于君子总是"修身以道,修道以仁"(《中庸》),荀子在其《劝学》中则明确告诉我们,以仁义为本是君子的宿命。而君子的宿命,说到底也就是人的宿命。

第十讲 什么是"义"

在民间,"义字当头"广流传。根据韩非子的说法,它是"仁之事也"。但这种说法与人们的实际行为趋向有偏差。一部《水浒传》,再加一部《三国演义》把"义"推崇到了极致。但当它成为"义气"即完全为情感所驱使时,就可能有问题了。它也可以与其他德目或"道德"二字组合成道义、德义、仁义、孝义、忠义、信义等词,这时,它便可以"义薄云天"了。

一、"义"的概说

古人对于"义"的解读有很多种,《说文》的"义,己之威仪也"最具代表性。因为它集中展现了"义"的本质,就是要求主体树立正面高尚的光辉形象。换言之,凡是能让主体于共同体或历史长河中树立起正面高尚的光彩威严形象的一切行为便皆可称为"义"。不仅如此,"义"的后面,或多或少地还能给主体自身或其所代表的共同体带来政治上、经济上、意识形态上的利益或优势。其他的,如"义也者,宜也"(《孟子·尽心下》),"夫义者,所以限禁人之为恶与奸者也"(《荀子·强国》),"理财正辞,禁民为非,曰义"(《易·系辞传下》)等,虽然表述不同,但其核心意义却是高度一致的。"宜也"告诉我们,我们做某事,如果有损我们自己的光辉威严形象,那么就不合适。"所以限禁人之为恶与奸"告诉我们,主体为了维护自身及共同体的光辉威严形象,不仅自己不能为奸与恶,而且还要制止他人为奸与恶。"理财正辞,禁民为非,曰义"告诉我们,"义"虽然不排除人们对于利益的追求,但它的前提是不能为非作歹,必须合乎最基本的社会公平正义。

但是,现实生活可能比我们想象的要复杂。或由于认识上的原因,或由于情感情绪的影响,或由于"义"总是与"名""利"紧密相关,所以,"义行"给主体带来灾难性后果的事例不仅会经常发生,而且还可能是一种常态。这种复杂性,我们通过对于"义"字初文的构形分析以及与古代经典的相互联系、相互映证的解读,也会得到充分的展示。

二、"义"字的初文构形分析

"义"字初文为"羲"。上面是只"羊"—🐑,下面是个"我"字。

"🐑",在古人的眼中,是为美善的象征。因此,在古汉字中,不仅"义"的上部是"羊","美、善"的上部也是"羊"。"🐑"不仅是"羊"字之初文,而且亦是"祥"字之初文。

第十讲 什么是"义"

以"羊"为"善",并参与"义"与"美"字的初文制作,因为一是其形象温顺漂亮可爱;二是其"知跪乳之恩",是孝的象征;三是其繁殖力强,能给人类带来丰富的衣食资源。其中能给人类带来丰富的衣食资源应当最为重要,因为它是人类得以存在的物质基础,所以它也是我们的"利"。"善行、义行"之所以多以提供给别人衣食资源以表现出来,即源于此。进言之,如果一个国家统治者不能让其百姓得到最基本的生存资源,那么就是"不义、不善",其政权也就失去了其存在的意义。当然,这个"最基本的生存资源",也是他们最根本的利益所在。而能给老百姓带来较好的生活资源的政权就是"善政"。

因此"善",对于人类而言,特别是对于一般民众而言,首先要满足的是其最基本的物质需要,其次才是追求形式美与精神美。而对于当政者言,则永远要把别人生命置于自己的养生长寿之上,要把弱者的生命置于自己的奢侈腐化之上,要把解决天下百姓的生存需要当作自己从政的第一目标。这样做既是最基本的"道德仁义",也是最深刻的"公正"或"公平、正义"或所谓"精神美"。至于"形式美",不是不需要,而是必须是上述理想在得到充分实现后的自然呈现。

"我—找"字,像一人侧身反手持戈之形。

"人",前面已述,简言之,它就是"仁、义、礼、智、信"的象征。

"戈",在古代是暴力、武装、强力、战争、军队的象征。因此,当一个人以"我"的面目出现时,一定是其独立性、唯一性、主体性,抑或强力、暴力、自我意识、智慧与尊严的最高表现。而这一表现既是该主体最美、最帅、最光彩的一面,也有其不可侵犯性的一面。在英文中,当"I"以"我"的意义出现时,永远用大写,也是这种思想的深刻展示。《说文》云"义,己之威仪也",不仅表达了上述思想,而且也为"义"所捍卫的对象作了正确指引:能够给主体带来光彩与荣耀的,只能是"我"对于我所认可、追求的"善"与"利"的誓死捍卫。事实上,古圣先贤们关于"义"的解读也皆指向这一点。但是需要我们注意的是,古人所谓的"义"背后所注重的往往是士君子们的"名"或"威仪"的保有、流传,其核心思想并不一定与社会公平正义相吻合。换言之,关于"义"的认识,从来就是既有时空性也有多元性。

据《史记》与《吕氏春秋》记载,豫让年轻时曾追随晋国的近邻范氏、中行氏,但都没有混出什么名堂。后来,范氏、中行氏为晋所灭,豫让只得改换门庭,跟了晋国最有实力的大夫智伯。智伯不仅与他一见如故,而且对他极为尊崇。但不幸的是,智伯不久便在与晋国其他三家大夫韩、赵、魏的斗争中败北。智伯不仅被杀,而且还被极端痛恨他的赵襄子砍下头颅,做了饮酒器。豫让立时沦为丧家之犬,心怀怨愤,觉得自己理应为智伯报仇。他先是变姓改名,冒充犯了罪的奴隶,混进赵襄子府中,假借粉刷厕所,挟带匕首,企图行刺。可赵襄子为人谨慎,还未入厕,见其背影,便心有所动,觉得不对劲,立马派人抓住了他。一问,正是豫让。被抓的豫让,对于欲行报仇之事,毫不隐瞒。赵氏左右皆要把他砍了,一了百了。可赵襄子却说"不可!"并说"这是真正的义士!"于是,豫让被放走。可是,豫让并未就此罢休,并重新开启了他的报仇计划。他先把身子用漆涂成像鬼一样的黑色,吞炭把喉咙弄成半哑,然后再找最熟识他的人证实他的改容易音是否成

汉字鉴赏

功。当他行乞于市，他的妻子已然不再认识，但他的好朋友却仍然认得。朋友劝他说："你何必这样？以你这样的才能，只要委身于赵氏，要报仇不是很容易吗？"可是豫让不愿这样做。因为他觉得这样太不仗义，不堪为后世法。以此，由于没有办法再接触赵襄子，于是他只能躲在一座赵襄子必须经过的桥下，试图再次行刺。可是，远远地他就被赵襄子的一个叫青荓的随从发现了。真不巧，青荓正是豫让的好朋友。青荓上前查看，豫让佯装死人，等青荓走到近前，便对他说"老子要干大事，你不要到这里捣乱"。青荓很清楚豫让要干什么，但却难以应对如此局面。可悲的是他想：告发他，不符朋友之义；不告发，不合君臣之义。没办法，只能选择横剑自杀。事实是青荓无论如何做，都帮不了豫让的忙。于是，豫让很快被再次擒拿。赵氏有点不解，对他说："你原来也跟随过范氏、中行氏，为什么不替他们报仇，却偏要为智伯报仇？"豫让的回答很直接，"因为范氏、中行氏只是以普通人的待遇对我，所以我只能是以普通人的身份对他们，而智伯则不同，他是以国士的身份待我，所以我必须以国士待他"。赵氏听了唏嘘不已，既感动，又无奈。只能对他说，"你这样是不行的，我今天必须杀了你"。不过，临了，他问了豫让还有什么特别的遗言没有。豫让说："把您的衣服借用一下，让我用剑刺三下，就算是我有脸去见智伯了。"赵氏满足了他的临终愿望。接下来，豫让选择了横剑自尽。

相关链接

豫让者，晋人也，故尝事范氏及中行氏，而无所知名。去而事智伯，智伯甚尊崇之。及智伯伐赵襄子，赵襄子与韩、魏合谋灭智伯，灭智伯之后而三分其地。赵襄子最怨智伯，漆其头以为饮器。豫让遁逃山中，曰："嗟乎！士为知己者死，女为悦己者容。今智伯知我，我必为报仇而死，以报智伯，则吾魂魄不愧矣。"乃变名姓为刑人，入宫涂厕，中挟匕首，欲以刺襄子。襄子如厕，心动，执问涂厕之刑人，则豫让，内持刀兵，曰："欲为智伯报仇！"左右欲诛之。襄子曰："彼义人也，吾谨避之耳。且智伯亡无后，而其臣欲为报仇，此天下之贤人也。"卒释去之。

居顷之，豫让又漆身为厉，吞炭为哑，使形状不可知，行乞于市。其妻不识也。行见其友，其友识之，曰："汝非豫让邪？"曰："我是也。"其友为泣曰："以子之才，委质而臣事襄子，襄子必近幸子。近幸子，乃为所欲，顾不易邪？何乃残身苦形，欲以求报襄子，不亦难乎！"豫让曰："既已委质臣事人，而求杀之，是怀二心以事其君也。且吾所为者极难耳！然所以为此者，将以愧天下后世之为人臣怀二心以事其君者也。"

既去，顷之，襄子当出，豫让伏于所当过之桥下。襄子至桥，马惊，襄子曰："此必是豫让也。"使人问之，果豫让也。于是襄子乃数豫让曰："子不尝事范、中行氏乎，智伯尽灭之，而子不为报仇，而反委质臣于智伯，智伯亦已死矣，而子独何以为之报仇之深也？"豫让曰："臣事范、中行氏，范、中行氏皆众人遇我，我故众人报之。至于智伯，国士遇我，我故国士报之。"襄子喟然叹息而泣曰："嗟乎豫子！子之为智伯，名既成矣，而寡人赦子，亦已足矣。子其自为计，寡人不复释子！"使兵围之。豫让曰："臣闻明主不掩人之美，而忠臣有死名之义。前君已宽赦臣，天下莫不称君之贤。今日之事，臣固伏诛，然愿请君之衣而击之，焉以致报仇之意，则虽死不恨。非所敢望也，敢布腹

心！"于是襄子大义之，乃使使持衣与豫让。豫让拔剑三跃而击之，曰："吾可以下报智伯矣！"遂伏剑自杀。死之日，赵国志士闻之，皆为涕泣。(《史记•刺客列传》)

赵襄子游于囿中，至于梁，马却不肯进。青荓为参乘。襄子曰："进视梁下，类有人。"青荓进视梁下。豫让却寝，佯为死人。叱青荓曰："去！长者吾且有事。"青荓曰"少而与子友，子且为大事，而我言之，是失相与友之道；子将贼吾君，而我不言之，是失为人臣之道。如我者惟死为可。"乃退而自杀。青荓非乐死也，重失人臣之节，恶废交友之道也。青荓豫让，可谓之友也。(《吕氏春秋•序意》)

豫让之死，受到当时赵国上下的尊重。据司马迁说的"死之日，赵国志士闻之，皆为涕泣"，他确实做到了留名后世。不过，这种行为如果放到今天却实在让人难以理解，有人甚至会认为他不仅未能做成什么，而且死得分文不值。可是，我要郑重告诉大家的是，在当时他的这种行为，不仅是"义"，而且是"忠义"。不过，这种"义"就今天来看，却与维护社会公平正义为核心的"义"有相当距离。换句话讲，这种行为，如果套用韩非子的"名之所彰士死之"来解释，似更合适。

"戊戌变法"中的谭嗣同，本来是可逃走不死的，可他却选择从容就义。这，与上述豫让之死虽然有所类似，但究其实却是很不一样的。豫让是为一"知己"献身，谭嗣同却是为了公义或大义。因此，谭嗣同之死是大义，豫让之死则是小义。

自古及今，小义与大义常常纠缠在一起，令人难以区分。为了小义而忘记大义，为了大义而不顾小义，许多时候，都会让自己的"威仪"受损。

那么，造成如此两难局面的根本原因就是在"义"的光环的背后，总是隐藏着"利"与"名"。换言之，"义"的光辉之袍的背后似乎总是爬满了蚤子。

事实上，古人关于"义"的经典论述也能说明这一点。

三、部分经典关于"义"的论说

墨子说的"义，利也"(《墨子•经上》)既深刻，亦很具冲击力。其根据既是源于高居"义"字上部的"羊"的形象解读，也是对于社会与人性的深刻认识。事实上，人们选择正义之"义"总是把"善"与"利"融汇在一起的。即或为"义"而死的国士，亦是如此。"义"的后面，如果没有巨大的"利"，义士之死将毫无意义。"义"之"利"，若不利己，则能利人，或能利国、利民、利天下。因此公明贾说："义然后取，人不厌其取。"(《论语•宪问》)对于个人而言，其标准是在"可取"与"不可取"之间的名利或物质利益，取之则为不义。凡公然取之不仅不会损害自身威名，反而会提高自身正面声誉的则为"义"。如人选择不义而利，其结果必定是"既得之，必失之"。但此说又可能产生歧义。即"义"虽然属于"利"的重要部分，但并不等同于"利"。就如"我"是"人"，却不等于"人"就是"我"一样。

墨子还说"义者，政也""义者，善政也"(《墨子•天志》)。这告诉我们，真正能利国、利民、利天下的事，只有"政"才能做到。一个人选择做官，其理想目标，不是享受特权或顺便发点财，而是为了维护社会公平正义。孔子的大弟子子路说的"君子之仕

也,行其义也"(《论语·微子》)便明确指向了这一点。君子选择当官从政,主要有两方面原因,一为能有机会维护最基本的社会公正,二为能更好地展现出自己的光彩形象。

孟子说的"义也者,宜也。尊贤为大"(《孟子·尽心下》)告诉我们,人之义或不义,关键在其行为是否合适。如果合适就是"义",反之则不是。什么才是合适?简单来说,就是既符合人性,亦符合最基本的公正原则,还能让主体形象得到光大。"尊贤为大"主要针对当权者而言。当权者只有尊重任用贤才,才可能实现政治清明、国家富强,也才可能使自己高大威严的形象得到凸显。

孟子又说"**义,路也**"(《孟子·万章下》)"**义,人路也**"(《孟子·告子上》)。这告诉我们,"义"是人所必走的康庄大道。"行天下之大道"就是"义"。天下无"义",就是天下无路。无路,人就寸步难行。"**羞恶之心,义也**"(《孟子·告子上》)即知耻明辱。不仅知道什么该做,什么不该做,而且知道具体怎样做才最合适。

商鞅说的"所谓义者,为人臣忠,为人子孝,少长有礼,男女有别;非其义也,饿不苟食,死不苟生"(《商君书·画策》)仍是指向人的行为的"合适"。

韩非子说的"义者,仁之事也"(《韩非子·解老》)告诉我们,一个人是否仁,只有通过具体事件、事实、行动才可能表现出来。一个人常有"义举"往往就是"仁"的具体表现。

荀子说的"义者,循理"(《荀子·议兵》)中的"循理",对于儒家来说,既是"循道而行",亦为"循礼而行"。

司马迁说:"取与者,义之符也。"(《汉书·传·司马迁传》)这是说,"义",在一般情况下,主要是通过对于"名、利"的取舍以表现出来。只有"义然后取",人们才会"不厌其取"。

孔子说:"君子喻于义,小人喻于利。"(《论语·里仁》)可见"义"与"利"之关系,并不是一般人能够深刻认知的。君子正因为深刻地懂得义利关系,所以总是选择"见利思义""先义后利"。而小人则总是"放于利而行"。

《吕氏春秋》中说的"**义者,百事之始也,万利之本也,中智所不及也**"(《吕氏春秋·慎行论·无义》)告诉我们,资本的本性是逐利的,但一定要"以义为先",不然其所得之利就一定不会稳固。但这种思维逻辑,非真正企业家却是做不到的。以此观之,能够成为真正企业家的人,只能是少数中的少数。

《吕氏春秋》中说的"义也者,万事之纪也,君臣、上下、亲疏之所由起也,治乱、安危、过胜之所在也。过胜之,勿求于他,必反于己"(《吕氏春秋·仲秋纪·论威》)告诉我们,"义"是人间万事的纲纪或法则,是君臣、长幼、亲疏产生的根基,是国家治乱、安危、胜败的关键。胜败的关键,不要向其他方面寻求,一定要在自己身上寻找。一般情况下,我们每个人做的每一件事,都要以捍卫自身以及主流社会所认可、所尊崇的尊严或光辉形象为目标。

《吕氏春秋》中说的"教也者,义之大者也;学也者,知之盛者也。义之大者,莫大于利人,利人莫大于教;知之盛者,莫大于成身,成身莫大于学"(《吕氏春秋·孟夏纪·尊师》)告诉我们,在所有的义行中,老师的教育事业最为光辉,最受社会尊崇。在所

第十讲　什么是"义"

有的智慧中，通过不断学习最后成就自己就是最大的智慧。历史上那些伟大人物，从大尺度来看，他们都是大仁大智大义大勇的老师。老子、孔子自不用说，就是尧、舜、禹、文王、武王、周公、毛泽东也不例外，因为他们的一言一行都在不断地影响着别人，被别人所模仿、学习。

综言之，"义"无论是捍卫"善"与"利"，还是为"善"以"利"天下，或"循理"以"善政"等，其不能逾越最基本的社会公平正义，则是永远一致的。故在"大义、公义"与"小义、私义"之间，如果事小，不会有违最基本的社会公平正义，那么取"小义、私义"而忘记"大义、公义"似乎无可厚非。如果事大而有违最基本的社会公平正义，那么就绝对不可。(孔子认为如果父亲或儿子只是偷了一只羊，那么"父为子隐，子为父隐，直在其中矣"，似乎说得过去。但孟子认为如果天子之父违法杀人，天子只要放弃尊位与其父一起躲起来就可以了。这种认识就今天看来是应当受到谴责的，但也说明古人对于"公正"的认识与今天有极大的区别。)

相关链接

桃应问曰："舜为天子，皋陶为士，瞽瞍杀人，则如之何？"孟子曰："执之而已矣。""然则舜不禁与？"曰："夫舜恶得而禁之？夫有所受之也。""然则舜如之何？"曰："舜视弃天下犹弃敝蹝也。窃负而逃，遵海滨而处，终身䜣然，乐而忘天下。"(《孟子·尽心上》)

桃应问孟子："舜作天子，皋陶当法官，假定瞽瞍杀了人，那该怎么处置？"孟子答："把他逮捕就行了。""那么舜不会出来阻止吗？"孟子回答："舜怎么能出来阻止呢？皋陶逮捕瞽瞍是有所依据的。""那么舜怎么办呢？"孟子再答："舜把抛弃天下看作像抛掉一双破鞋一样。他会偷偷地背上犯法的父亲逃走，沿着海边住下来，一辈子高高兴兴的，且会因为高兴而把拥有天下的事情忘掉。"

第十一讲 什么是"礼"

在中国，不论东西南北，不管富贵贫穷，人们从小到大或多或少都要接受"礼"的教育或洗礼。对于孩子的教育成功与否，其中一个重要的目标之一，就是是否知礼或懂礼貌。因此，"礼"在我们的生活中不可或缺。

一、"礼"的概说

《礼记》载："礼者，理也。"这种认识既深刻，又令人有些茫然，因为它已把"礼"抬到"道"的高度了。荀子说的"**礼者，法之大分、类之纲纪也。学至于礼而后止也，夫是之谓道德之极**"("礼"，涵括了国家法律制度的绝大部分内容，所以在中国古代，"礼"与"法"总是联系在一起，故又称为"礼法"。同时，它也是制定其他一切典章制度的准绳。而一切的学问研究与运用，如一旦达到深刻地"明礼"的境界，也就算到达尽头了。这种情况也可称为达到了"道德"的最高境界。《荀子·劝学》)更进一步把上述意思作了具体化。但它与老子的"**失道而后德，失德而后仁，失仁而后义，失义而后礼。夫礼者，忠信之薄而乱之首**"(当"天下无道"，即社会秩序、制度被打乱，高尚的德行就出现了；当"天下无德"，即公平、正义被玷污，高尚的"仁爱"就会出现；当社会没有了"仁爱"，那么就会出现各类"义举"；当"义举"也没有了，那么"礼"就出现了。什么是"礼"呢？它是"忠"与"信"的最为薄弱的表现。因此，它也就成为一切祸乱的开始。《老子》第三十八章)却大不相同。为什么？源于两人对于"礼"的认知的巨大差别！老子所批评的"礼"主要是指带有一定虚无或虚伪性的一般"礼仪、礼貌"，或韩非子的"**好言繁辞**""**疾趋卑拜**"之类，而荀子所言之"礼"却是"法律、典章、政治制度"之类。换言之，其所述虽皆以"礼"名之，但其实质却是两个维度。荀子之"礼"范畴极大，不仅涵盖了老子所言之"礼"，而且已涵盖"道德"，或可直通"道德"。

下述《左传》的一段关于"礼"的故事及论述，或可给予上述两位的不同认知以更加生动的说明。

有一次，鲁昭公到晋国参加一次带有祭祀意味的庆典活动。一进入晋国境内，从国都郊外的宴会、祭典，再到赠送礼物，每一个细节都没有失礼的地方。于是，晋侯就对他的大夫女叔齐说："这个鲁侯看来是很懂得礼吗？"女叔齐回答说："鲁侯这也叫知礼？怎么可能？"晋侯很疑惑，又说："为什么？鲁侯从我们国都郊外的宴会，再到赠送礼物，自始至终都没有失礼的地方，怎么可能不知礼？"女叔齐回答说："鲁侯所尊行的所谓'礼'，只不过是'仪'罢了，根本就不能算是真正的'礼'。真正的'礼'，第一，是要能守得住自己国家疆域；第二，要能让国家政令上下通达；第三，在能够深获民心，即取得百姓们的支持。如今的鲁侯，国家政令为大夫把持，自己根本就没有什么权力；几个

第十一讲 什么是"礼"

儿子也为大夫们所控制，根本就不能为己所用；参加大国的盟约，只是虚与委蛇，而对于小国、弱国则又施以无耻欺凌；善于利用别人的灾难，却不知道自己的自私狭隘；国家权力为大夫四分，百姓们只信赖大夫而不信赖国君；日夜思虑的不在于如何治理好国家，对国家与自身的将来没有长远打算；身为一国之君，如此作为，必将祸起萧墙，灾难及于自身，且不能得到天下人的怜悯同情。真正的礼，其根本应当在此啊！若只是把心思专注于礼仪的把玩或学习，说这样便是懂得礼，那不是与真正的礼相差太远了吗？"

认真分析上述晋侯与女叔齐关于"礼"的对话，并以之与老子、荀子关于"礼"的论述相联系，我们可以得出如下一些认识：第一，关于什么是"礼"，无论是学界还是世俗社会，无论是国君、士大夫还是平民百姓，无论是过去还是现在，人们对于它的认识，皆可能是多向度的，所以必须具体情况具体分析。第二，高境界的"礼"总是与"仁、义、信、孝、勇、惠"等紧密联系，或等同于"道"，或直通"道德"。女叔齐说鲁昭公不懂真正的"礼"，其实就是说他不懂治国之"道"，既无驭官之"智"，更无使民之"德"；既无"仁、恕、义、信"，又无"忠、孝、勇、惠"。第三，"礼"的概念或内涵丰富多彩，且是一个不断发展变化的过程。不同的人对其有不同的认识，在所难免。换言之，"礼"亦属意识形态，它会既随意识形态的发展而发展，也会随社会实践的变化而变化。这种认识，在"礼"字的构形变化中也会有所反映。

相关链接

公如晋，自郊劳至于赠贿，无失礼。晋侯谓女叔齐曰："鲁侯不亦善于礼乎？"对曰："鲁侯焉知礼？"公曰："何为？自郊劳至于赠贿，礼无违者，何故不知？"对曰："是仪也，不可谓礼。礼，所以守其国，行其政令，无失其民者也。今政令在家，不能取也。有子家羁，弗能用也。奸大国之盟，凌虐小国，利人之难，不知其私。公室四分，民食于他。思莫在公，不图其终。为国君，难将及身，不恤其所。礼之本末将于此乎在，而屑屑焉习仪以亟。言善于礼，不亦远乎？"（《左传·昭公五年》）

二、"礼"字的初文构形分析

"礼"字的初文为""，象形或会意。

"礼—"字下部为"豆"，象形字，是一种高脚宽口，既高雅端庄又高大笨重，既实用又不实用的食器或食肉器。说它实用，是因其高大结实；说它不实用，是因其不会被经常使用。它出现于新石器时代，盛行于商周。始为陶制，商周时期多用青铜或木制、竹制以涂漆。最初，它主要用作祭祀用的礼器，用来摆放一切"**事神礼鬼**"的牺牲、玉帛、粮食等。当然，它也可作盛装他物的容器。以上描述表明，"礼"首先是一种用以盛装食物或其他祭品的"形而下"的物件或器皿。它的发明，一开始似乎便与"吃"及"孝"关系密切。它是人类文明进步的重要表征之一。你说它重要，它当然十分重要：没有它，"吃"自然能用其他器具替代，但不能充分表现出"孝"或"礼"的含义。"孝"则是"仁"的根本。而"仁"则不仅可囊括"义、礼、智、信"等诸德目，而且可直通"道"或"道德"。(参见第九讲)你说它不重要，它当然也不重要：事实上，任何事情都不是非有它不可。因此，它的存在实际上是一种虚无性与实在性的统一。这种"统一"，对于不同境况下的不同主体而言，"礼"与"不礼"，其价值意义必得具体情况作具体分析。如《论语》中的"子曰：管仲之器小哉！或曰：管仲俭乎？曰：管氏有三归，官事不摄，焉得俭。然则管仲知礼乎？曰：邦君树塞门，管氏亦树塞门；邦君为两君之好反坫，管氏亦有反坫。管氏而知礼，孰不知礼。"(《论语•八佾》)"子路曰：桓公杀公子纠，召忽死之，管仲不死。曰：未仁乎？子曰：桓公九合诸侯，不以兵车，管仲之力也。如其仁，如其仁。"(《论语•宪问》)即充分表达了这种虚无性与实在性的统一。管仲虽然有某些"不礼"之行为，但却因帮助齐桓公，率领诸侯尊重周天子，一正天下，安定社会，所以他又是符合最基本的"仁"的要求的。而"仁"，就一般意义而言，它不仅比"礼"的境界要高，而且还可把"义、智、信、礼、忠、恕、孝、勇"等诸德目全部包括在内。此外，法家代表人物商鞅从社会发展的角度认识到，"礼"只是随时空的不断变化而可以不断发展变化的意识形态，他说："**法者所以爱民也，礼者所以便事也。是以圣人苟可以强国，不法其故，苟可以利民，不循其礼。**"(《商君书•更法》)如果把管仲的所作所为与荀子及女叔齐的论述联系起来，他的"不礼"(似与他从齐桓公那里所获得的尊崇地位有关——他生前一直被齐桓公尊为"仲父")只是不符合或僭越了"礼仪"，但实际上却是更高境界的"礼"。

孔子说："**器以藏礼。**"(《左传•成公二年》)"**生事之以礼；死葬之以礼，祭之以礼。**"(《论语•为政》)前句说明"礼"的存在，无论是形上还是形下，多与器物的制作与使用有关；后句则说明"礼"贯穿于"人"的一切日常生活之中，或就是"孝"。"**器以藏礼**"是说不同的器物，因其大小、形状、质地、作用之不同，可以隐藏着不同的"礼"。亦如荀子所认为的，它亦有能"群"能"分"的功能。它首先体现为"**序尊卑**"，其次则可能表现为一种为人处世的正确态度。从先秦至明清，这种状况一直都大量地存在。就在今天，虽然已不如过去那么重要，但亦或多或少地存在着。(如，一些人以某些贵重的物件，像房子、车子、首饰一类的来标显自己，且确能在大多情况下得到别人更多的尊敬甚至崇拜；另如，我们普通人就是再有钱，如无特殊荣光，就不可能享受国家礼宾队的送迎之礼；等等)周初，"礼乐征伐自天子出"，天子拥有九鼎，住什么样的宫殿，穿什么样的衣服，戴什么样的帽子，坐什么样的车，有什么样的排场，都有明确的规定，其他人绝对不能僭越。至于其他爵位或官员，以至于普通百姓，也皆有具体规定。后来的历代皇帝、官爵也莫不与之相类。但作为"礼"的代表性物件"豆"而言，则肯定能为所有人拥有与使用，而其质地、大小、数量则可能各不相同。以此可见，"履"礼而行，不是某个人或某些人的事，而是整个社会的事。对于"**生事之以礼**"，即是正确对待父母之"养"。"养"的最基本内容是给予父母衣食。但不能是仅给予衣食，而且须有"豆"的呈奉。说得更具体些就是，给予父母衣食是"礼"的前提，而没有一个正确的态度，则仍可能算不得"有礼"。"**死葬之以礼，祭之以礼**"则是对于父母之"敬"或"养"的扩展。这种"敬"不必要太奢华,但心诚礼恭则是十分必要的。而"养"与"敬"又都是"孝"的具体表现。以此可知,"礼"的最基本之内容便是"孝"。换言之,"孝"是"礼"的最基本的伦理向度。人之无"孝",则其他一切"礼"皆成虚无;而人之有"孝",则可扩展为一切"礼"。因为"孝"不仅是"仁"的根本,而且可以"**施于有政**"。("**孝乎惟孝,友于兄弟,施于有政。**"《论语·为政》)"仁"不仅可以包括"**礼、义、智、信**",而其最高境界也能直通"道德"。荀子说的"**孝子之道,礼、义之文理也**"("孝道"是一切"礼义"之道的根源;"礼义"则是"孝道"的扩展。《荀子·性恶》)和《吕氏春秋》中的"**民之本教曰孝,其行孝曰养。养可能也,敬为难;敬可能也,安为难;安可能也,卒为难。父母既没,敬行其身,无遗父母恶名,可谓能终矣。仁者,仁此者也;礼者,履此者也;义者,宜此者也;信者,信此者也;强者,强此者也。乐自顺此生也,刑自逆此作也**"(《吕氏春秋·孝行览·孝行》)也能表达"孝"的这种社会性、文化性、精神性或"形而上"的特点。

"礼—豊"字的上部,即"豆"中所"奉"之物,或为"朋—𦕞"字,或为"粮食"。"朋"即"钱币",它的构形或是两到三串"玉",或是两到三串"贝"。它既代表的是祭品或礼物的圣洁与贵重,也暗示着祭品或礼物可以替换成其他一切东西,只要主体自觉其珍贵纯洁就可以了。而"粮食",则是生命存在的必需,许多时候它比"钱"更重要。根据《吕氏春秋》《周礼》《仪礼》《礼记》等记载,天子不仅要定期不定期礼祭祖先、鬼神,也要定期不定期给诸侯大夫,甚至百姓们"送礼"。另据《论语》《孟子》等记载,孔子招收学生时要收拜师礼,出门拜访朋友或官吏时要送礼。事实上,一切"形而上"的关于"礼"的等级制度、行为规范等,都可视为从"形而下"的"礼器""礼物"引申发展而来。

"**事神礼鬼**"中的"神",一般是指我们祖先所不能深知的自然世界,如日月星辰、山河大地等。"鬼",则主要是指我们已经逝去的祖先。一般认为:礼、礼物、礼节、礼数等,不能没有;但礼器有没有,礼物、祭品数量和质量如何,却不是最重要的。因此《左传》云:"**苟有明信,涧溪沼沚之毛,蘋蘩蕰藻之菜,筐筥锜釜之器,潢汙行潦之水,可荐于鬼神,可羞于王公。**"(《左传·鲁隐公三年》)这即对有"信"之"礼"可以既不拘形式也不拘内容作了高度的肯定。上述思想的进一步扩展,就是"礼""礼物""礼节""礼数"本身,也会理所当然地被认为具有极大的虚无性。例如,对于强者、至亲者而言,或因其势力而所谓公平、正义在"手",或因其无限的亲密,所以"礼"便更是显得可有可无。就如"天",以及"天"与"地"的关系,"天"无须对地讲"礼",而"地"却必须顺服于"天"一样。现实生活中,领导对待心腹下属,以及至爱亲朋、夫妻之间等,莫不如此。事实上,如果主体对于"礼"有了特别的重视与关注,其真意则可能是"先礼后兵"。比如国家间的外交争端、战争等。("**杀人之众,以悲哀泣之,战胜以丧礼处之。**"《老子》第三十一章)更为极端的是,老子不仅认为"礼"颇具虚无性,而且还把它视为"乱之首"。因为它虽然离"仁义"很近,但却离"道德"很远,如周朝时的"三年之丧"。春秋时孔子身体力行,且极力提倡与维护,确也有一些人跟着这样做,但到战国时期，虽仍有像孟子这样的思想家加以提倡，但能具体把它付诸实施的就已是凤毛麟角了。原因是，这样的"礼"既有悖于基本的人性，不利于生产生活，也不利于"礼"文化的可持续发展。以此可知，周公和孔子对"礼"的认知，都是有极大局限性的。而这种局限性，既有时代的因素，也有个人的因素。换言之，这种认知远不如老子的富有哲理，且经得起时空变化的检验。

后来，加了"示"字旁的"礼—禮"字，则把这种"虚无性"表现得更加强烈。它的存在与践履，许多时候，仅是给别人、后人或众人看的。如果仅是"看的"，那么它就是可有可无的。即如国家间的战争，既有"宣战""宣而不战""挑战"的，也有"不宣而战""宣而不战""避战"的。但无论是"礼"还是"不礼"，都不能改变其本质。换言之，无论是人与人之间，还是国与国之间，"礼"既是可有可无，也是绝对需要，因为最后起决定作用的，只能是付诸"道德"，"道德"的核心却是"公平与正义"，而真正掌握"公平正义"的，是强权或实力。

总括上述汉字学关于"礼"的描述与分析，我们似乎可以得出如下结论：第一，它是一种用以盛装食物或其他祭品的"器"；第二，它是某种能盛于"器"中的"物"；第三，它是一种把食物或其他物品置于器中以呈献父母或祖先的尽孝行为；第四，它是生产力发展到一定阶段的产物，既可有可无，亦可以其他"器"代之；第五，它的存在，其主要意义是给众人、别人看的，以安抚人心；第六，关于"礼"的其他一切形上之思或分官设职之政治制度、社会意识形态等，都可从上述器物、礼仪行为实践中生发出来。

"礼"的引申义主要有祭神、敬神、礼节、礼貌、礼仪、礼物、敬重、膜拜、宴饮、通理，相应社会约定俗成或成文的等级制度、行为准则、道德规范等。有时也可作儒家经典《周礼》《仪礼》《礼记》"三礼"的代称，等等。在本讲中，我们会多方面加以涉及，因为它不仅是个"形下"之物，有时又介乎形下形上之间，或就是那些形上的约定俗成或成文的等级制度、行为准则、道德规范等。有时它就是一个哲学概念。

三、部分经典关于"礼"的论说

在先秦经典中关于"礼"的论述最具代表性的主要是墨子说的"礼，敬也"(《墨子·经上第四十》)以及先轸说的"定人之谓礼"(《左传·僖公二十八年》)。其他，"礼，信是也"，"礼者，所以正身也"(《荀子·修身》)，"礼者，断长续短，损有余，益不足，达爱敬之文，而滋成行义之美者也"(《荀子·礼论》)，"恭近于礼"(《论语·学而》)，"礼，上下之纪，天地之经纬也，民之所以生也"(《左传·昭公二十五年》)等，则均可为"敬"与"定人"所囊括。

"礼，敬也"看似简单，其实内涵异常丰富。"礼"之引申义，除"宴饮""理"外，其他各项无一例外不为"敬"所囊括。

首先，"敬"，即无所不敬，也即礼敬一切。单一个"敬"字，好像没有对象，但一推究，实际上是以"人"或主体所要面对的一切为对象。天地自然、神鬼妖孽、古圣先贤、人文传统、科学技术、文学艺术、今圣今贤、父母兄弟、自身自心、子孙后代、上级

第十一讲 什么是"礼"

下级、师生亲朋、敌人小人、邻里过客，等等。万事万物，无所不包，无所不敬。(其实，我们祖先所创"人"之初文"㇒"，早已将这个"秘密"暴露无遗)不过，敬则敬矣，针对不同的对象，其具体的关于"敬"的行为态度，却有所不同。概言之，对于天地自然、神鬼妖孽、古圣先贤等，我们理应敬而畏之。孔子说的"**君子有三畏：畏天命，畏大人，畏圣人之言**"(《论语·季氏》)，"**敬鬼神而远之**"(《论语·雍也》)便表达了这样的思想。这里的"畏"与"敬"，皆属"敬畏"，也是"礼"的一种具体表现(这里似乎有个问题，如果自己本来就是"大人""圣人"，那么是否意味着就无所"畏"呢？当然不是！"大人""圣人"既要畏"天""天命"，也要畏其他"圣人""大人"，更要畏"小人""小民")。对于人文传统、科学技术、文学艺术，和今圣今贤、父母兄弟、自身自心、子孙后代、上级下级、师生亲朋等，我们则理应敬而爱之。而对于"小人"与"敌人"，情形似乎比较复杂，我们必须具体情况具体分析。

下面我们就"人"在社会实践中有所"敬"的部分有代表性的对象所应采取的"礼"的态度，分别做些联系、描述与分析，或能对我们的现实生活实践有所启发。

对父母的"敬"，简言之，就是"孝"。再具体些，就是"**生，事之以礼；死，葬之以礼，祭之以礼**"，"**六亲不和，有孝慈**"(《老子》第十八章)，它认为"孝慈"对于人类社会来说，其存在是绝对性的。而儒家认为"孝"是"仁"的根本或核心。("**孝弟也者，其为仁之本与。**"《论语·学而》"**孝子之道，礼义之文理也。**"《荀子·性恶》"**孝乎惟孝，友于兄弟，施于有政。**"《尚书》)即进一步认为"孝道"的不断演绎、扩展，就能够通于治国、平天下之"大道"。"**其为父子兄弟足法，而后民法之也。此谓治国在齐其家。**"(《大学》)其中，"父子兄弟足法"并能让"民法之"只能是"孝悌"在家庭中完全得以实现的结果。中国历代封建帝王常标榜"**以孝治国**"，就是在这个逻辑上得以展开的，但实际情形却恰恰相反。

对子孙后代的"敬"，实际上也是"孝"的一部分，因为"有后""养"与"教"随之。在荀子看来，"养"就是"礼"，"教"就是"效"。"养"要养好，"效"即不断地向先王圣人学习，且要"**学至乎没而后已**"。对于老子来说，"教"，必以"**行不言之教**"为主。孔子继承发扬了老子的思想，对于后代的"敬"则表现为"**父父子子**""**父慈子孝**""**君子之德风**"等。即为人之父，必得给后代人做出好的榜样。

对自己的"敬"，首先在"养"，其次在"学"。荀子说："**礼者，养也。刍豢稻粱，五味调香，所以养口也；椒兰芬苾，所以养鼻也；雕琢刻镂，黼黻文章，所以养目也；钟鼓、管磬、琴瑟、竽笙，所以养耳也。疏房、檖貌、越席、床笫、几筵，所以养体也。故礼者，养也。**"(《荀子·礼论》)不过，上述所言之"养"，就是在今天也不是一般人能够随便实现的。它既带有一定的享乐性，也须有一定的客观物质条件及主观欲求。而对于某些人而言，如果全遵此法而"养"，或可能短期不能适应，或可能就是受罪。"学"，是成就最好的自己。事实上，珍惜生命中的分分秒秒，"**学至乎没而后已**"，让每分钟都过得有意义，则是对自己最根本的"敬"。人生短暂，譬如朝露。所谓有意义，就是当这样的生活在成为过去之后，自己再回想起来，既不会内疚，更不会后悔。即孔子所认为的"**内省不疚**""**不忧不惧**"。

汉字鉴赏

对于"敌人"的"敬",其关键在于全面地了解它、重视它。按照毛泽东的说法便是:"在战略上要藐视敌人,在战术上要重视敌人。""人不犯我,我不犯人;人若犯我,我必犯人。"

对于"小人"的敬,则需要具体情况具体分析,因为"小人"的概念,是不断发展变化的。在《论语》当中,它大多相当于"中人以下"(不包括中人),即后来所谓的"小民",或荀子所谓的"俗人"("不学问,无正义,以富利为隆,是俗人者也。")。在《老子》之中,它大致相当于"不善人"(不善于认知、顺应、利用天道或自然、社会规律之人)或"中士"(包括部分中士)以下,在《吕氏春秋》中,它大致相当于"中智"(包括中智在内)之下的人,也即没有大胸襟、没有大出息、没有大见识、没有真学问,或对于自然、人类社会之发展变化的规律性没有深刻认知之人。对于这样的人的"敬",作为君子而言,则应"敬"而教之。即以自身的言行影响他们,对他们进行劝导或引导。而今天所谓的"小人",则与"坏人"几乎同意。对于这种人,我们则要像对待鬼神一样"敬而远之"。

对于朋友的"敬",既需要"忠告而善道之,不可则止"(《论语·颜渊》),更需要"信"与"义"。不过,需要注意的是,所谓"信",并不是一般所谓"言必信,行必果",而是老子所言的"言善信"(语言表达要有适当的信度)。换成孟子的话便是"言不必信,行不必果,惟义所在。"(《孟子·离娄下》)此"义",既不是"义气用事",更不能因私义而损公义,而是要"为义思道""行义思法"。

关于对贤能之士的"敬",主要在于当权者。其根本在"用",而"用"之本则在"公"。根据《左传》记载:孔丘卒。公诔之曰:"旻天不吊,不愁(音'映',此作愿意)遗一老。俾屏余一人以在位,茕茕余在疚。呜呼哀哉!尼父,无自律。"子贡曰:"君其不没于鲁乎!夫子之言曰:'礼失则昏,名失则愆。'失志为昏,失所为愆。生不能用,死而诔之,非礼也。称一人,非名也。君两失之。"(《左传·哀公十六》)讲的是孔子逝世,鲁哀公作诔悼之,自称"一人",称孔子为"尼父",表面上看似对孔子十分尊敬,可是,接下来却遭到了子贡无情而辛辣的讽刺。说他既不懂"礼",更不懂"名"!关键不仅在于其称"一人"僭越了"天子"之名,而更在于其对孔子"生不能用"!换言之,鲁哀公对于孔子的死后之"礼",只是在演戏。而"生不能用"的根本原因,则在于其存有"私心"。在他心中,一旦用了孔子,就一定会受其约束,而与之发生矛盾,以致不得"自由"。因为晚年的孔子,不仅有"圣人"之名,而且名满天下,誉满天下。古人说:"非至公其孰能礼贤?"(《吕氏春秋·慎大览·下贤》)这样反诘或质问,直到今天仍让人觉得振聋发聩、意味深长。这,对于当权者而言,尤具借鉴意义。对于一般人而言,"敬贤"即"尊贤"。而最根本的"尊"则在于好好向他们学习。("方其人之习君子之说,则尊以遍矣,周于世矣。"《荀子·劝学》)事实上,不断地向圣贤之士学习,继承其"衣钵",弘扬其思想,则应视为对"圣贤"或"贤能"最崇高、最深刻的"敬"。

"不违农时,谷不可胜食也;数罟不入洿(音'污',浊水池或地势低洼之地)池,鱼鳖不可胜食也;斧斤以时入山林,材木不可胜用也。谷与鱼鳖不可胜食,材木不可胜用,

第十一讲 什么是"礼"

是使民养生丧死无憾也。养生丧死无憾,王道之始也。"(《孟子·梁惠王上》)其"不违农时""数罟不入洿池""斧斤以时入山林",即是对于自身生存与自然生态环境的"敬"。如果把这些"敬"加起来,又是当权者对于百姓的"敬"。另如孔子说的"钓而不纲,弋不射宿"也具有同样意义。再换言之,就是"仁而爱物"。即把"人"对"人"的爱,不断地向"人"的生存所依赖的周边环境扩展。珍爱一切,礼敬一切。一粥一饭,当思来之不易;一丝一缕,恒念物力维艰……皆是"敬"。

其次,"敬"为一切"礼"的前提或基础。换言之,没有了这个前提或基础,便成了老子说的"忠信之薄,而乱之首"之"礼"。对此,孔子和韩非子的认知也十分深刻。孔子说:"礼节者,仁之貌也。"(《孔子家语·儒行》)韩非子说:"礼者,所以貌情也。""礼者,外饰之所以谕内也。""礼者,义之文也。"("礼者,所以貌情也,群义之文章也,君臣父子之交也,贵贱贤不肖之所以别也。中心怀而不谕,故疾趋卑拜而明之;实心爱而不知,故好言繁辞以信之。礼者,外饰之所以谕内也。故曰:礼以貌情也。凡人之为外物动也,不知其为身之礼也。众人之为礼也,以尊他人也,故时劝时衰。君子之为礼,以为其身……"《韩非子·喻老》)这几句话,不仅是今天"礼貌"一词的由来,也能反映出"礼"以"敬"为前提的主要含义。透过《韩非子》对"礼貌"的解读,我们对"礼"可以得出四种认知:第一,它是"人"的内心对于别人的"尊、敬、爱、忠、信、义、仁"等道德情感的外在流露;第二,它通过"好言繁辞""疾趋卑拜"等不同的言行以表达出来;第三,它对于不同的人物关系所表达的言行是不一样的,即通过此言行能把"君臣父子""贵贱贤不肖"等区分开来;第四,"君子之为礼,以为其身",即君子"崇礼""尚礼",不是为了别人,而是为了自己,也即为了展示自己对别人的"尊、敬、爱、忠、信、义、仁"等道德涵养或情感态度,以提高自己在众人、别人心中的形象。而这个形象,简言之,就是"义"。因此孔子说:"礼以行义。"不过,这种通过自己的"好言繁辞""疾趋卑拜"以展示于人的"礼",它能有多少关于"尊、敬、爱、忠、信、义、仁"的"成分"呢?这只有"作礼"者自己心里最清楚!所以,"礼"也好,"礼貌"也好,永远只能是虚无性与实在性的统一。事实上,古往今来,对"礼"的认知,从来就是仁者见仁,智者见智。其中《韩非子》《吕氏春秋》则完全信服老子说的"夫礼者,忠信之薄,而乱之首"("礼为情貌者也,文为质饰者也。夫君子取情而去貌,好质而恶饰。夫恃貌而论情者,其情恶也;须饰而论质者,其质衰也。何以论之?和氏之璧,不饰以五采;隋侯之珠,不饰以银黄。其质至美,物不足以饰之。夫物之待饰而后行者,其质不美也。是以父子之间,其礼朴而不明,故曰礼薄也。凡物不并盛,阴阳是也;理相夺予,威德是也;实厚者貌薄,父子之礼是也。由是观之,礼繁者,实心衰也。然则为礼者,事通人之朴心者也。众人之为礼也,人应则轻欢,不应则责怨。今为礼者事通人之朴心而资之以相责之分,能毋争乎?有争则乱,故曰:'夫礼者,忠信之薄也,而乱之首乎。'"《韩非子·解老》"世浊,则礼烦而乐淫。"《吕氏春秋·季夏纪·音初》)。而在今天的现实生活中,"礼",或仅仅是"礼",或早已异化成别的什么东西了。没有它,不行!有了它,也不一定能起到好的或根本性的作用。

汉字鉴赏

孔子说的"人而不仁,如礼何?人而不仁,如乐何?"也是对于老子、韩非子关于"礼"的认识的另一种注释。

"定人之谓礼"是"以礼制心"(《尚书·商书·仲虺之诰》)的另说。换言之,"定人"即安"人"之"心"。此语出自《左传》,春秋初期晋楚"城濮之战"过程中,晋国大夫先轸与子犯之间讨论对楚战略的一次对话。

相关链接

宋人使门尹般如晋师告急。公曰:"宋人告急,舍之则绝,告楚不许。我欲战矣,齐、秦未可,若之何?"先轸曰:"使宋舍我而赂齐、秦,藉之告楚。我执曹君,而分曹、卫之田以赐宋人。楚爱曹、卫,必不许也。喜赂、怒顽,能无战乎?"公说,执曹伯,分曹、卫之田以畀宋人。

楚子入居于申,使申叔去榖,使子玉去宋,曰:"无从晋师。晋侯在外十九年矣,而果得晋国。险阻艰难,备尝之矣;民之情伪,尽知之矣。天假之年,而除其害。天之所置,其可废乎?《军志》曰:'允当则归。'又曰:'知难而退。'又曰:'有德不可敌。'此三志者,晋之谓矣。"子玉使伯棼请战,曰:"非敢必有功也,愿以间执谗慝之口。"王怒,少与之师,唯西广、东宫与若敖之六卒实从之。

子玉使宛春告于晋师曰:"请复卫侯而封曹,臣亦释宋之围。"子犯曰:"子玉无礼哉!君取一,臣取二,不可失矣。"先轸曰:"子与之。定人之谓礼,楚一言而定三国,我一言而亡之。我则无礼,何以战乎?不许楚言,是弃宋也。救而弃之,谓诸侯何?楚有三施,我有三怨,怨仇已多,将何以战?不如私许复曹、卫以携之,执宛春以怒楚,既战而后图之。"公说,乃拘宛春于卫,且私许复曹、卫。曹、卫告绝于楚。(《左传·僖公二十七年、二十八年》)

当时,南方楚国逐渐强大,并向北扩张,使北方诸侯受到威胁。首霸齐桓公虽然做了诸侯领袖,也只能通过召陵之盟使其参加盟约,却并未使其屈服。稍后,北方晋国逐渐强大,特别是晋文公重耳掌权之后,励精图治,国势更加强盛,于是便不可避免地与南方楚国为争夺对于各诸侯国的领导权而发生战争。此战发生之前,晋国已经攻破在重耳出亡期间曾无礼于他的曹、卫两国。曹君被俘,卫君被国人逐出都城至襄牛并准备出逃。为了激起楚国的愤怒,直接把楚国拉入战争以击败它,并迫使其屈服,重耳采取了分曹、卫之地与宋,以引楚围宋,又唆使宋行贿齐、秦两大国,以赢得其对战争支持的政治、军事斗争策略。其实,楚王对于当时晋国的强大与野心洞若观火,故并不想直接搅入此战争。但楚国大将子玉却坚决请战,并主观认为此战必胜。以此,楚王(北方各诸侯称之楚子,楚境内则自称为王)便"少与其师"(只给了六卒。一卒为百人,六卒即六百人)。即一开始,战争以楚落败的结局便早已定了。子玉围宋,并向晋、宋提出复曹、卫两国,即自行从宋撤兵。听到此消息,晋大夫子犯(狐偃,重耳之舅)非常气愤,认为子玉无礼。原因是子玉是臣,重耳是君,"臣"没有资格向"君"提出如此要求。但晋国主将先轸却认为子玉以一言而欲解曹、卫、宋三国之困才是真正的有"礼",即是**"定人之谓礼"**。以此,我们可

第十一讲 什么是"礼"

以得出，子玉此"礼"，实为一"智"。不仅具有实在性与虚无性相统一的特征，而且也就是一种高妙的政治、军事斗争策略，因为它不仅符合**"存亡国，继绝世，起诸孤"**之**"为国之大礼"**（《管子·匡君中匡》），也符合当时楚国的最高利益。此外，它也可引申出一系列的道德、政治、军事、法律等伦理性制度安排，且与荀子说的**"礼者，法之大分，类之纲纪也"**高度契合。因此，它不仅包含了"敬"，也更全面、准确地反映了"礼"的现实价值与意义。针对子玉的"礼"战策略，先轸首先在政治上采取私许曹、卫复国，其次在军事上采取"退避三舍"之"礼"骄敌以应之，最后终于达到了在战场上直接击败楚国，以实现晋国夺取霸主地位的目标。透过此次战争的烟尘，我们发现，子玉、先轸的**"定人之谓礼"**，在当时只是一种智慧或策略，但在今天看来，它却可以作无限的引申。换言之，此语寓意深远，理通神鬼，能够囊括关于"礼"的一切意项。"人"的一切玄思妙想、嘉言懿行，一切道德实践、法律制度，以及"礼"的所有意项等，无论是真心抑或假意，只要其愿望是积极的，则为了"定人"而作。

"定人"之"礼"，分析起来，大致可分为"定"与"人"两个大的方面。

"定"，既是行为主体实践过程中欲实现的现实目标，也是其为实现此目标而采取的方法或策略。具体来说，它既可是金银玉帛、稻麦黍稷、宫殿庙宇、台榭楼阁等形下之物，也可是介于形上形下之间的**"好言繁辞""疾趋卑拜"**等言行；既可是**"仁、义、忠、孝、智、勇、节、义"**等伦理道德，也可是政治、经济、外交、军事、科学技术等伦理性制度安排。

"人"，既是"定"的主体，也是"定"的对象或目标；既是原子式的个体，也是"一切社会关系的总和"、"群"、共同体，或国家、民族。

以上述言说推之，"礼"在人间，或近于"道"，无处不在。或就是"伦理秩序"，或就是"仁义"，或就是"忠、恕、孝、智、勇、信"等。也正因如此，荀子才有"礼"为"道德之极"（《荀子·劝学》），**"礼者，治辨之极也，强固之本也，威行之道也，功名之总也。王公由之，所以得天下也，不由，所以陨社稷也。故坚甲利兵不足以为胜，高城深池不足以为固，严令繁刑不足以为威，由其道则行，不由其道则废"**（《荀子·议兵》），**"人之命在天，国之命在礼"**（《荀子·强国》）之说。另如《左传》载："所谓道，忠于民而信于神也。"（《左传·桓公六年》）"礼，经国家，定社稷，序民人，利后嗣者也。"（《左传·隐公十一年》）换言之，"道"也好，"礼"也罢，它们的主旨皆在于"忠于民、信于神"。而"忠于民、信于神"既是"定人"，也是"礼"。可是，在现实社会中，具体如何做才能实现"定人"的目标，却并不容易。有些行为，有时从表面看，似既符合"仁义道德"，也符合"礼"，且旨亦在"定人"，却会因实际上并不符合"礼"而走向愿望的反面。如鲁大夫**"季孙(肥)相鲁，子路为郈令"**，子路以**"私秩粟"**，其用自己的个人收入请挖掘沟渠的民工吃饭，却遭到孔子的训斥与坚决反对的故事，便超出了我们今天一般人关于"礼"的想象或认知。其内容虽然时过境迁，不能适用于今天的现实，但仍能给人带来启发。

汉字鉴赏

相关链接

　　季孙相鲁，子路为邱令。鲁以五月起众为长沟，当此之为，子路以其私秩粟为浆饭，要作沟者于五父之衢而餐之。孔子闻之，使子贡往覆其饭，击毁其器，曰："鲁君有民，子奚为乃餐之？"子路怫然怒，攘肱而入，请曰："夫子疾由之为仁义乎？所学于夫子者，仁义也；仁义者，与天下共其所有而同其利其也。今以由之秩粟而餐民，不可何也？"孔子曰："由之野也！吾以女知之，女徒未及也。女故如是之不知礼也！女之餐之，为爱之也。夫礼，天子爱天下，诸侯爱境内，大夫爱官职，士家其家，过其所受曰侵。今鲁君有民而子擅爱之，是子侵也，不亦诬乎！"言未卒，而季孙使者至，让曰："肥也起民而使之，先生使弟子令徒役而餐之，将夺肥之民耶？"孔子驾而去鲁。以孔子之贤，而季孙非鲁君也，以人臣之资，假人主之术，蚤禁于未形，而子路不得行其私惠，而害不得生，况人主乎！以景公之势而禁田常之侵也，则必无劫弑之患矣。（《韩非子·外储说右上》）

　　它告诉我们，第一，"礼"与"善"与"美"，或与"道德""仁义"等一样，都不是一般人能深刻全面了解或认知的。它既可行"仁义"，也可为"仁义"所行，但却需要不断地学习。子路为邱令，为国家修沟渠却以私资请百姓吃饭，自认为既"仁"且"义"，却因不能深知"仁义"的局限性而悖"礼"违"德"，故不仅遭到孔子的训斥，也遭到了当时的鲁相季孙肥的及时制止。因为这是由那个时代的"设官分职"的"礼"所决定的，无论是"民"还是"官"，皆有一定的专属或私有性，越职爱之，就是"行其私惠""擅爱"或"僭越"。而"僭越"的结果可能是天下大乱，君臣易位。因此不仅孔子对此十分留意，鲁当权者季孙肥对此更是十分警惕。事实上，商、周之所以得天下，就是以行仁义笼络人心开始，以诸侯反叛战争而结束的。前车之覆，后车之鉴。这也正是"周礼"产生的重要根源之一。后来的"田氏代齐"，就是以行"仁义"笼络民心始，以弑君夺国终。以此，足见孔子见识之远。第二，"礼"的概念可以穿越时空，但其内容却是可以不断发展变化的。子路所行之"仁义"，如放在今天则或可或不可，我们必须具体情况具体分析。就一般情况而言，政府官员以私资请公干的民工吃饭，一般会得到社会舆论认可，不会有行"私惠"欲图篡夺之嫌。至于一般百姓，请人吃饭，或助人为乐，则只能以私资，一般也不会有不良后果，但如其所作所为远超出自己的承受能力，则实不可取。一方面，它可能颠覆公平正义，模糊政府职能；另一方面，也可能助长不正之风或社会邪气。如一以捡垃圾为生的老人，自己没有固定住所，省吃俭用，把几乎所有挣到的钱都用来资助困难学生、失学儿童，数年之中资助金额竟达十余万元，便是一个极端的例子。它所彰显的，似乎并不是高尚的道德风尚，而只是社会的不公、正义的缺失、贫富的分化、道德的堕落。由此回溯反思，我们会发现，"定人"实现之不易。子路的"仁义"之举，百姓安然，但孔子、季孙肥却被搅得寝食不安；拾荒者的"仁义道德"，众人安然，却让自己的身心，以及伦理学者们的灵魂无所寄托。可见，真正的"定人"之"礼"，既需符合仁义道德，又不局限于它，其根本在于它是一个既符合仁义道德，又符合公平、正义的伦理

第十一讲 什么是"礼"

性制度安排。

综合上述，我们可以知道，"敬"，是一种积极而又朴素的为人处世的态度，也是"礼"的初级阶段与最基本特点。它主要以"**好言繁辞**""**疾趋卑拜**"等行为表现出来，但并不完全局限于此。老子之"**乱之首**"之"礼"，即为此"礼"之极端消极性一面的表现。"定人"，是一整套的包括了"敬"在内的"制心""安人"的系统工程，它近于老子之"**道**"，或就是荀子说的"**道德之极**"，且包括"仁、义、智、信、忠、恕、孝、勇"等诸德目。以常理推之，对内，它应以解决人民的基本温饱为前提，然后再"设官分职"，建立一系列政治、法律、道德等伦理性制度，以实现社会和谐发展与长治久安。对外，它应是以"**存亡国，继绝世，起诸孤**"以及"**和谐万邦**"为目标而实行的一整套的既灵活又实用的政治、军事、外交政策、策略或计谋。

第十二讲 什么是"智"

在今人眼中,"智"特别重要,有时候还可能大过"仁义道德"。但在古人眼中,特别是在中国传统文化的道家、儒家经典中,"智"不管如何重要,都要为"仁义"所统帅才行。而"仁者见之谓之仁,智者见之谓之智"则告诉我们,"仁"与"智"多数时候是可以互通的。"仁"就是"智","智"就是"仁"。一个人如果真正的有"仁",那么就一定有"智";如果真正的有"智",那么就一定有"仁"。无"智"之"仁"谓之"愚",则不能"得",无"仁"之"智"谓之"荡"(无根之木,无源之水),则一定会"既得之,必失之"。

一、"智"的概说

在先秦经典中,常常"智""知"不分。整部《论语》中有"知"字118见,"智"字则一个都没有,而通于"智"者也仅24见。以此可知,孔子对于"智"的重视程度远低于"仁(109见)"和"礼(75见)"。

荀子说的"知之在人者谓之知,知有所合谓之智"(《荀子·正名》)则是第一次把"知"与"智"做了明确的区分。荀子之前,"知"与"智"是互通的,即"智"就是"知","知"就是"智"。

事实上,"智""知"初文同源,即"𢔎"。

二、"智"字的初文构形分析

"𢔎"字由三部分构成。左边是个"大—↑"字(今天写作"矢",是汉字书写性或隶变所造成),中间是个"口—ㅂ"字,右边是个"丁",即"行"字省去一半。

"大—↑"字,很明显,是一个放开手脚大步前行的"大人"的形象。它至少反映出两层意思:一,"智"是属于"大人"的或"成年人"的,"小人"或小孩子都没有。("大人",一指掌权之人,二指好学之人,三指德高望重的君子、大丈夫、智者、老师。"成年人",一般指心智成熟之人。"小人"古多指一般百姓,今多指无道德学问之人。小孩子与成年人相对,一般由于心智发展不成熟,所以就算很聪明,也没有所谓智慧,而很容易被成年人所蒙骗)二,强调"智"必得以"知人"为前提或就是"知人"。这与古人的论述高度一致。老子说的"知人者智,自知者明"(《老子》第三十三章)和《论语·颜渊》记载的樊迟问"知(智)",子曰:"知人"即皆强调了"知人"对于"智"的重要性。如何"知人"?一在于"自知";二在于"知言";三在于"行"。"自知"最为重

第十二讲 什么是"智"

要,一个人只要能深刻地了解自己,就一定能深刻地了解别人。原因是人亦人,我亦人也。只要是人,就一定是"性相近也"。即其最基本的人性,第一人性或物质性或动物性或直接性等都是高度一致的。"知言",下面再述。"行"可拓展为对人要"听其言而观其行",对己要"先行"。"听其言"要能"不因人废言","观其行"则要"视其所以,观其所由,察其所安"(先观察事情发生的原因,再考察事情发展的经过,然后深入了解事情的结果),从而实现对于"人"的全面而深刻的了解。

"知人"对于普通人而言可能有意义,可不是很大;可对于领导者、君子、"圣人",特别是最高统治者而言却至关重要。因为孔子对于"智"即"知人"的进一步解读是"举直错诸枉,能使枉者直"(《论语·颜渊》)。其目的主要在于用人,让公平正直高远志向有能力有本事的人居上位,不仅能实现"不令而行",树立良好的社会风气,赢得民心归附,而且亦是"尊道贵德"的具体表现,所以孔子认为,"知人"的最高境界是"知贤"。("仁者莫大乎爱人,智者莫大乎知贤"。《孔子家语·王言》)"知贤",说到底就是为了尊贤、用贤。

"口—❤"为"人"之"口"。它既能通"人"亦可通"言",所以它寓示"智"之"知人"必须"知言"。"知人"与"知言"总是纠缠在一起的。按孟子的说法,"诐辞知其所蔽,淫辞知其所陷,邪辞知其所离,遁辞知其所穷"(《孟子·公孙丑上》)就叫"知言"。偏颇的言辞,知道它遮蔽的真实;迷惑的言辞,知道它设下的陷阱;邪恶的言辞,知道它背离了正义有多远;欺骗的言辞,知道它的缺陷在哪里。即对于"知言"者而言,不管如何偏激、迷惑、邪恶、虚伪的言辞,我们都能通过分析以达到知其背后之全部真实的目的。就像第二次世界大战时英国以图灵为首的数学家团队能够全部破译纳粹德国的"英格码"一样。因此韩非子说的"所谓智者,微妙之言也"(《韩非子·五蠹》)告诉我们,真正的智者或智慧,最重要的特点是不仅能"知言",且能知"微妙之言",因为"知言"既是"知人"的重要内容,也是"知人"的策略。孔子说的"不知言,无以知人也"(《论语·尧曰》)更是告诉我们,"知言"当是"知人、知贤"的前提或基础,所以"圣人"必是"知言"的大师。如何知言?一曰:"格物"(主要为读书);二曰:"先行"(重视行动实践,效仿圣贤);三曰:"内省"(不断反思自己)。

"亍"为"行"的一半。"行"既通"路"亦通"道",省去一半其意仍存。就像"德"字,它的"双人旁"——"彳"就是"道"一样。以此可知,"行",既意味着"智"必以"行"以检验,也意味着"智"必须"知道"。"行",既是行动与实践,也是"知行合一"。"知道"即"知其所以知之谓知道"(《吕氏春秋·仲夏纪·侈乐》),"知其所以知"的核心在于知道事物发展变化的最基本规律。

后来,"智"又有了两个新的异体字"㘼、㘽",它把"知"与"智"做了明确的区分。它寓示,真正的"智"不仅要"自知、知人、知言、知贤、知道、知行",还必须"知有所合"。从"㘼、㘽"两字的构形来看,上面的"口"与下面的"曰(或口)"一定要"有所合"。从现实世界或历史发展的实际情形来看,它既要有符合主观愿望的原初设计,也要有经得起思想家们智慧追问的最后的相对满意的结果。

汉字鉴赏

《秦穆公千里袭郑》的故事，或可能让我们对于"智"有个比较深入的认识。春秋时期，由于深信两个掌握了郑国城门钥匙的守门人(原秦国人)有能力做内应，并认为有利可图，秦穆公决定劳师远征 2000 多里之外的郑国。当时的秦国以今天的咸阳地区为中心，郑国位于今天河南中部新郑一带，这中间还隔着好几个诸侯国。出师之前，秦国大臣百里奚、蹇叔不仅都表达了对于此次战争的反对意见，而且还进行了所谓的"哭师"——名为自己的儿子们因为此行将或不能归来而哭，实为继续劝谏秦穆公回心转意。可是，秦穆公一意孤行，不仅听不进蹇叔、百里奚的意见，仍然决定继续远征，而且还派人把"哭师"的百里奚、蹇叔臭骂了一顿。

蹇叔、百里奚为秦穆公时的智慧名臣。当时蹇叔、百里奚反对的原因很简单：一是长途奔袭数千里，不可能实现所谓突然袭击；二是劳师远征，以劳袭逸，力不能达；三是远离后方，补给困难，如不能速胜，则不能持久作战；四是最重要的，中间隔着好几个诸侯国，即便偷袭成功，也不能对占领地区实现有效统治。通过上述分析，我们会发现，聪明一世、理想高远的秦穆公显然是一时昏了头。

事情的经过主要可通过三件事概括：一是东周大夫王孙满观师；二是郑国商人弦高犒劳秦师；三是秦灭滑怒晋。结果是秦在淆地被晋军完败，全军覆没。

"王孙满观师"暴露了秦军的骄傲、狂妄、自大。在那个时代的王孙满看来，秦国本来是在宗主周天子的一手扶持下才慢慢成长为大国的，如果来到东都洛邑，对周天子都不按周礼行事，不收兵束甲、牵马步行，那就是忘恩负义、大不敬。这样的军队，就是把打仗当儿戏，所以不可能打胜仗。

"弦高劳师"，既暴露了秦军的意图、用兵的非正义性，也凸显了郑国的民心归附、不可侵犯。当秦军行至洛邑之东，郑国商人弦高、奚施与秦军相遇，弦高一方面派奚施回郑，报告消息，清理叛徒，加固城防；另一方面亲劳秦师，意在阻滞其行军速度，乱其军心，灭其信心。秦军暂时不能判别事情真假，只能无功而返。

"灭滑怒晋"，是为错上加错。滑国位于今天河南偃师，与晋国关系密切。灭滑既不能实现有效统治，也改变不了行动失败的命运，其结果，只是为晋国发动战争寻得口实。

战争结果是秦军在淆全军覆没，这是蹇叔早已预料到的。不过他没有预料到被俘的儿子不但没有死，反而活蹦乱跳地回来了。这是因为晋文公夫人的机智相救。晋文公夫人，即晋国国君襄公的母亲，原本是秦国公主。

战争失败，不幸中的大幸是，秦穆公既没有迁怒于失败的将军们，也没有责怪蹇叔、百里奚的"哭师"，而是诚心悔过，并仍然重用他们。后来，不仅用他们报了仇，而且还使秦国更加强大。

相关链接

昔秦穆公兴师以袭郑，蹇叔谏曰："不可。臣闻之，袭国邑，以车不过百里，以人不过三十里，皆以其气之趫与力之盛至，是以犯敌能灭，去之能速。今行数千里，又绝诸侯之地以袭国，臣不知其可也。君其重图之。"穆公不听也。蹇叔送师于门外而哭曰："师乎！见其出而不见其入也。"蹇叔有子曰申与视，与师偕行。蹇叔谓其子曰："晋若过师

第十二讲 什么是"智"

必于殽。女死，不于南方之岸，必于北方之岸，为吾尸女之易。"穆公闻之，使人让蹇叔曰："寡人兴师，未知何如。今哭而送之，是哭吾师也。"蹇叔对曰："臣不敢哭师也。臣老矣，有子二人，皆与师行。比其反也，非彼死，则臣必死矣，是故哭。"师行过周，王孙满要门而窥之，曰："呜呼！是师必有疵。若无疵，吾不复言道矣。夫秦非他，周室之建国也。过天子之城，宜橐甲束兵，左右皆下，以为天子礼。今袀服回建，左不轼，而右之超乘者五百乘，力则多矣，然而寡礼，安得无疵？"师过周而东。郑贾人弦高、奚施将西市于周，道遇秦师，曰："嘻！师所从来者远矣。此必袭郑。"遽使奚施归告，乃矫郑伯之命以劳之，曰："寡君固闻大国之将至久矣。大国不至，寡君与士卒窃为大国忧，日无所与焉，惟恐士卒罢弊与糗粮匮乏。何其久也！使人臣犒劳以璧，膳以十二牛。"秦三帅对曰："寡君之无使也，使其三臣丙也、术也、视也于东边候日晋之道，过，是以迷惑，陷入大国之地。"不敢固辞，再拜稽首受之。三帅乃惧而谋曰："我行数千里，数绝诸侯之地以袭人，未至而人已先知之矣，此其备必已盛矣。"还师去之。当是时也，晋文公适薨，未葬。先轸言于襄公曰："秦师不可不击也，臣请击之。"襄公曰："先君薨，尸在堂，见秦师利而因击之，无乃非为人子之道欤！"先轸曰："不吊吾丧，不忧吾哀，是死吾君而弱其孤也。若是而击，可大强。臣请击之。"襄公不得已而许之。先轸遏秦师于殽而击之，大败之，获其三帅以归。穆公闻之，素服庙临，以说于众曰："天不为秦国，使寡人不用蹇叔之谏，以至于此患。"此穆公非欲败于殽也，智不至也。智不至则不信。言之不信，师之不反也从此生。故不至之为害大矣。（《吕氏春秋·先识览·悔过》）

郑人有卖郑于秦曰："我主其城门，郑可袭也。"穆公问蹇叔、百里奚，对曰："径数国千里而袭人，希有得利者。且人卖郑，庸知我国人不有以我情告郑者乎？不可。"穆公曰："子不知也，吾已决矣。"遂发兵，使百里奚子孟明视，蹇叔子西乞术及白乙丙将兵。行日，百里奚、蹇叔二人哭之。穆公闻，怒曰："孤发兵而子沮哭吾军，何也？"二老曰："臣非敢沮君军。军行，臣子与往；臣老，迟还恐不相见，故哭耳。"二老退，谓其子曰："汝军即败，必於殽阨矣。"三十三年春，秦兵遂东，更晋地，过周北门。周王孙满曰："秦师无礼，不败何待！"兵至滑，郑贩卖贾人弦高，持十二牛将卖之周，见秦兵，恐死虏，因献其牛，曰："闻大国将诛郑，郑君谨修守御备，使臣以牛十二劳军士。"秦三将军相谓曰："将袭郑，郑今已觉之，往无及已。"灭滑。滑，晋之边邑也。当是时，晋文公丧尚未葬。太子襄公怒曰："秦侮我孤，因丧破我滑。"遂墨衰绖，发兵遮秦兵于殽，击之，大破秦军，无一人得脱者。虏秦三将以归。文公夫人，秦女也，为秦三囚将请曰："穆公之怨此三人入于骨髓，原令此三人归，令我君得自快烹之。"晋君许之，归秦三将。三将至，穆公素服郊迎，乡三人哭曰："孤以不用百里奚、蹇叔言以辱三子，三子何罪乎？子其悉心雪耻，毋怠。"遂复三人官秩如故，愈益厚之。（《史记·秦本纪》）

通过上述故事分析，再综合汉字学对于"智"的认识，我们会发现，秦穆公当时的"智"远不及蹇叔、百里奚。而蹇叔、百里奚却是那个时代最有代表性的了不起的军事家、政治家、谋略家。换言之，穆公之"智""知无所合"，即战争的结果与他原先的设计、期望完全背道而驰。其所以远不及蹇叔、百里奚的原因：一是他对于战争的规律性缺乏整体性的认知；二是既不自知，亦不知人。当然，其事后能幡然醒悟、知错能改，又不愧为一代明君。

三、部分经典关于"智"的论说

孔子说的"好学近乎智"（《中庸》)和司马迁说的"修身者，智之府也"（《报任安书》)皆告诉我们，"自知、知人、知言、知贤、知道、知行"从何而来。用两个字表达，就是"好学"或"修身"，用八个字表达则是"为学日益，为道日损"（《老子》第四十八章）。"好学"或"修身"，不仅要"学而不厌"，而且要"诲人不倦"。"学而不厌"，是把生命给予我们的每一个机会，都当作自己学习进步的契机；"诲人不倦"，是把别人给予我们的每一个机会，都当作自己实践与展现自身能力的契机。这，不仅要"有恒"，而且也是真正的"知行合一"。

《吕氏春秋》认为"凡智之贵也"，一在"贵卒"，二在"贵知化"。"贵卒"即"贵促"，即能"急中生智"；"贵知化"，即不仅能准确预测事物发展变化的最基本规律性，亦能随机应变，像历史上的楚将吴起、吴将伍子胥等，便都是这样的名将。

吴起，春秋末期卫国人，孔子著名学生曾子的学生。一生曾先后仕于鲁、魏、楚三国。在魏国，因帮助魏武侯治理西河而声名鹊起，后遭奸人王错陷害，被迫走楚。临行之际，他预言西河必失于秦，秦必逐渐强大，魏必日渐弱小。数十年之后，结果无一不如他之所料。在楚国，由于帮助楚悼王变法，触犯了大批旧贵族利益，在楚悼王逝世居丧期间，被极端仇恨他的楚国贵族们所射杀。临死之际，他带箭忍痛爬到刚刚死去的楚王身上，让射他的箭同时也射中了楚王的尸体。于是，就是死，也拉了不少垫背的。这在《吕氏春秋》作者看来，吴起不仅智虑深远，而且也是一个善于急中生智的人：身虽不能免死，但很快为自己报了仇，因为根据楚国法律，凡伤害国王尸体的人，都必须处死。吴王夫差，因为听不进忠臣伍子胥的谆谆劝谏，最后只能落得个身死国灭的下场，则是一个十足的不"智"之人。伍子胥，则可与吴起同列。其"智"，真可谓超凡入圣。在中国战争史、思想史上，他们永远都会闪耀着灿烂的光辉。

相关链接

吴起治西河之外，王错谮之于魏武侯，武侯使人召之。吴起至于岸门，止车而望西河，泣数行而下。其仆谓吴起曰："窃观公之意，视释天下若释𡲆(音'喜'，草鞋)，今去西河而泣，何也？"吴起抿泣而应之曰："子不识。君知我而使我毕能，西河可以王。今君听谗人之议而不知我，西河之为秦取不久矣，魏从此削矣。"吴起果去魏入楚。有间，西河毕入秦，秦日益大。此吴起之所先见而泣也。（《吕氏春秋·仲冬纪·长见》）

吴起谓荆王曰："荆所有余者地也；所不足者民也。今君王以所不足益所有余，臣不得而为也。"于是令贵人往实广虚之地。皆甚苦之。荆王死，贵人皆来。尸在堂上，贵人相与射吴起。吴起号呼曰："吾示子吾用兵也。"拔矢而走，伏尸插矢而疾言曰："群臣乱王！"吴起死矣，且荆国之法，丽兵于王尸者，尽加重罪，逮三族。吴起之智可谓捷

第十二讲 什么是"智"

矣。(《吕氏春秋·开春论·贵卒》)

人主之惑者则不然。化未至则不知；化已至，虽知之，与勿知一贯也。事有可以过者，有不可以过者。而身死国亡，则胡可以过？此贤主之所重，惑主之所轻也。所轻，国恶得不危？身恶得不困？危困之道，身死国亡，在于不先知化也。吴王夫差是也。子胥非不先知化也，谏而不听，故吴为丘墟，祸及阖庐。

吴王夫差将伐齐，子胥曰："不可。夫齐之与吴也，习俗不同，言语不通，我得其地不能处，得其民不得使。夫吴之与越也，接土邻境，壤交通属，习俗同，言语通，我得其地能处之，得其民能使之，越于我亦然。夫吴越之势不两立。越之于吴也，譬若心腹之疾也，虽无作，其伤深而在内也。夫齐之于吴也，疥癣之病也，不苦其已也，且其无伤也。今释越而伐齐，譬之犹惧虎而刺猏，虽胜之，其後患未央。"太宰嚭曰："不可。君王之令所以不行于上国者，齐、晋也。君王若伐齐而胜之，徙其兵以临晋，晋必听命矣。是君王一举而服两国也，君王之令必行于上国。"夫差以为然，不听子胥之言，而用太宰嚭之谋。子胥曰："天将亡吴矣，则使君王战而胜；天将不亡吴矣，则使君王战而不胜。"夫差不听。子胥两袪高蹶而出于廷，曰："嗟乎！吴朝必生荆棘矣！"夫差兴师伐齐，战于艾陵，大败齐师，反而诛子胥。子胥将死，曰："与吾安得一目以视越人之入吴也？"乃自杀。夫差乃取其身而流之江，抉其目，著之东门，曰："女胡视越人之入我也？"居数年，越报吴，残其国，绝其世，灭其社稷，夷其宗庙。夫差身为禽。夫差将死，曰："死者如有知也，吾何面以见子胥于地下？"乃为幎以冒面死。夫患未至，则不可告也；患既至，虽知之无及矣。故夫差之知惭于子胥也，不若勿知。(《吕氏春秋·贵直论·知化》)

孙子因为《孙子兵法》，其名声之大远胜蹇叔、百里奚、伍子胥、吴起等人，故其对于"智"的认识，更是与我们对于"智"字构形的认识基本一致，即"智"不仅要"知人"(知己知彼)，而且要"知道"(知天知地)。事实上，在一切军事斗争或商业竞争中，只有"知己知彼""知天知地"，然后才可能"胜乃可全"。对于人而言，根据《吕氏春秋》的"知，莫大于成身"说法，最大的"智"则是成就自己。而成就自己，最好的办法就是"学"或"好学"。换言之，人只有通过"学"，才可能"自知"，即"知己"。人只有在"知己"的前提下，才可能"知人"或"知道"。人如果一无所知便是无智。无智，就无法立德、立功、立言、立艺等。

第十三讲 什么是"信"

当代社会，人与人之间经常谈论的德目，鲜有"仁、义、礼、智"，最多的可能是"信"。原因很简单，当代社会的各种人际交往、合作交流，绝大多数时候都是经济交往，所以必须以"信"为前提，或是以"信"来加以实现。故"信"，不仅是共同体建立与存续的基础，而且与"自由"紧密联系，一个社会越诚信，人就越自由。反之，社会将不可能持续发展，人们将寸步难行。当然，古人对"信"的重视程度也很高，《左传》称其为"国之宝""德之固"，孔子把它比作大车之"輗"(车辕与车衡相连接部分)，其重要性虽然比不上"仁义"，但如没了它，社会或人就会像马车一样，即便能够偶尔走几步，却绝无远行的可能。

一、"信"的概说

墨子说的"信，言合于意也"(《墨子·卷十》)告诉我们，"信"，即主体的语言表达既要合乎自己的意愿，也能合乎客体甚或共同体或大众的期望。很明显，此说与一般所谓的"人言为信"相比有一定差别，即并非我们一般所认为的"信"。可是，一旦我们多做些追问或反思，便会发现，此说法可能最令人信服。

《曾子杀猪取信》的故事虽简单，但千百年来，人们认为其中所蕴含的诚信之理，似乎颠扑不破、放之四海而皆准、绝对为真。

曾子即曾参，孔子的学生。有一次他的妻子要去市场买东西，他的一个五六岁大的儿子也要跟着去，可他妻子觉得麻烦或不安全，就不愿带他去，于是随口对儿子说："你先乖乖在家玩，等我买了东西回来，就给你杀猪烤肉吃。"儿子听了，觉得可以期待，很高兴，自然也就没有跟了去。可后来，曾子之妻回到家，很"自然"地就把杀猪烤肉的事给"忘了"，直到儿子吵闹着要杀猪，才想起来。曾子知道后，为了教育孩子从小"守信"，也为了教育妻子不要信口开河，便不顾妻子反对，坚决把猪给杀了。进而，故事告诉我们："诚信"很重要！我们许多时候即或对此付出高昂代价，也要在所不惜。

可是，它却是经不起追问的，原因有三个。

其一，它不符合墨子"信，**言合于意也**"的论断。曾子杀猪，只是合了儿子的意，却全不合妻子之意。至于曾子自己之意，也不一定全合。如按契约精神，此契约的订立，母亲方并非出于本义，而是"被迫"。如果有一方是"被迫"，则可视为无效契约。此外，此事也不符合孔子的盟约精神。即如果盟约有一方并非出于本义，或是被迫，则鬼神不证，也即被迫方随时可以毁约。孔子周游列国，曾被拘于匡地。匡地人要求孔子只要答应不去卫国就放了他。孔子答应了。可一离开匡地，孔子却告诉大家去卫国。子路不解，认

为孔子毁约。孔子却对他说,被迫答应的盟约,鬼神不证。因此,我们当然可毁约。

其二,它不是关于"信"的最好实践。倘若此猪对于此家庭来说十分重要,以至于一旦失去,便会陷入困境,那么继续坚持履约,便会陷自己于不仁不义。这种情形不仅古代有,就是在当代中国的某些落后地区仍可能存在。一只猪,它可能是全家一年的花销,也可能是孩子们一年的学费,还可能要用它去还一笔欠款,等等。换言之,一旦履此"小信",就完全可能失去某些"大信"。这对于某些身陷困境的家庭而言,是绝不可能因为随口对小孩子许下的某些承诺,而让这个家庭再雪上加霜的。不仅如此,旁观者、大众既不能也不该对此家庭进行道德谴责。进言之,"信"就是再重要,也敌不过"仁义"。

其三,它不符合孔子、孟子关于"信"的论述。对于一个经济情况较好的家庭而言,如果杀猪能哄孩子高兴,也能让自己高兴,还能为"信"张目,既能教育好孩子,又不会让家庭陷入经济危机,那么此猪当然可杀。但只要认真思考,我们便会发现,杀猪并非是最好的解决办法。试想,如果某天,孩子以死相威胁,要求父母给买个完全超出自己家庭支付能力的东西,你是答应还是不答应,买还是不买?适当的应对策略是:一方面,向孩子承认贸然许诺的错误,并采取其他积极补救措施;另一方面,则要向孩子说明其中的道理。大人能向孩子承认错误,其带来的积极后果,不仅不会损害大人的威信,反而可以提高孩子面对错误的信心与勇气。补救措施,简单的办法是买肉来烤。讲道理,既要讲清楚为什么不能杀猪,更要讲清楚不杀猪可能带来的诸多好处。最重要的是,通过此事教育孩子:现实世界远比我们想象的要复杂,解决问题的办法并非只有一条。换言之,许多时候,以"仁义"为根本标准的"不信",往往比"信"更具说服力。当然,这种思想与孔子说的"可与权"(能够与之通达权变,《论语·子罕》),"言必信,行必果,硁硁然小人哉!"(《论语·子路》)以及孟子说的"夫大人者,言不必信,行不必果,惟义所在"(《孟子·离娄下》)也是并行不悖的。

此故事给我们的启发是,老子的"言善信"远比我们不能追问的"言必信"更具客观性或哲理性。它告诉我们,我们的语言表达,不管什么情形下都要表达出:做人一定要有适当的信度。如细心体会,会感觉到它不仅精彩,而且玄妙。具体到曾子之妻应对儿子,我们的参考答案很简单:如果你乖乖在家玩,我回来一定给你做好吃的,或一定给你烤肉吃。即话不要说得太大或太绝对,要说就说那些一般情况下可以做得到的。

综上可知,所谓曾子杀猪取信,既境界不高,亦不能应对复杂多样的社会生活实践。当然,更不要说能教育孩子成为国家栋梁了。因此,这种故事十有八九都是后世编造的"善意的谎言"。

二、"信"字的初文构形分析

"信"的初文为"🈚、信";初文的异体为"信、🈚"。今天的"信"字则把上述所有"信"字的构形之意囊括进来了。"🈚、信"二字虽其构形有"口""言"之别,但其本义却并无不同。"信"字据《说文》云是"千—子"与"言",但其实不

汉字鉴赏

是，仍是"人"与"言"，只不过为"人"加了个制约的"脚镣"而已；"񀀀"字为"两心"相交之形。它们皆是春秋战国时期，那些思想精英们对于"信"的质疑与形上之思在汉字创造过程中的深刻反映。

"信—񀀀"字，由"񀀀"与"񀀀"两部分构成。关于"人—񀀀"上文已述，这里只讲"口"。"口"，首先是人之"口"，它是生命的"进路"，语言的"出路"。其次它又是各种动物之"񀀀"。此外还有诸多引申义。人皆有"口"，人皆信其"口"，故"口"又可通于"人"。

"信—信"字左部为"人"，右部为"言"。这里主要说说"言"。

"言"之初文为"񀀀"，是个会意字。下部为人之"口—񀀀"；从"񀀀"中往外伸出的"񀀀"是"舌"。故"言"是"舌"与"口"共同完成的"游戏"。但细看，它与"舌"之形状又相去甚远。再仔细观察，我们会发现，"񀀀"仍可分为两部分，下部的"直线"更像"舌"，或语言或声音发出的路径；上部的"三角形"则是"舌"或"口"发出的语言或声音的象征。"直线"如戈戟矛枪，"三角形"如利斧快刀。

"񀀀"如此形状，一当为书写方便，二则意旨宏深，强调"舌"与"语言"所具有的特殊而重要的作用：一为舌"尖"口"利"，"言"可杀人；二为"人言可信"；三为"人言不可信"。因此孔子说的"**君子以行言，小人以舌言**"(《孔子家语·颜回》)即告诉我们，对于"人"的认识不能仅"听其言而信其行"，还须"听其言而观其行"。

相关链接

"言"的引申义甚多。

1. 说、讲、说话、讲话

《尚书·无逸》曰："三年不言。"《老子》云："行不言之教。"《荀子·非相》曰："不好言，不乐言，则必非诚士。"《红楼梦》第一回载："兄何不早言，弟久有此意。"其"言"皆为"说、讲、说话、讲话"之意。"说、讲、说话、讲话"诸字皆依"言"而字，故其意理应为"言"所囊括。但其"言"与"不言"，何时能"言"，其共同反映的实质即是"言"之"信"与"不信"的统一。换言之，君子出言必慎，既要看言之对象，又要注意言之时空条件，即要具体情况具体分析。亦如荀子所说的"未可与言而言，谓之傲；可与言而不言，谓之隐；不观气色而言，谓瞽。君子不傲、不隐、不瞽。"(《荀子·劝学》)

2. 谈论、议论

《论语·学而》曰："赐也，始可与言《诗》已矣。"《韩非子·五蠹》云："今境内之民皆言治。"《少年中国说》云："欲言国之老少，请先言人之老少。"其"言"皆为"谈论、议论"之意。以"言"代"议论""谈论"本是极言。"言"之群众性特征：凡人皆"言"，"言"皆欲有听者、和者、议论者，极少有自言自语者。但具体而言，所谓谈论、议论，或有一定共同认知基础，或有一定共同目标。孔子之所以认为可以与子贡谈论《诗经》，正是因为他认为子贡对于《诗经》的"微言大义"已经有了一定的认知基础。这个基础便是"信任"。而韩非子之"皆言治"，梁启超之"欲言国"则不同，虽没有一定认知基础，却有一定共同目标，反映出的是一般人的主体意识与公民意识，这种意识叫"自信"。

3. 记载

《左传·隐公元年》曰："段不弟，故不言弟。"《梦溪笔谈》曰："温州雁荡山，天下奇秀，然自古图牒，未尝有言者。"其"言"皆可视为"记载"之意。以"言"为"记载"，说明"言"总是与"文字""书写""书法"等紧密联系。文字是语言的书面表达，故"字"亦可通"言"。凡付诸文字的记载，"信"在其中矣。

上述之外，它还可以是问、告知、告诉、陈述、意料、料想、话、言语、口语、言论、见解、意见、言辞、辞令、辞章、政令、号令、誓言、盟辞、约言、建议、主意、计策、学说、主张、句子、字、著作、呈文、我、诉讼、通愆、通唁、通讯，等等。

上述诸词，从构形上看，大多依"言""口""心"而造。少数没有的，也意从此出，因为言出于"口"亦出于"心"。只有"字"和"我"有点例外。但细加琢磨，它们仍难例外，因"字"中有"子"，"我"即为"人"，故它们皆有"心"有"口"有"言"有"信"。

"信—伀"字出现的时间是春秋战国时期，与"伀"有"微小"的差别，即在"𠆢"的下方加了一小横——"千"（这让人容易想起另一个与此有些类似的古文"㐰"字，它是"仁"字的一个异体，其与"伀"共有的"千"，其意相通）。可正是这点"微小"的差别，造成了它们之间意义上的"巨大"差异。这种差异，正是当时的社会现实与意识形态或道德伦理在汉字创造过程中得到强烈反映的一个缩影：所谓"人言"，往往是最不可信的。

"千"有两种解释：一为"千"，即"众多"，二为"戴着脚镣的人"或"受制约的人"。

基于对"人言为信"的高度怀疑，"伀"一般被会意为：只有"众人"皆言如此，如此才是可信的。(这，亦从另一个维度证明了"谎言重复千遍，便是真理"的说法)可是，它却仍然经不起追问：一方面，真理确实掌握在少数人手中，即一般人对于认知世界、寻求真理总是不太擅长，他们只有追随"圣人"的脚步，才可能成为"善人之资"（"善人，不善人之师；不善人，善人之资。"即：善于认知、利用规律性或真理的人是不善于认知、利用规律性或真理的人的老师；不善于认知、利用规律性或真理的人是善于认知、利用规律性或真理的人的凭借或依靠。《老子》第二十七章）。另一方面，只要是"众

人"，不管其个体如何聪明智慧，最后都可能会形成"集体无意识"。于是认为"𠂉"为"戴着脚镣的人"或"受制约的人"就具有了无可置疑的说服力。换言之，"人"只有在受到某种强制力量控制或某种规约的情况下，才可能更有"信"。那么这个"规约"是什么呢？在"信"字中，就是"𠂉"字下的"一小横"，即控制人的"脚镣"或别的什么。引申到社会现实中，它可能是"质"或"盟誓"，或"抵押"与"担保"。但实质上，无论是"质"或"盟誓"，或"抵押"与"担保"，到了关键时刻，即遇到本质或核心利益或生死攸关时，它们仍然可能被抛弃。在当代社会生活中，特别是经济生活中，若要"人"有"信"，则须对"人"有所"规约"。一般情况下，有"质"有"誓"或有"抵押""担保"总是比无"质"无"誓"无"抵押"无"担保"来得更加"可信"。可是，又是一个悖论。这种"可信"，正是对于"人言"或"人"之"不可信"的莫大的嘲讽。

"信—信"字还有一个异体"䚩"，其构形中表现出的对于"人"的"控制"或"规约"似乎更为明显，其"人"不仅戴有"脚镣"甚至于还有"手铐"。换言之，要让"人言"或"人"有"信"，关键是看对"人"的控制程度如何。事实上，现实生活中的一般情况下，你对他控制得越严密，他就越有"信"。

"䜊"字出自《说文》古文。两"心"相交之形，很明显的会意字。两"心"相交即两个人"心心相通"，此种所谓的"信"似无可置疑。可是，仔细想想，我们自己可以完全相信自己吗？我们自己对自己内心说的话，自己给自己的承诺，自己给自己设定的目标，我们都能实现吗？事实是，不能！于是"䜊"两"心"相交相连，同样只是"智者"寄予"人"的一种理想。

秦始皇灭六国，统一文字，抛弃上述所有异体，只留下了一个"信—信"字。这，既是人们对于"人"的认识更加深刻全面的表现，也是给"人""人言""信"所寄予了无穷无尽的希望。"人言"就应当是可信的！故《说文》云："**信，诚也。**"《字汇》云："**信，愨实**(音'确实')。"其所表达的意义就是诚信不欺。其引申义既有诚信、不欺、确实、的确、相信、信任、信仰、信奉、符契、凭证、证实、应验、使者、信息、消息、书简、信件、明、审、保、用、连宿两夜、知晓、依靠、按期、准时、引信、任凭、随意、信石(砒霜)等，亦通"申""伸""身"等，无一不在诉说着这种希望或理想。如果"人""人言"均不可信，那我们还能信什么？没有了"信"，共同体何以能存？社会还怎么可能发展与繁荣？人岂还有自由？不过，基于"人性本恶"理论，为保证这种"信"的确实存在，自秦始皇起便制定了严酷的法律制度以应对"不信"。直到今天，相类的法律仍在维系着这个社会所有的关于"信"的威权。"信"的引申义中有"符契、凭证、证实、应验"等词，便是法律在"信"的实践中得到具体实施的表现。如"介绍信"便既是"信的凭证"或"不信的凭证"，也是法律对"信"的实践中得到具体实施的"凭证"。"消息、信息"既可信，亦不可信。"连宿两夜"是因为谎言往往只需两天两夜便

可证实或证伪。"任凭、随意",表达的既是最大的"信",也是最大的"不信"。"信手拈来",是"最大的信","信口开河"是"最大的不信"。通"伸"是因语言有无限的伸缩性。通"身"是因为"身"是实现"信"最好的"质"。

此外,以"信"代"信石(砒霜)",其所彰显的意义可能是一般人想象不到的:"信",就像"砒霜"一样,可以造成人与人之间难以挽回的"伤害";人与人之间的一切"伤害"多是以"信"为基础的。父母溺爱自己的孩子,却在不经意间把孩子送进了监狱,原因是他们不仅相互信任,而且坚信这就是最好的"爱";骗子之所以能得逞,原因是他总能赢得别人的信任;侵略者的屠杀,是因为他们坚信这种方式是解决问题的最佳方式。因此孔子说:"**好信不好学,其弊也贼。**"(《论语·阳货》)这个"贼"就是"伤害",而这个"伤害"不仅能伤害别人,也能伤害自己。

三、部分经典关于"信"的论说

"信",按照《说文》的解释,就是"诚信不欺"。可是,当我们继续追问什么是"诚信不欺"时,却会发现,事情远非如此简单:因为"诚信不欺"并不意味着对人都要说真话。为什么呢?很简单,因为"信"并不是最高道德范畴,在它的背后还有更重要的东西——"仁义道德"。因此,老子说"**言善信**"。孔子说"**言必信,行必果,硁硁然小人哉!**"孟子说"**言不必信,行不必果,惟义所在**"。可是,我们一定要弄清楚,他们这样说,不是反对"信",而是反对"必"。以此,我们一方面要坚持关于"信"的"诚信不欺"的基本原则;但另一方面,我们又要善于"权",即在"诚信不欺"的基础上,要善于通达权变。换言之,最后,我们不能因为"信"而违背了"仁义道德"。

1. "信,言合于意也。"(《墨子·卷十》)

"信,言合于意也"大概是关于"信"的最具科学性或辩证思维的解读了。因为它不仅通于人情事理,而且与老子、孔子、孟子的思想并行不悖。"信"为"人言",可"人言"并不一定可信。但我们并不需要为此纠结,只要其"合于意"就可以了。合"谁"之"意"?当然合"人"之"意"。"人"为你、我、他,既是"人人"也是"别人"或"大家",故合于"人意"就是"宜","宜"就是"义"。而"义"则又通于"善"与"道德"。老子说的"**言善信**"告诉我们,说话要有适当的信度,不必句句是真话,但需诚信不欺。即便是谎言,也既不会伤害别人、伤害自己,更不会伤害真理。之后,它还应当让自己在别人心中,在众人心中,在共同体中,或在历史的长河中,形象愈加高大。

毛泽东在中国人民政治协商会议第一届全体会议开幕词中说:"中国人民从此站起来了!"这是真是假?是,也不是。一九四九年的中国版图,部分还在蒋介石手中。不仅如此,西藏在中华人民共和国成立前,一直是奴隶社会;20世纪七十年代前,我们一直处在帝国主义国家的重重包围之中;改革开放前,我们的生产力水平一直很低;从一九五六年全国基本完成社会主义改造至20世纪末,我们仍然有大部分人吃不饱饭。如此等等,皆可说明此话并非为真。可是,我们却没有人认为此话不合适。因为从此之后,谁也不敢再欺负我们了!帝国主义国家随意架上几尊大炮,就能让中国人民屈服,以至割地赔款的时代一去不复返了！所以，此话又可为真！为真就是信！因为它合适、合意，合于历史的发展趋势，合于中国人民的美好期望与意愿。

2. "信，德之固也。"(《左传·文公元年》)

"信，德之固也"与"信，国之宝也，民之所庇也"(《左传·僖公二十五年》)以及孔子以"民无信不立"回答"**子贡问政**"的议论是相一致的。

"固"，本指物质的，或称"形而下"的"坚固的要塞"或"国家坚固的边塞"。这里以"固"比"信"，则是认为"信"在守卫"德"的过程中，也能起到类似的作用。换言之，"信"是守卫"道德"的第一道也是最坚固的一道防线，一旦此防线崩溃，"德"即会"全线崩溃"。

"宝"，即是"法宝"。此以"信"比作"国家的法宝"是极言"信"在国家管理中的重大作用：国失此宝，国将不国；百姓无此宝，将进退失据；个人失此宝，将"**不知其可也**"，即没有任何值得称道的了。

相关链接

《论语·颜渊》载"**子贡问政**"。**子曰："足食，足兵，民信之矣。"子贡曰："必不得已而去，于斯三者何先？"曰："去兵。"子贡曰："必不得已而去，于斯二者何先？"曰："去食。自古皆有死，民无信不立。"** 孔子认为，"信"，对于一个国家而言，可称为立国之本。它比军队以及维持生命的粮食更重要。为什么呢？简言之：没有信，既不能捍卫"公正"，更不能维护法律的尊严。"公正"，即"公平、正义"，它不仅是"道德"的根本，也是共同体得以存续的根本。没有这个根本，"仁、义、礼、智"等德目皆会如多米诺骨牌一样全面倒塌。

3. "名以出信，信以守器"(《左传·成公二年》)

先秦经典中，关于"信"或"诚信"的论述很多。这其中的原因，不仅是因为它的价值高，在国家、社会、人际交往中有重大作用，更因为人们对它早就有十分深入的认识。其中以《左传》引孔子的话"**名以出信，信以守器，器以藏礼，礼以行义，义以生利，利以平民，政之大节也**"(《左传·成公二年》)最为全面深刻。它不仅告诉了我们"信"源于何处，而且还揭示了"信"与"器、礼、义、利、政"之间的深刻关系。

"信"因于"名"，或从"名"中生发出来。即如果没有"名"即无须"信"。这种认识，既极简单，又极深刻。简单，是因为一切人或事物，或一切知识(包括哲学、自然科学)，都是从"名"开始的。没有"名"，一切无从谈起。因此老子说："名可名，非常名。无名，天地之始，有名，万物之母。"(名虽然可以言说明白，但却不是随随便便可以，而是要放到一定环境条件与一定主客对象之间才行。而所谓"道"，在"造分天地、化成万物"之初是没有名的。为什么没有？很简单，因为没有人。当有了人，才有了"名"，天地万物也才有了存在的根本或意义)深刻，是因为不仅"名"有"命名、名称、名誉、名分、名望、名言、概念"等多重含义，更重要的是，"名"的背后还与"仁、

第十三讲　什么是"信"

义、礼、智"等德目紧密联系。孔子说："**君子名之必可言也，言之必可行也。君子于其言，无所苟而已矣。**"(《论语·子路》)这是告诉我们，君子之所谓的"于其言无所苟而已"，其实只是"于其名无所苟"。因为如名之不能言，言之不能行，最后损害的却是君子之"名"。进言之，就是那个常常纠结于众生心头的终极问题：人为什么活着？也可从此处得到正解：人不是为了什么特别神秘高远的无法理解的东西活着，就是为了一个"名"。当一个人不愿意活着时，大多数也是因为"名"。当有人告诉我们要"淡泊名利"时，这是在告诉我们，做人一定要理想高远、意志坚强，不要为眼前的"名利"所蒙蔽，而是要把"生前身后名"联系起来。孔子说的"君子疾没世而名不称焉"，老子说的"死而不亡者寿"，屈原说的"老冉冉其将至兮，恐修名之不立"，韩非子说的"名之所彰士死之"，司马迁说的"立名者，行之极也"(《报任安书》)都表达了相同的意图。

在世俗社会中，人有了"名"(名字、名誉、名声等)也就有了"信"。于是，你的所有权利或信用都会围绕着这个"名"而展开。骗子因为有"名字"，所以也需要"名"。但为了骗人，就不得不常以假名示人。假名是个虚无的存在，故其"信"亦是虚无。但一旦其以真名示人，就必得为这个"名"下的"信"负起责任。

有了"名"就有了"信"，就像印章又叫印信一样。"信"用来"守器"。守什么"器"？你能拥有与应该拥有的一切形而下的东西(各种能代表主体身份地位的器物或财产)。没有"名"便什么也无法拥有，因为法律、共同体、邻里、亲朋好友等便皆无法认可。"**器以藏礼**"告诉我们，主体所拥有的各种"器物"，特别是"印信"之类，既能标示出其在这个社会或共同体中的权势、地位，同时也决定了其所能得到的一切礼遇。荀子说的"**礼者，法之大分，政之纲纪也**"告诉我们，"礼"除了是礼仪、礼貌之类外，它还包括法律、政治制度等。"**礼以行义**"告诉我们，主体无论是在"礼仪"实践过程中抑或在"礼法制度"中皆能最大限度地展现出其威严、光辉的正面形象(当然，也可能是相反。但这既不是主体的主观愿望，也不是正常社会的主流)。无论是你尊敬别人抑或被人尊敬，甚或你在某些名单中的排名等，皆如此。"**义以出利**"告诉我们，主体的社会形象越高大，其得到的利益就会越多。因此"名"与"利"总是联系在一起。墨子说的"**义，利也**"和孔子说的"**利，义之和也**"皆表达了这种思想。老子说的"**有之以为利**"则告诉我们，"名"也是"利"的一部分。人愿意为了某些"义"而牺牲自己的生命，就是因为"名"或"义"。由于"名""义""利"常相纠缠，所以许多时候令人"义无反顾"。"**利以平民**"告诉我们，利益的分配，如果能把"名""礼""义"有机地结合起来，就能实现最基本的社会公平、正义，和谐社会的建立便自然而然。"**政之大节也**"就是为政、行政的根本所在。以此，孔子认为"为政"应从"正名"开始。"**名不正则言不顺，言不顺则事不成，事不成则礼乐不兴，礼乐不兴则刑罚不中，刑罚不中则民无所措手足。故君子名之必可言也，言之必可行也。君子于其言，无所苟而已矣**"(《论语·子路》)。"正名"的内涵很丰富，它需要搞清楚的东西很多，如命名、名义、名分、名实、名器、名誉、名望、名言、概念，等等。"**名亦既有，夫亦将知止。知止可以不殆。**"(《老子》第三十二章)当大家都有了各自的"名分"，那么也就知道了如何进退，知道了什么是羞耻，大家也就能够和谐共生而没有危险了。

4. "君信，则臣不敢为邪。"(《商君书·垦令第二》)

"君信，则臣不敢为邪"与孔子说的"**政者，正也。子帅以正，孰敢不正？**""**君君、臣臣、父父、子子**"(《论语·颜渊》)，老子说的"**行不言之教**"(《老子》第二章)，江泽民常讲的"**上梁不正下梁歪，中梁不正倒下来**"等思想趣旨皆高度吻合。这说明在中国传统伦理道德中，无论是道家或儒家、法家，都是崇尚强者道德的。源清不一定就流清，但源浊则必定流浊。如果当权者无道无德，那么亡国只是时间问题，所以当权者做好表率很重要！

由于价值多元、认识有别、立场观点不同，即综合上述所有关于"信"的分析，仍免不了让人有些茫然。诚信社会的建立，是个系统工程。就中国当代社会而言，它既需要倡导建立良好的道德风俗，更需要健全的法律制度、契约精神。

第十四讲　什么是"善"

关于"善",今人常把它与"恶"相对,并与"善良""美善"相联系。但在古代,它的意思很复杂。在实际运用过程中,它有时近于"仁",有时近于"义",有时近于"信",有时还近于"道"或"德"。老子说:"上善若水。水善利万物而不争,处众人之所恶,故几于道。"(《老子》第八章)其便以"水"为中介完美地把它与"道""德""仁""义""智""信"等紧密地联系在一起。因此可知,在中国古代"水"可以是一切"德"的象征。不过,更多的时候,它却是"善于"与"适合"。

一、"善"的概说

先秦经典对于"善"的论述颇多,其中以老子的认识最为深刻。老子说的"天下皆知善之为善,斯不善已"则明确告诉我们,关于"什么是善"的问题,并不是我们每一个人都能深刻认知的。如果每个人都能认识到什么是"善"的时候,那么它就可能已走向自己的反面或被异化了。前者,我们可以拿孔子最聪明的学生之一子贡作例子。后者,我们可以拿今之所谓"放生"作例子。

据《吕氏春秋》记载:根据鲁国法律,凡是有人于鲁国之外的其他诸侯国,见到有做奴隶的鲁国人就想办法把他赎回,那么这笔费用则是可以到鲁国的国库中去领取的。有一次子贡做了这样一件事,却不去领这笔钱,自以为做得对,但却遭到了孔子的训斥。孔子认为子贡的做法很不好,以为他这样做,今后一定很少有人会再去做这样的善事了。

相关链接

鲁国之法,鲁人为人臣妾于诸侯,有能赎之者,取其金于府。子贡赎鲁人于诸侯,来而让不取其金。孔子曰:"赐失之矣。自今以往,鲁人不赎人矣。"(《吕氏春秋·先识览·察微》)

在一般人看来,子贡做善事不图名不图利应当是很高境界了,但孔子却认为很不妥。原因是子贡的行为其背后的最深刻处可能会伤害最基本的社会公正。事实是,你有钱并不等于别人有钱,你愿意接受利益损失并不等于别人也愿意接受利益损失,但别人没钱或不愿意接受经济损失却不等于别人就不愿做善事。一个人要做到"己所不欲,勿施于人"或并不难,但要做到"己之所欲,勿施于人"就难了。子贡的做法无意之中是把"己之所欲,以施于人"了。那么最高境界的个人之"善"应当是什么呢?笔者研究认为,最高境界的"善"不仅是要自己为善,更重要的是要"与人为善"。"与人为善"并非一般的以善意对待别人,而是要带领大家一起共同为善。

"善"的难知,更重要的还在于它总是与"恶"之间并无明显界限。因此老子说:"善之与恶,相去若何?"(《老子》第二十章)事实上,许多时候,不仅"善""恶"难以区分,而且有时"善"就是"恶","恶"就是"善"。亦如《吕氏春秋》云:"故知美之恶,知恶之美,然后能知美恶矣。"(《吕氏春秋·有始览·去尤》)它深刻地启示我们,人们只有在深知"善"之"恶"与"恶"之"善"之后,才可能深知什么是真正的"善"。

"放生"似乎是当今世界人所共知的所谓"善"了。可是,现在大多时候它已基本走向了其反面。例如,2017年7月,笔者与朋友穷游老挝琅勃拉邦,见山顶一寺庙有方便游客"放生行善"处,人云:"山下以人民币35元买小鸟一只到山顶放生,可积功德无量,可延福康寿禄,胜造一级浮屠。"于是捕鸟在当地便成了一种产业。据知情者透露,小鸟在被捕获过程中免不了大量死伤。于是可悲的事实是,"放生"越多,当地小鸟便越来越少。类似的事发生在中国境内也不少,皆由于人们对于自然规律以及有关法律法规的认识不够深刻所造成。于是,"善良"遂成"邪恶"。

二、"善"字的初文构形分析

"善"字初文为"",其他的多种写法均为其异体。在古代经典文献与出土资料中,其异体主要有"ᘉ、ᚕ、ᚑ、ᚒ"。其他略有变化的,也不出上面五种意象范围。其意义略有不同,但最后皆为"今体"("今体"即同于今天"善"字的写法。最初为隶书体,最早见于长沙马王堆汉墓出土的帛书《老子》。其出现时间,最迟也应在战国或秦统一六国的战争中。隶书,是我国古文字向今文字变化的一个转折。具体时间为秦末汉初。东汉时期,这种转化完全完成)"善—善"字所囊括。

"ᚑ",为象形字。上部为羊的两角,中部短横为两只眼睛,下部为粘连在一起的鼻与嘴。它同时也是"羊"字的初文。古人以"羊"为"善",似既与羊的温顺可爱形象有关,也与我们祖先较早地驯化了羊,并以羊发展畜牧业,以提供人们丰富的生存资源有关。羊,繁殖力强,肉质鲜美("鲜"字也有"羊"),皮毛可作御寒衣料,不仅能给人较多、较好的生活改善与保障,就其不能食用的头骨与角,也能成为人们喜爱的艺术装饰。羊的这种特点昭示出所谓"善":首先,必得有一定的物质保障,即如果其人性中的最基本的生存需要都不能得到满足,那么所谓"善"也就无从谈起;其次,它告诉我们,"善"也需要有一定的形式美;最后,则可能是"羊知跪乳之恩"。这是"孝"的表现。"百善孝为先""孝,德之本也。"(《孝经》)它们皆为为什么要以"羊"为"善"做了某些注脚。

"ᘉ",亦为象形字。但又有点类似于图画,是羊的头部形状的高度抽象与具象的统一。但由于其写实性太强,又不便于书写,所以在其"出生"后不久便在实际运用中被抛弃了。

"ᚕ",已不是简单的象形字,而是由两个象形字组合成的会意字。它的上部仍是

第十四讲　什么是"善"

羊，而下部则是一只眼睛。当这只眼睛与上面部分连在一起时，此"羞"便成了"羊"与"直—屮"字的结合体。在羊的下边加个"直"，主要强调的是"善"既能通"道""德"，也能通"公正"或"公平、正义"。这种认识，既可从其与"道、德、直"等字的构形关系中得出，也可从古人的经典论述中得出。"德"的构形主要有"㥁、惪、德"等，"道"的构形主要有"𢔢、衜、道"等，因为其皆有"目"，所以其意便皆有可通。这种认识，不仅可从《说文》《汉语大字典》中获得，而且也可以通过荀子说的"积善成德，而神明自得"（《劝学》），韩非子说的"所谓直者，义必公正，公心不偏党也"（《韩非子·解老》）等论述，把它们贯通起来。但这个"善—羞"字的实际使用似乎存续时间也很短，原因主要是书写性的，同时也有意义取向上的。但令人惊讶的是，此字虽在一般文献中早已不见，其意义却一直被保留在今文之"善"的最深刻处。进言之，汉字的简化，虽然古今区别较大，其原初诸多异体的意义却大部分能为后来的简化字所囊括。再换句话讲，"善"与"道、德"一样，其最深刻处，皆须以最基本的社会"公正"为核心或准则。"公正"即"直—屮"，即"十目"（古汉字中的"十"最初是一根竖线"丨"或一根有结的竖线"丨"。原因是此字源于"神农结绳"），即"十目所视"（曾子语，《大学》），即"众目所视"，即要经得起众人眼睛的直接审视。经得起众人眼睛的直接审视就是我们古圣先贤们最初所认可的"公平、正义"或"德"或"善"。但更令人惊异的是，我们最初的"民—甲"（"甲"，一般认为，它应是一根锥子插入人的左眼的形象。但更深刻处是，那锥子同时也是"十"。"十"即"很多、众多"的意思。《说文》云"民，众萌也"也可证明这一点。"萌"即心智没有得到开发或启蒙的人。"众萌"即人数众多的百姓，实乃国家以暴力实行愚民后的产物）字，也是"直"，或"十""目"。不过它是一个倒过来的"直"。这背后的意思是"公正"或"公平、正义"，它首先应为天子、王公们所持有（《老子》"容乃公，公乃全，全乃天，天乃道""道，强为之名曰大，大曰逝，逝曰远，远曰反"则告诉我们："天""公""大"，皆通"道"。"王"也通"道"，因为"王"最初构形"王"也有"大"，所以它们皆理应是"公正"的象征）。其次，它同时也必定寓于人民大众。如果上层社会失之，则必于下层社会以寻之。"斯民也，三代之所以直道而行也"（《论语·卫灵公》），"礼失求诸野"，"大道废，有仁义"（《老子》第十八章），"绝圣弃义，民复孝慈"（《老子》第十九章）等皆蕴含此意。所谓"人民的名义"，其背后所隐喻的是：当上层社会"公正"缺失，那么就必须到"人民"之中去寻找。以此可知，无论是"道德"还是"善"，如果有违最基本的社会"公正"，那么就是荒谬。

"譱"与"善"构形基本相同，只是下面部分略异。前者是两个"言"，后者是一个"言"。"譱、善"的出现，比起"羞"是一个巨大的进步。因为语言不仅是"文化、

传统、思想、智慧"的表征，而且也是实现"传道"不可或缺的工具。按英国哲学家维特根斯坦的说法是："有意义的世界，只能是语言所构造的；语言虽然不是思想本身，却是让'思'成为可能的最重要的工具。"事实上，一切思想或理性都无法逃离语言的再次辨析、追问或反思，更无法摆脱语言对它的重新书写。因此，"善"不仅需要物质的丰盛、形态的优美可爱，大多时候还需要以语言或思想智慧表征出来。因此，老子主张"不言""希言""贵言""言有宗""言善信""善言，无瑕谪"。荀子则认为，"辞顺，然后可与言道之理"，更要求我们对人要"观气色而言"，"有争气者，莫与辩焉"（《荀子·劝学》）。他们不仅道出了"言"在个人修身进德过程中的极端重要性，而且也凸显了"言"或"信"要达至"善"状态的不易，所以，此"言"必得以"恰当、适当"的形式呈现，才可能实现"善"的目标。以此可知，"言"除了作为传播或交流工具之外，也明显有了深刻的形上特征。

"善"，是"羊"与"言"最紧密的结合，与今体之"善"(隶书体)的写法没有差别。此字"羊"之形俱在，而"言"则已退隐于背景之中，从而突出了"口"（"口者，心之门户也。心者，神之主也。"《鬼谷子·捭阖》)，这更是一个伟大的进步。这种进步不仅是使此字的书写更趋简易，而且在保存了原有意义的同时，又生发出了更加丰富的内涵。这个"更加丰富的内涵"：一是它囊括了"言"，因为"言"出于口、从属于口，是口的功能之一。二是它强调、突出了"口"，因为"口"不仅是"心之门户"，通"人"，而且又因凸显了生命的可贵，闪耀出深刻的人本主义思想光芒。换句话讲，"口"不仅能"言"，而且还是生命的"进路"。因此，老子认为："夫唯无以生为者，是贤于贵生。"（《老子》第七十五章)他告诉我们，作为统治者，让那些缺乏生存能力的人继续生存下去，要远比自己的养生长寿更为重要。

"善"与"义""美"关系密切，因为它们的上部皆为"羊"。简单来说，"义"就是由"我"来捍卫"善"，"美"就是让"善"不断地"大"起来，或是让"善"不断扩展、壮大以提升到一种更高级的形式。

三、部分经典关于"善"的论说

1. "居善地，心善渊，与善仁，言善信，正善治，事善能，动善时。"（《老子》第八章)

"居善地，心善渊，与善仁，言善信，正善治，事善能，动善时"中的七个"善"字，皆是"合适、适当"之意。即居所要选择适当的地方，心智要有适度的深厚宽广，施与别人的仁爱要有适当的度，对别人许下的承诺要有适当的信用，公正廉明要适合于国家治理，处理事情要有适当的能力，采取行动要能抓住适当的时机。

在中国古代，居所的选择往往要"看风水"。以此，便有了堪舆之学或风水学。"风水"的要义，简单来说，就是既要避开风水的伤害，又要能有山有水、依山傍水，以尽得山水之灵气。当代风水学，除上述外，还要考虑其他更多问题，如就学、就业、交通、环境污染、自然灾害、经济状况，等等。

心智的适当深厚宽广，极难把握。对于个人私德，小事小情，我们要能容能让；对于

第十四讲 什么是"善"

大是大非、民族大义，我们要有正确的价值判断。故所谓"报怨以德"的真义我们一定要懂得，不是你对我使坏，我还要对你好，而是"以直报怨，以德报德"（《论语·宪问》）。即对于较大的仇怨，我们必须付诸以"公正"；当然，如果你对我好，我同样要对你好。既要有思想，又要有情怀。

施与别人仁爱的度，也是极难把握。弄不好即成罪恶。陌生人之间如此，至爱亲朋之间尤其需要警惕。现实世界中的所谓"一碗米养恩人，一斗米养仇人"不是个例，而是带有普遍性。至于父母对于孩子的溺爱，不知不觉间酿成罪恶或悲剧的更是举不胜举。

人言不能全信，但又不可不信。因为"信"的背后还有仁义。还是孟子说得好，"夫大人者，言不必信，行不必果，惟义所在。"信与不信，如果符合"义"的要求就是信，如果不符合，就是不信。

人世间除公正廉明之外，还有人情冷暖。故海瑞之"廉"（逼妻妾自杀，饿死九岁女儿），既不值得称道，也不值得学习和推广，因为它并不利于国家社会的治理。这就像桌角太方太尖锐必会伤人一样。因此，老子说的"是以圣人方而不割，廉而不刿，直而不肆，光而不耀"（《老子》第五十八章）告诉我们，做人一方面要方方正正，立得稳，站得住；另一方面又不要伤害到别人。

做事要有适当的能力，这既是主体主观努力与选择的结果，也是领导者知人用人以及相关环境使然。适当的能力相对于适当的职位、适当的事情。术业有专攻，能力有大小，技术有巧拙。人既要自知，又要知人。"自知"的过程，既是主体不断地改变自己，提高自己的能力，适应国家社会需要，也是不断接近自己理想状态的过程。

适当时机的把握，也不容易。一般而言，一定要有战略、战术上的区分。"人无远虑，必有近忧"，这说的就是人生战略。以此，我们每个人生阶段甚或每一天都要积极谨慎面对。对于自己想要达到的目标，不管如何高远，都要时刻准备着想要达到目标所需要的能力。不断努力，持之以恒，如遇机会，及时抓住。换言之，如无适当能力，就是有"贵人"帮助或有所谓的"机会"，也会无济于事，而让"机会"流失或成为别人的"机会"。至于战术上，不仅需要"预"（君子不立于危墙之下），而且更需要"骇则举"（即像鸟儿一样警觉，常怀恐惧，遇到危险能及时逃离。《吕氏春秋》）。

2. "天道无亲，常与善人。"（《老子》第七十九章）

"天道无亲，常与善人"告诉我们，天道，即自然规律性，它能帮助的只是那些对于天道或自然规律性有深刻认知并能适当地加以利用的人。它与西方谚语"自助者，上帝助之"高度一致。上帝只会帮助那些能自己帮助自己的人。要自己帮助自己，就要尽可能地强大自己。而要强大自己，最有效的方法就是通过不断的学习或实践，加强对于自然以及人类社会各种规律性的认识。如果才力不济，能力有限，那么就要坚定跟随那些能够有如此认识的"圣人"走。一个人如果一无所能，又不努力学习，即便"善良"，也不可能得到上天的帮助。不少人认为"善人"即"善良的人"，这是经不起追问的。事实上，在各种自然或人为的灾难中，除非你对其中的规律性有深刻的认识并能适当地利用它，否则不管你是否善良，都会无差别地受到这种灾难的戕害。

汉字鉴赏

类似的论述还有一些，其中"善人"皆非我们一般所谓的"善良的人"。

"**道者，万物之奥。善人之宝，不善人之所保**"(《老子》第六十二章)中的"善人"即"善于认识并能适当地利用道的人"，其中"不善人"即"不善于认识并适当地利用道的人"。"道"，对于"善于认识并能适当地利用道的人"来说，它是"宝贝"或"法宝"，而对于那些"不善于认识并适当地利用道的人"来说，它也是其存在与发展的一种保证。"**善人者，不善人之师；不善人，善人之资**"(《老子》第二十七章)则告诉我们，善于认识并利用道的人，当然是不善于认识道的人的老师。但不善于认识道的人并不是一无所用，他们是能够帮助前者取得成功的群众基础甚或物质基础。"**善人教民七年，亦可以即戎矣**"(《论语·子路》)中的"善人"只能是善于带兵打仗或深刻认识战争规律性的人。如果只是"善良"，那是一定没用的。所谓"仁者无敌"，有时可能是对的，但并不适合所有场合。"**善人为邦百年，亦可以胜残去杀矣**"(《论语·子路》)中的"善人"也只能是善于治国安邦的人。如果只是"善良"那是一定治理不好国家的。至于"胜残去杀"那就更谈不上了。历史上的所有伟大人物，或并不缺乏"善良"，但其所谓"智慧超群、心狠手辣、杀伐果决"更是其成功的最大利器。

今天，我们常用到的一个与"善"联系在一起的词叫"友善"。它位列社会主义核心价值观之末，即意味其价值是远低于"平等、公正、法治、爱国、敬业、诚信"的。为什么？因为最深刻的"友善"，它已完全被"平等、公正"等价值所涵括。换言之，没有"平等、公正"作前提的"友善"只能是"伪善"，但如人世间有了真正的"平等、公正"，那么"友善"则"无可无不可"。

第十五讲　什么是"忠"

一、"忠"的概说

在一般的认知里,"忠"总是带有一定的从属性质。忠于国家,忠于人民,忠于上级,忠于君王,等等。它与"诚、义、孝、信、勇"等德目关系紧密,且可组成忠诚、忠义、忠孝、忠信、忠勇等词。可又因其从属性,它与"愚"字亦关系紧切。因此"愚忠"之说常常史不绝书。可事实上,如果没有"愚忠",那么"忠"也就很难践行。故"识时务者为俊杰"又总是与"不忠"或"叛逆"紧密相连。

老子对于"忠"兴趣不大,故《老子》中"忠"字仅有 2 见。孔子对它略重视些,《论语》中有"忠"字 18 见。总结起来,孔子认为"忠"乃"仁"的一部分,其最重要的内容即"己欲立而立人,己欲达而达人",很明显,它与"利"紧密相连。荀子则认为"逆命而利君谓之忠"(《荀子·臣道》)也脱不开个"利"字。我们从孔子与荀子关于"忠"的论述中,既能得到某些启示,也能看出它总是带有一定的局限性。

墨子说的"忠,以为利而强低也"(《墨子·经上》)似乎比荀子的认识还要深刻。其如不是思想大家,绝难深入至此。换言之,也只有如此认识,它才真正既有高度概括性,又能与"忠"之构形本义高度吻合。可是,由于时代久远、古今悬隔,今天的人们对于此语的解读或认识多有偏差,或在一个"利"字,或在于"强低"。需要明白的是,此"利"绝非个人私利或仅指个人之利,而涉公家之利、国家之利、民族之利。"强低"是十分地"勉强"自己。这种"勉强"大多不是出于人的动物性本能,而是出于人的社会性存在而不得已,即不仅是低下头颅,降低姿态,更重要的是出于对"诚、义、信、孝、勇、直(公正)、敬(礼)、无私、名誉、尊严"等的敬服。因此,许多时候,"忠"的实现,其极端处常需要主体付出最宝贵的生命。

由于人们认识的深度以及历史性、多元性,即或我们有了某些理论上的认识,但在现实世界里还是可能得不到正确的指引。下面几个故事或可给予我们以现实的启发。

1.《希望的种子》(魏清潮. 希望的种子[J]. 读者,2015(18): 16.)

1941 年 9 月 9 日至 1944 年 1 月 14 日,纳粹德国围困彼得格勒(即今圣彼得堡)800 多天,狂轰滥炸,并扬言:绝不接受它的投降,要把这个城市从地图上抹掉。其间,市民、军人共有 65 万人饿死。极端恶劣的环境,让这种情形的出现不足为奇。但其中有个种子研究所,里面有守着 10 多吨小麦良种的 50 多名专家学者也饿死了一半多,包括他们的所长普罗列夫在内,这就不得不格外令人震惊、瞩目了。其间,从接到命令"任何时候、任何人都不得动用一粒种子",到无数次的将军、士兵、平民涌进研究所想打种子的主意,每个人都备受煎熬,可是最后,他们以自我牺牲为表率硬是把种子守住了。为什么能如此这般？因为他们坚信：他们所守护的不仅是 10 多吨种子，更多的是信念、希望与国家的未来。

什么是"忠"？普罗列夫们的行为就是"忠"。他们所保卫的"种子"首先是"利"，国家之利、民族之利。但又不仅仅是"利"，其背后最为引人自豪的却是"义"。于是，他们坚决执行上级命令，从不动摇。即为了这个最高之"利"与"义"，一再勉强自己做那些自己的本能欲望皆不愿意做的事。试想，谁愿意饿死呢？

2.《子培之死》(《吕氏春秋·仲冬纪·至忠》)

春秋时期，楚国有个庄哀王，有次他带领一大队人马到云梦泽一带打猎。在一阵激烈的追逐后，他射中了一只名叫随兕的动物。没想到，他的一位名叫申公子培的臣下见此，二话不说便把猎物抢走了。楚哀王大惑不解，大怒道："何等粗暴无礼的家伙！"并立即命随行卫兵追而杀之。但这时，他的左右大夫们却冷静地向他进言："这个子培是有名的贤人，又是大王您一直万分信赖的人，这其中必有缘故，请大王在详加考察之后再做决定。"没有想到的是，调查还没有开始子培就死了。接着，楚国与晋国在两棠地区发生了一场大战，楚国一方获得全胜，于是赏赐有功之人。这时，子培的弟弟站了出来，向主持赏赐的官吏说："这些人有功是因为战场杀敌，我的兄长也有功，却是因为拯救了大王的性命。"庄哀王知道后，询问："这究竟是怎么回事？"子培的弟弟回答说："我的兄长冒着粗暴无礼的恶名、不惧死亡的决心，在大王的身边抢走大王的猎物，其实，没有别的什么企图，只是以其拳拳之忠想保护大王不受伤害，能得千岁之寿啊！我的兄长曾在古书中读到这样一句话：'杀死随兕的人，不出三月必死。'所以，我兄才在惊恐之中抢走了大王的猎物。兄长之死，其实是在以自身替代大王啊！"庄哀王有点不信，立即令人于"国家图书馆"中寻找此书，果然有此记载，于是厚赏了子培一家。

《吕氏春秋》作者认为，子培的行为，就是"至忠"，即所谓"忠"的最高境界。为什么呢？因为它是一种不可多得的"穆行"。所谓"穆行"，就是对于自己要做的并自认定是正确的事，别人知道不会对我有所鼓励，别人不知道也不会令我沮丧或阻挠我的行动。因此，在所有的德行之中，没有比这个更高境界的"忠"了。

我们反思一下这个故事中子培的行为，真的如《吕氏春秋》所说是一种"至忠"吗？窃以为，不是或不全是。如就当时历史背景来看，它只是一场古代士人"**名之所彰士死之**"(《韩非子·外储说左上》)的"阴谋"或"游戏"而已。其中"强低"当没有问题，但其所获或有或无之"利"却似与公家无关。就今天看来，因为我们尊崇人的生命所与生俱来的最高价值与意义，所以它最多只能算是"愚忠"的一种。

原因分析如下：其一，子培抢走猎物没有也不可能改变猎物已为庄哀王所杀的事实。在那个"信于神"的年代里，子培的"作弊"行为既不可能骗过"神灵"，也不可能骗过自己、庄哀王以及在场者。庄哀王的愤怒表明猎物就是为庄哀王所杀。以此，如果一定要有某人为杀死随兕这个后果承担"死"的责任，则只能是庄哀王。因为他不仅是杀死猎物的直接执行者，同时也是整个打猎事件的领导者与策划者，故理应对整个事件负责。后来庄哀王没死，只能说明杀死随兕与"死"没有直接因果关系。其二，如果真有这么一本

第十五讲 什么是"忠"

书,也真记载有这么个"杀死随兕的人,不出三个月必死"的传说,且子培事先确已读过,并深信其预言后果,那么,子培就理应在打猎开始之前慎重告知庄哀王。可是子培没有。没有,就是不忠。不仅对庄哀王不忠,而且对国家或大家都不忠。当然,子培没有告知,更可能的原因是他根本就不相信这样的事会是真的。其三,就算子培的行为属于"穆行",且具有"意志自由"的品格,但也并不一定就是"至忠"。因这种行为带有强烈的主观随意性,或因为认识的局限,或由于客观条件等,所以它并不具备"绝对正确"的充分条件。其四,也是最简单的甄别方式,就是上述所有子培的行为,既不符合汉字学对于"忠"的深刻认知,也与日常事理逻辑及当代哲学社会科学的基本认知相悖。真正的"忠",它不仅需要"尽心竭力",更重要的是要"恰当地尽心竭力"。这个"恰当",一定是有条件的、充满了思想智慧的。最后的结论令人惊讶:子培之死,唯一可通的解释,只能是一场"**名之所彰士死之**"的"阴谋"。换言之,子培之死的真相,只能是其为获"忠义"之"名"而自导自演的一场自杀行动。

或有人不同意上述观点,或有人觉得这个结论太过残酷或不可思议,其实,没有我们想象的那么复杂。这,就是那个时代的人,特别是"士"阶层对于"忠""义""名",以及其与"生""死"之关系的一种最为深刻的认知与践履。谁人不死?生命的长度,无论多长,总是有限的。如果把这个有限的长度放到历史长河中,不论多长多短,皆可忽略。因此,士君子们最为珍爱、向往的是生命的灿烂辉煌,即让自己的"名"能够千古流传。这与老子说的"**死而不亡者寿**",孔子说的"**君子疾没世而名不称焉**",屈原说的"**老冉冉其将至兮,恐修名之不立**",文天祥说的"**留取丹心照汗青**",等等,是皆可相通的。但可惜的是,很少有人认真追问,或从人类历史,或从更大尺度上来认识此类问题。人们大多关注的只是当下,而不能把当下与遥远的未来紧密联系起来。

3. 《**弘演剖腹捐躯**》(《吕氏春秋·仲冬纪·忠廉》)

春秋时有个卫懿公,十分荒唐无道:一方面,他极端宠信宦官,把许多高官厚禄给了他们;另一方面,他还给他喜欢的一些小动物——白鹤们封了官爵。这些做法理所当然地会在民众之中,特别是在他的军队之中激起公愤。

有一次,北方翟人为了报仇,向卫国发起了进攻。两军刚一接触,卫军就溃散了。溃散的军士们对卫懿公说:"还是让你喜欢与信任的宦官、白鹤们来帮你打仗吧!我们没有它们有能力。"于是,失去军队保护的卫懿公,很快便在卫国的边地荥泽被杀。为了解恨,翟人不仅杀死了他,还吃尽了他身上所有的肉,但唯独留下了肝。此事发生时,卫懿公有个叫弘演的大臣正出使在外,等他赶回来时,事情已过。弘演没有办法,只有跪在卫懿公的肝前复命。复命完毕,他又在呼天抢地哭了一顿之后,拿起宝剑便剖开自己的肚子,先拿出自己的肝,再把卫懿公的肝装了进去。(上述行为,笔者认为应当需要别人帮助才能完成,但原著却说是自己完成的)意思是要把自己的身体捐给君主,让他的肝有所归属。

弘演的行为不仅比起一般的主动殉葬更加壮烈,而且极为震撼。于是,这种行为不仅对当时社会产生了极大的反响,而且起到了极大的作用——不仅他的名字因此很快传遍天下,而且已经为翟人灭亡的卫国,在大国国君齐桓公的帮助下也得以复国。其原因仅仅就是因为齐桓公在了解到弘演的"表演"后，内心受到强烈震撼，并以此认为卫国"有臣如此，不可不存"。

我们反思一下，无道的卫懿公，真值得"忠"吗？很显然，不值！如果说弘演只是忠于卫懿公，那么就只能说其行是名副其实的"愚忠"。不过，只要我们再看看事情的最后结果，又会发现，弘演的行为，确实又是"忠"，而且就是"至忠"。那又为什么呢？很简单，因为他的行为实现了卫国的复国，有大功。也正因为此，他所"忠"的对象不再是或不再仅仅是卫懿公，而是整个卫国了。再者，弘演的惨烈"表演"，就算其本人没有深刻思想，或就算是"愚忠"，但仍是符合荀子云"知之所符谓之智"的深刻论断的。换言之，弘演的做法表面上看似极为愚蠢，但就其所达成的目标来看，又是极为智慧的。故弘演之"行"又可称为"大智"之行。于是，弘演之行不仅成就了自己的忠义之名，而且也是名副其实的"至忠"。

相关链接

荆庄哀王猎于云梦，射随兕，中之。申公子培劫王而夺之。王曰："何其暴而不敬也？"命吏诛之。左右大夫皆进谏曰："子培，贤者也，又为王百倍之臣，此必有故，愿察之也。"不出三月，子培疾而死。荆兴师，战于两棠，大胜晋，归而赏有功者。申公子培之弟进请赏于吏曰："人之有功也于军旅，臣兄之有功也于车下。"王曰："何谓也？"对曰："臣之兄犯暴不敬之名，触死亡之罪于王之侧，其愚心将以忠于君王之身，而持千岁之寿也。臣之兄尝读故记曰：'杀随兕者，不出三月。'是以臣之兄惊惧而争之，故伏其罪而死。"王令人发平府而视之，于故记果有，乃厚赏之。申公子培，其忠也可谓穆行矣。穆行之意，人知之不为劝，人不知不为沮，行无高乎此矣。(《吕氏春秋·仲冬纪·至忠》)

卫懿公有臣曰弘演，有所于使。翟人攻卫，其民曰："君之所予位禄者，鹤也；所贵富者，宫人也。君使宫人与鹤战，余焉能战？"遂溃而去。翟人至，及懿公于荣泽，杀之，尽食其肉，独舍其肝。弘演至，报使於肝，毕，呼天而啼，尽哀而止，曰："臣请为襮。"因自杀，先出其腹实，内懿公之肝。桓公闻之曰："卫之亡也，以为无道也。今有臣若此，不可不存。"于是复立卫于楚丘。弘演可谓忠矣，杀身出生以徇其君。非徒徇其君也，又命卫之宗庙复立，祭祀不绝，可谓有功矣。(《吕氏春秋·仲冬纪·忠廉》)

二、"忠"字的初文构形分析

"忠"字的初文为"𢜖"，上部为"中"，下部为"心"，既可会意，亦是形声。

"中"字的初文为"𠁩"，象形，像军中飘荡的旗帜。在古代军中，"旗"是统帅的象征，故其位置必居于军中"适当的核心位置"。这个"适当的"表征的是该位置并非一定是绝对的地理上的中心，而往往是权力或思想灵魂上的核心。就像说"首都是我们祖国的心脏"，而"心脏"却并非位于我们身体之绝对中心位置一样。关键在"适当"——

第十五讲 什么是"忠"

能给予生命以最好的维护。因此,"中"的引申义便有内、里面、方位、中等、半、正、不偏不倚、内心、媒介、中介、身、内脏、得当、恰当、恰好对上、陷害、遭受、间隔、中伤、满、充满、科举及第等。其中,"不偏不倚""得当""恰当""正"所表达的既是"中庸"之意,也是"忠"所理应具备的特质。《中庸》:"**极高明而道中庸**"。"中庸"的核心思想是"公正"。"公正"蕴含公平、正义,意味着公私兼顾,也表征出个体与共同体均要把自己与对方既当工具亦当目的。它是道德"信"的核心,是合目的与合规律性的统一。《尚书》云"**允执厥中**"(《尚书·虞书·大禹谟》),老子说的"**守中**",屈子说的"**节中**",墨子说的"**中正**",韩非子说的"**直**"等,皆表达了相近或相同的意思。

"心"字的初文为"♥",象形,像人心脏之形。"心之官则思"意为心的功能就是用来思考的。故一般认为,古人所认识的"心"就是现代哲学、医学、生理、心理学所认识的人脑。

🔗 相关链接

窃以为"心之官则思"或有别解:"思"从属于"心"的管理者"囟—田"。换言之,"心"虽参与了"思"的过程,却不是"思"的主要器官。即"思"的主要器官属于"心"之上的"官"(管理者)——"囟—田"。"囟"即"囟门",指婴儿出生时其头部留下的未合之头盖骨裂隙。它是为保护婴儿生命免受生育过程之重大压力致死的生命之门。故它亦可是头脑的象征。现在简化字之"思",其上部写作"田",其实不是,而是"囟"。"囟—田"不仅是保护生命安全的一个重要"机关",而且亦是"首"的核心部分,并以此可通聪明、思想、智慧。

"心"的引申义有内心、思想、心思、思虑、品行、树木的尖刺、花蕊、胸、性情、心性、人的主观意识等。作为"忠"的心,我们更多地需要其理应具有"思想、品行"。"心"能寓意为树木的尖刺,一为"心"形"尖",似"刺";二为"心狠",很厉害,能穿透物质,参透阴阳,领悟精神。

把"中—中"字与"心—♥"字相叠加,就是"忠—忠"字。于是,"忠",既可是"正心""不偏不倚的心""恰当的尽心、用心",亦可是"尽心竭力、忠诚无私、厚、恕、正直"等。但是,亦可能是"伤人害己"的"愚忠"。国家需要忠诚的军队,企业需要忠诚的员工,家庭需要忠诚的伴侣。说起来容易,做起来却难。如何做才是"忠",从来就是个需要不断反思的问题。"不偏不倚""恰当""正"皆意味着智慧与选择。对于国家而言,我们的"忠",是忠于国家的最高利益,而非掌握最高权力的个人。只有当国家最高利益与个人权力完全融为一体时,我们对其个人才有"忠"的责任与义务。对于企业、家庭而言，员工、伴侣的"忠"，在一般情况下，则不能抛弃经过"公正"反思过的法律与道德。

故"忠"，通"直(公正)"，近于"义"，近于"礼"，近于"信"，涵括"孝""恕""利"。

部分先秦经典对于"忠"的阐释或描述，总括起来，与汉字学对于"忠"的认知高度一致。但就单句话或某个思想家来说，却往往又是有局限性的，有些甚或略有抵牾。

三、部分经典关于"忠"的论说

1. **"忠，敬也。尽心曰忠。"**（《说文》）

"忠，敬也。尽心曰忠"，即把"忠"释为"敬"与"尽心"。什么是"敬"？墨子说的**"礼，敬也"**(《墨子·经上第四十》)说明，"敬"主要是通过"礼"的形式表达出来。而"礼"，许多时候仅被人理解为"仪"，具有强烈的虚无性特征，所以不能完全表达"忠"的本质。于是，还得"尽心"。换言之，只有把"礼"与"尽心"有机结合起来，才可能是真正的"忠"。"尽心"，即"竭尽全力，忠诚无私"，"竭尽全力"之"力"既包括体力，也包括脑力。换言之，"忠"所奉献的理应是主体的全部思想智慧与行为实践。"事君能致其身"(《论语·学而》)说的就是"忠"，一种愿意牺牲自己的生命的"忠"。这种"忠"不仅是"忠"，又是"孝"，或"孝"的扩展。

2. **"忠，无私也。"**（《广韵·东韵》）

"忠，无私也"与**"无私，忠也"**(《左传·成公九年》)意思一致，是一种极为高远的境界，其极端，亦是要求主体奉献出自己的生命。上述普罗列夫们便是这样做的。这是一般性的理解。但只要我们反思一下便会发现，绝对的"无私"是不存在的。老子说的"是以圣人后其身而身先，外其身而身存。非以其无私邪？故能成其私"(《老子》第七章)就是这个道理。只是"圣人"之"私"与一般人之"私"大有不同而已。前文的三个故事启示我们，如果"名"也可称为"私"的一种，那么，"无私"更多的就应当理解为**"公家之利，知无不为"**(《左传·僖公九年》)或**"直"**。"公家之利"已把"私家之利"包括在内；"直"主要表现为"公平、公正、正义"。(《五行》云："**中心辨然而正行之，直也。**"在此，"直"同时也是"知"，是"智")普罗列夫们身虽死，光辉形象在，伟大英名存。这其中"光辉形象"即"义"；"英名"既是"利"亦是"私"。同样，子培、弘演之死，如果不细加分析区别，亦与普罗列夫们一样。

3. **"忠，直也。"**（《玉篇·心部》）

"忠，直也"与**"忠，德之正也"**(《孔子家语·弟子行第十二》)意同。"德之正"亦"直"。"直"即"公平、公正、正义"。("所谓直者，义必公正，公心不偏党也。"《韩非子·解老》)以"直"表达的"忠"，则要求"君子"恪守"忠恕之道"：**"施诸己而不愿，亦勿施于人。"**(《礼记·中庸第三》)"**不尽人之欢，不竭人之忠。**"(《礼记·曲礼上》)前句与孔子说的"己所不欲，勿施于人"意同。后句则告诉我们，前面所言

第十五讲 什么是"忠"

之"竭尽全力,忠诚无私"的"忠"似乎有些过了。换言之,这种"忠"符合"公正"的原则吗?如果不符合就过了。上述子培与弘演的行为如以此为标准就过了。"过犹不及",所以在今天该行为便既不能被鼓吹亦不能被效仿。而普罗列夫们因条件极端,不得不如此,所以仍是后人学习的楷模。

4. "忠,以为利而强低也。"(《墨子·经上第四十》)

"忠,以为利而强低也"极其深刻地告诉我们,所谓"忠",就是人们为了"利"而勉强自己放低身段所做的一切努力。为什么为了"利"要勉强自己放低身段去努力呢?在墨子看来,首先,"利"不仅是所谓的"利益"(既包括"公家之利",又包括"私家之利"),而且其背后还隐藏着"义"与"名"。墨子说的"义,利也"(《墨子·经上第四十》)则告诉我们,"义",不仅是"利"的一部分,而且是获得一切"利"最高形上根源与现实的基础。其次,"勉强自己"说明主体之"忠行"必非完全出于自愿,即其选择必没有完全的意志自由,而许多时候是为情势所迫。最后,"放低身段"表达的是被忠对象对于主体而言,或具有崇高地位,或具有应当被忠的品质。上述思想既是对"忠,无私也"的匡正与圆融,又能解释其他一切关于"忠"的论述,或能与之相通相融。

为什么要"事上竭诚"?首先就是为了"利"。当然,这个"利",既包括"上之利",亦包括"下之利";既包括经济利益,也应包括政治、意识形态、道德伦理、名声、荣誉之利等。因"上""下"处同一共同体中,故必因各种"利"而休戚与共、命运攸关。其次,"竭诚"就是"勉强自己放低身段所做的一切努力"。"竭诚"如何表现出来?或献出生命,或献出财产,或献出辛劳,或献出"疾、趋、卑、拜"之"敬",或上述数者共献之,等等。其无不须勉强自己放低身段、不懈努力。在过去,"事上"之"上"多指君王,故不"竭诚"就会有不"忠"之嫌。在当下,窃以为"事上"有适当的"诚"就可以了。即在"上"要"不竭人之忠",在"下"要"量力而行"。

5. "君使臣以礼,臣事君以忠。"(《论语·八佾》)

"君使臣以礼,臣事君以忠"和"居上克明,为下克忠"(《尚书·商书伊训》)皆告诉我们,"忠"不是单方面的事。"君、上"之"礼"与"明""臣、下"的"忠",皆与"利"紧密联系。它与"君君、臣臣、父父、子子"一样,说明中国传统伦理道德应为强者道德,如果"强者"不能起到示范或表率作用,一味地为非作歹,那么,"弱者"也就没有了"忠"的义务。即你如对我不"仁",我就可对你不"义",你如对我不"礼"不"明",我就可对你不"忠"。不过,此事又绝非如此简单,如果"君"有时代表的不是个人,而是整个共同体或国家利益,臣的"忠"则又必得无条件地抛弃个人恩怨;(弘演对于卫懿公的"忠"即如此)反之,如果"君"抛弃了共同体或国家利益,那么,"臣"就可"不忠"。如汤、武对于桀、纣的革命,虽是"以下犯上",但却不能视为不忠。"忠,所以爱其下也"也与"君使臣以礼"高度一致,其结果就是换来"臣事君以忠"。

6. "教人以善谓之忠。"(《孟子·滕文公上》)

"善"主要通过"行"表现出来。"教人以善"即"教人行善",也即舜所谓的"与人为善"。"与人为善",即带领大家一起为善。大家皆行善,即可实现"和"。"**和,然后利**"。故"善",利己、利国、利民、利天下。可事实上,"教人以善",即或是勉强自己、放低身段也是难以做到的。

7. "**公家之利,知无不为。**"(《左传·僖公九年》)

对"**公家之利**"为什么应"**知无不为**"?很简单,因为"**公家之利**"已包含"**私家之利**"在内。可是,这个道理并不是每个人都能深刻地认知。因此,"**公家之利**"常为一般人所忽略。于是,"**公家之利,知无不为**"者往往既能成就大名亦能获得大利。不过,要做到这一点,即或有深刻的认知也难。为什么?因为它不仅需有高远理想,坚定的恒心、毅力,而且还须善于通达权变。

8. "**瑕不掩瑜,瑜不掩瑕,忠也。**"(《礼记·聘义第四八》)

"**瑕不掩瑜,瑜不掩瑕,忠也**"与"金无足赤,人无完人"意同,它说明只要是人,就总会有某些方面的局限性或瑕疵。"圣人"也不例外。但是,"瑕疵"绝不会掩盖其灿烂光辉,其光辉也绝不会有意把"瑕疵"掩蔽。孔子是"圣人",其思想有许多能穿越时空而永垂不朽,但其中某些部分,却有巨大的时代或认知上的局限性。如"君子不器",不仅为"官本位"思想提供了思想根据,对中国科学技术发展有阻碍作用,而且也掩蔽了一切"形上之道"皆源于"形下之器"的真理。此乃孔子之"瑕"之一。另如其所谓的"三年之孝",于今之所以被抛弃,只因其既不符合人性,也不符合规律。当然孔子仍然是伟大的孔子,其形象亦仍可成为"忠信"的代表或象征。

9. "**远图者,忠也。**"(《左传·襄公二十八年》)

这里的"远图"亦是"智"。"**行小忠,则大忠之贼也**"(《韩非子·十过第十》)里的"小忠"即是"无智"。"**临患不忘国,忠也**"(《左传·昭公元年》)和"**危身奉上曰忠**"(《逸周书·谥法解第五十四》)则说明"忠"在国家有祸乱之时更能得到凸显。(亦如老子说的"**国家昏乱,有忠臣**"。)

总括起来,我们会发现,"忠"不仅是"德之正",还是"德"的核心,与"敬""孝""直""利""礼""智""信""尽心竭力""恕""行"等紧密联系,而且与汉字学关于"忠"字的构形意义也高度一致,既合"中庸、中和、公平、公正、正义",也通"情感、性情、心理"或"良心、尽心、思想、智慧"。

第十六讲 什么是"孝"

"百善孝为先。"(《围炉夜话》)"孝弟也者，其为仁之本与！"(《论语·学而》)"夫孝，德之本也，教之所由生也。"(《孝经》)"立身有义矣，而孝为本。"(《孔子家语·六本第十五》)这些皆凸显了"孝"的重要性。在现代，也有人把"孝"字刻在石头上，挂在堂上，甚或文在身上。以此可知，"孝"在中国传统社会是如何影响深远、深入人心。可是实际上，对于它的理解与实践，又多是片面的或不深刻的。换言之，"孝"，并非一般所谓的只是"孝敬父母"那么简单，而实际上却是内容繁多，以至贯穿于我们社会生活方方面面的一个系统工程。

一、"孝"的概说

《说文》云："孝，善事父母者。从老省，从子，子承老也。"这告诉我们，"孝"主要目标是"事父母"。还有两种"孝行"，据《论语》云，对父母要"生，事之以礼；死，祭之以礼，葬之以礼"。以此可知，《说文》对于"孝"的解读是片面的。

据东晋干宝《搜神记》载，汉郭巨，家贫。有子三岁，母尝减食与之。巨谓妻曰："贫乏不能供母，子又分母之食，盖埋此子。儿可再有，母不可复得。"妻不敢违。巨遂掘坑三尺余，忽见黄金一釜，上云："天赐孝子郭巨，官不得取，民不得夺。"

《郭巨埋儿尽孝》的故事虽为古文，但简单易懂。另，宋代《太平广记》、元代《二十四孝》、明代嘉靖时期的《彰德府志》等书，对此故事亦有大同小异的转载或改写。有些资料认为郭巨不是汉代人，而是晋代隆虑人。

据《太平广记》载，郭巨父死时家并不贫，不仅不贫，而且巨富。他曾把家财两千万贯全分与两弟，且不要其弟奉养其母，自己独自"尽孝"，以至家贫而欲埋儿。

千百年来的儒林之中质疑此事者颇多。伟大的鲁迅先生很小就知道《二十四孝》的故事。对于"埋儿尽孝"更是感受殊异，以至十分害怕自己某日突然成为正在急剧走向衰败的自己家庭之尽孝的牺牲品。于是，不敢与祖母分食，亦不敢与祖母过于亲近，总觉与她不能共存。其中的乖戾与尴尬，难以言表。但奇怪的是，先生后来的论述，虽对此故事略有微词，但对其中的诸多乖舛之处却并未深究。近人虽有质疑者，然亦恨未能深入。

首先，"巨额家财，只分两弟，自己尽弃；奉养母亲，自己全担，不分其弟"。如此作为，看似道德仁义，其实用心极为险恶，毫无道德仁义可言。家庭财产的分割，父母亲的孝养，虽是私德，但亦属公德["孝乎惟孝，友于兄弟，施于有政。"(《论语·为政》)"其为父子兄弟足法，而后民法之也。此谓治国在齐其家。"(《大学》)]，所以它必须符合最基本的社会公平、正义原则。公平、正义，既是社会的良心，道德的核心，伦理的规范或准则，也是合规律与合目的的统一！只有如此，其行为才可被复制与效仿。郭巨所为,极不公平、公正,更无正义可言。就其家庭来说,其直接后果,就是欲陷其母于不孝,陷两弟于不仁、不义!

其次,"埋儿孝母",更是大不孝!其行悖于最基本之人性。孔子编《诗经》,一定要以《关雎》为首。为什么?因为男欢女爱,是建立家庭的前提。所谓伦理道德,没有家庭,也就没有了其存在的根基。换言之,孔子这样做,主要的不是因此诗优美,亦不是为爱情唱颂歌,而是在着重强调:一切的伦理道德,皆是以家庭为前提的。如没有家庭,没有后代,其他一切便为虚无!"孝",更不例外!生孩子、爱孩子、育孩子、教孩子、保护好孩子,不仅是人类的天性,而且就是规律。即或各种生物也莫不如此。再者,郭巨此举,更是陷母亲于不仁、不义、不孝!又再,退一万步讲,即或不愿求助于兄弟、乡邻,那么求助于社会,抑或自行乞讨养母又何妨?以此可知,自汉魏以来,所谓的"孝"文化已完全为陋儒们所歪曲或玷污了。

再次,掘坑三尺余,忽见黄金一釜,上云:"天赐孝子郭巨,官不得取,民不得夺。"此内容无须深究,便知只有两种可能:一为实无此事,乃作此文者的想象性杜撰!细味之,则是佛教所谓因果报应说在此的拙劣表演;二为实有其事,实乃郭巨自己所设诡计阴谋!不过话又说回来,先行刻字埋金,再行掘金,虽彰几分滑稽、荒诞、虚伪、阴险,却也存几分人性:不是要真埋儿,而只是要耍宝让世人看看而已。再者,此举亦表明,所谓巨额家财尽分与弟亦全是虚言或骗局。

最后,有人一定会问,郭巨如此如此,究竟为何?简言之:为名为利!透过历史的烟尘,联系当时的社会实际,其背后的原因昭然若揭。魏晋时期,"名教"盛行,官员的选拔任用,多以所谓的"举孝廉"来完成。换言之,社会上有"孝廉"之名者,地方官吏必得举荐,且必能得到举荐,从而踏入仕途,以至飞黄腾达。于是,社会争名逐利之徒,有如前些年所谓的网红,为了出名,完全可以没有做人底线,完全可以不择手段。不过,比之今天,远古的钻营者或更具策略性、隐蔽性。但其背后所彰显的则皆是人性的丑陋、私欲的炽烈。于是,画蛇添足的后话便是,郭巨被郡守举荐当了官,既享受到了富贵荣华,又得以流芳百世。悲哉!哀哉!如此之"孝",今天仍在受到顶礼膜拜、极力推崇。如某市文明办就把此故事以漫画的形式,涂到了全市的大街小巷、深院高墙。以此可知,不做反思的所谓"传统文化"(只要略做反思便知上述事例并非"传统文化",因为它既无所谓"统",更不可以"传"),必将误人子弟,贻害无穷!

透过上述故事及其分析、反思,你也许对于"孝"有了更加深入的认识,也许没有。不过,没关系,下面的汉字学关于"孝"的构形的解读,或可给予大家更加深入全面的回答。

二、"孝"字的初文构形分析

"孝"的初文为"_孝",会意字。上部为"老",下部为"子"。俗语云"老子天下第一",似乎也可理解为"孝天下第一"。"老子"一词以名词、代词用可有三解:一指

第十六讲　什么是"孝"

"我";二指"父亲"或"父母";三指思想家"老子"。以偏正词组亦有三解:一指"忠君";二指"敬后";三指"尊师重教"。其"老"分别指向"尊敬"或"热爱"。其"子"分别可指"天子""子女、子嗣、子孙后代""老师"。"天子"今天已无,但"朕即国家",故可以国家代之。

"老子天下第一",即"我天下第一"。此说最易为人们所理解,也最为现实与重要。因为没有"我",其他的一切存在与否均无意义,就更遑论"孝"了。"我"是一切存在的基础与核心。人的一切思想与行为皆是以"我"为圆心,"孝"亦不例外。关于如何做到做好这一点,孔子在《孝经》中有经典论述:"身体发肤,受之父母,不敢毁伤,孝之始也。立身行道,扬名于后世,以显父母,孝之终也。"具体言之,对于"我"来说,实现"孝",首先要爱惜自己的身体,其次要尽一切努力成就自己。爱惜自己的身体:一是要保护好自己的生命安全,四肢以及各种器官健全;二是要保护好自己身体以及精神健康。尽一切努力成就自己:一是在于不断地"学";二是在于不断地"行"。不断地"学",不断地"行",是人一生最大的功课,既不容易做好,也不容易坚持。荀子说的"学至于没而后止矣"(《荀子·劝学》),"学至于行而后止矣"(《荀子·尊师》)即深刻地表达了所谓"学"与"行"对于"我"对于"孝"的重要性。

"老子天下第一",即"父母天下第一"。其主要有两层意思:一是指"我"的存在总是位于父母之后;二是指"孝"总以孝敬父母最为重要。具体言之,就是孔子说的"生,事之以礼;死,葬之以礼,祭之以礼"。"生,事之以礼"主要指为人子者,在养好父母之外,要注意父母身体健康,要记住父母生日,与父母说话要面色温和、声音柔顺,对于父母的愿望要尽可能地去为之实现。"死,葬之以礼,祭之以礼"的主要目标为"慎终追远",即谨慎地对待父母的死亡,记住父母生时所立下的功德。对于父母的"孝"如果用另一个字表达,就是从内到外的"敬"。

"老子天下第一",即先秦思想家老子是中国古代文化中最伟大的思想家。老子在先秦诸子中,不仅成名最早、年龄最大,而且思想成就最高,影响力最为深远。老子思想主要集中在其所著《老子》一书中。此书是易文化的哲学化,是先秦其他诸子思想渊源所在。孔子是老子的学生,是老子思想最大的继承者。其他诸子虽也源于老子,但更加偏于一隅。

"老子天下第一",即"热爱祖国天下第一"。在此语中,"老",意为"尊敬、热爱","子"最初主要指向"天子、君主",今天则主要指向国家。《大学》云:"孝者,所以事君也。""事君"本是"忠",但同时也是"孝"或"孝"的升华与扩展。在国家面临危难,或"忠孝"难以两全之时,我们大多数时候要选择"忠",即为自己的祖国贡献出自己的生命,也在所不惜。不过需要指出的是,当个人为了国家而牺牲生命时,国家就理应承担起该人为家庭尽孝的责任,因为只有这样才合乎最基本的社会公平、正义。

"老子天下第一",即"敬育后代天下第一"。人的存在,首先是动物性的存在。动物性的存在,第一目标或意义即是为了存在的继续存在或永远存在。可正因为这种动物性,又决定了人的个体不可能永生。替代性的方式只有一种,就是不断地繁育后代。故"有后",不仅是"孝",也是人对于规律或自然法则或"道"的最大的敬畏与尊重。

在中国的传统伦理道德中，"孝"的"有后"不仅是要自己"有后"，保护他人的生命或后代的延续，也是"孝"的重要内容之一。孔子说的"兴灭国，继绝世"(《论语·尧曰》)，《左传》说的"**灭宗废祀，非孝也**"(即灭绝他人宗族，断绝别人祭祀，也是不孝。《左传·定公四年》)皆及于此。此思想亦可称中华传统美德之一。它明确告诉我们，"孝"不仅是私德，也是社会公德。因此，自春秋战国时起，除秦被项羽"灭宗废祀"之外，各诸侯即使"身死国灭"，其后代香火亦大多能得到延续。《诗经》云："**有冯有翼，有孝有德。**"(《诗经·大雅·卷阿》)就是说让全社会的人都要有后代可依靠，才叫作有"孝"有"德"。这当然也是诗作者对于"天下有道"的愿景。此外，孔子曰："**昔三代**(夏、商、周三代)**明王**(英明的君主)**，必敬妻子**(妻子儿女)**也，盖有道焉。妻也者，亲之主也。子也者，亲之后也。敢不敬与？是故君子无不敬。**"(《孔子家语·大婚解第四》)这所说的"**必敬妻子**"也表达了同样的思想。

如有了后代，那么接下来的"养育后代"变得十分重要。"养育"又可分为"养"与"育"两个环节。在中国，自古至今，对孩子的"养"似乎问题不大，但"育"上却问题重重。事实上，"育"的问题，不仅是"孝"问题的核心，也是今天导致许多"不孝"问题出现恶性循环的根源。解决的办法虽然要随着时代的发展而发展，但就"孝"文化本身而言，"行不言之教"并充分地尊重孩子，则是最佳选择。要想让自己的孩子对自己"孝"，那么就先孝顺自己的父母长辈；要想让自己的孩子尊重自己，那么就先学会尊重孩子，并给孩子做出好榜样。换言之，"父慈子孝"，只有"父慈"做前提，才可能有"子孝"。其实，这种"孝"，既是"仁"也是"恕"。("有亲不能孝，有子而求其报，非恕也。"《孔子家语·三恕》)

在今天，"有后"之"孝"的意义或远非如此。随着人口老龄化的发展，以及人们生育愿望的不断降低，鼓励"有后"与"生育"，不仅是个人的孝行，也是国家、民族得以兴盛，社会生活得以继续的重要战略或方策。

"**老子天下第一**"，即"**尊师重教天下第一**"。在此语中的"子"即"夫子、老师、师父"或"智者"。《论语》中的"子曰"就是"老师说"。"师者，所以传道授业解惑也。"(《师说》)人类的前行，人类文明的传播与保存，不可能没有老师。当一个国家、民族走向盛世之时，尊师重教显得尤其重要。在《论语·为政》中，子夏向孔子问孝，孔子回答："色难。有事，弟子服其劳；有酒食，先生馔，曾是以为孝乎？"即明确告诉我们，对于老师的"敬爱"与帮助，也是"孝"的重要内容。当然，时代不同，"尊师重教"的方式可以有所不同，但其基本理念或精神却是应当永远继承的。

三、部分经典关于"孝"的论说

1. "**孝，礼之始也。**"(《左传·文公二年》)

仔细分析，我们会发现，"孝，礼之始也"对于"孝"的解读，至少给了我们四个方面的信息。第一，"孝"是"礼"的一部分，"礼"是一个比"孝"更大范畴的概念。孔子在应对樊迟问"孝"时说的"**生，事之以礼；死，葬之以礼，祭之以礼**"，荀子说的

"孝子之道，礼义之文理也"(《荀子•性恶》)皆是这样的说明。第二，"孝"为一切"礼"的本源性存在，即其他一切"礼"甚或"礼法制度"等，都是"孝"的引申或扩展。如《尚书》云：**"孝乎惟孝，友于兄弟，施于有政。"** 孟子曰："**人人亲其亲、长其长，而天下平。**"(《孟子•离娄上》)还有我们平常所说的"**忠君爱国**"等，也都是这种"孝"思想的引申或扩展。第三，最初的"孝"不仅与对于祖先的祭祀有关，而且就是祭祖之礼，因为"礼"的初文"豐"就是一种祭器。《易传》之中，仅有"孝"字一见"**王假有庙，致孝享也**"(《象传•萃卦》)便明确告知了我们这样的信息。第四，"孝"与"礼"一样，也是虚无性与实在性的统一，所以又有"大孝不孝"之说。因为"孝"有巨大的局限性，必得服从道德及"仁、义、礼、智"等诸德目，如革命者或仁人志士的为国捐躯。

2. "孝，利亲也。"(《墨子•经上•第四十》)

"孝，利亲也"表面上看，十分简单。所谓"孝"，就是做对自己父母及亲人有利的事。可是，一分析，它又很不简单。什么叫"有利"？什么叫"不利"？具体如何做才能实现"有利"，避免"不利"？事实上，实践中真要能做好，可能并不是我们想象中的那么容易。原因就在于这个"利"字本身！因为它既是我们生存的物质基础，是善，是好处，是利益等，但同时，它也是"私"，是"贪"，等等。有"私"有"贪"，势必就会引来"分"与"争"。因此，我们对于"利"一定要有深入的认知。荀子说的"**欲利而不为所非**"(《荀子•不苟》)，"**先义而后利者荣，先利而后义者辱**"(《荀子•荣辱》)，孔子说的"**富与贵，是人之所欲也；不以其道得之，不处也**"(《论语•里仁》)，即为我们如何获"利"、如何"利"父母"利"亲人指明了现实途径。

四、关于"孝"的四重境界

关于对父母的"孝"，大致可分四重境界：第一重为"基础境界"；第二重为"常人境界"；第三重为"君子境界"；第四重为"圣人境界"。说"大致"，是因其各"境"之间并无明显界线。

1. "基础境界"

基础境界不可超越。如有人企图超越，便为不孝。如和尚出世无君、无父、无家、无后，在儒家看来，实为逃避世俗伦理责任，即为不忠不孝。

基础境界也可称为"初级境界"。它一方面是人之为人的本能，但同时又无条件地与"圣人境界"直相贯通。《关雎》云："**窈窕淑女，君子好逑。**"这是对于追求异性的歌颂，《中华人民共和国民法典》中关于婚姻生活的新规定等，也充分地表达了这种思想。"圣人"也是人，也有人之为人的七情六欲，也有人所具有的某些局限性，所以圣人也必须与普通人一样先达此境界，才可以侈谈其他。

2. "常人境界"

首先需要说明的是，此"常人"，其实就是《孟子》中的所谓"世俗"，也是《论语》中不断提到的大部分所谓的"小人"。荀子说的"**能以事亲谓之孝**"(《荀子·王制》)便是这样一种"孝"的"常人"境界。此语至少有三层意思：一是行"孝""事亲"必得有一定的能力，如某些人天生残疾，根本没有自立与行孝的能力，便不能谓之"孝"。二是在有能力的前提下，又能踏实践行自己的孝道之责，便可谓之"孝"。三是此中之"事"，关键在"养"，而"养"，是否完全合乎"礼"，则在其次。具体有如孟子所言："世俗所谓不孝者五：**惰其四支，不顾父母之养，一不孝也；博弈好饮酒，不顾父母之养，二不孝也；好货财，私妻子，不顾父母之养，三不孝也；从耳目之欲，以为父母戮，四不孝也；好勇斗狠，以危父母，五不孝也。**"(《孟子·离娄下》)他要求"常人"：第一，要勤劳，以养父母；第二，不赌博、酗酒，以养父母；第三，不偏爱妻子、财物，以养父母；第四，不追求耳目嗜欲，以羞辱父母；第五，不好勇斗狠，以给父母带来危险。上述情况，"常人"大概都能做到，但要完全做好却并不容易。荀子在其《荀子·子道》中则对上述情况从反面进行了说明，作为"普通人""常人"或"世俗之人"，对于父母之"养"，要完全做到"身敬""辞逊""色顺"似不可能。更何况"笃行"之外，还需要好"友"给予"抬轿"加以传诵！所以，普通人的"孝"就只能是普通人的"孝"！事实上，这也是最为真实的"社会人生"！

相关链接

子路问孔子曰："有人于此，夙兴夜寐，耕耘树艺，手足胼胝，以养其亲，然而无孝之名，何也？"孔子曰："意者身不敬与！辞不逊与！色不顺与！古之人有言曰：'衣(有衣食)与，缪(通'穆'，恭敬)与，不女聊(倒装，即不聊女)。'"(全句意为："有吃有穿吗？言辞脸色恭顺吗？仅有这些，我仍无须依赖你。")子路曰："今夙兴夜寐，耕耘树艺，手足胼胝，以养其亲，无此三者，则何以为有孝之名也？"

孔子曰："由志之，吾语女。虽有国士之力，不能自举其身。非无力也，势不可也。故入而行不修，身之罪也；出而名不章(通'彰')，友之过也。故君子入则笃行，出则友贤，何为而无孝之名也！"(《荀子·子道》)

孔子说的"**生，事之以礼；死，葬之以礼，祭之以礼**"也是这种境界之一。这种境界超越了纯粹的"养"。它需要"孝者""事生"做到"身敬""辞逊""色顺"，"事死"则需要俭朴、真诚。("**礼，与其奢也，宁俭；丧，与其易也，宁戚。**"《论语·八佾》)即不仅要符合"礼"的要求，而且要以践履"仁"为前提。事实上，荀子就把这种情况的"孝"，抬到了"圣人之道"的高度。("**事生，饰始也；送死，饰终也。终始具而孝子之事毕，圣人之道备矣。**"《荀子·礼论》)不过，在今天看来，这种"圣人之道"的实现似乎也太"容易"了！

3. "君子境界"

"孝"的"君子"境界，虽是"常人"难以企及的，却是经典之中最为推崇、论述最多的境界，因为思想家们都希望人人都成为"君子"。

第十六讲 什么是"孝"

《中庸》说的"夫孝者,善继人之志,善述人之事者也"便是这种境界之一。很明显,这种境界不再局限于"养"与"辞顺、色从",而是具有了更加深刻幽远的形而上的意义。这里的"人"是父母、长辈,而有"志"可"继"且有"事"可"述"的"人"却绝非一般的"小人"。更为重要的是其中的"善"字,它既需要"孝者"对于"人之志""人之事"有深刻认知,也需要"孝者"对于"人"(即父母、长辈)有深切的热爱。不然,所谓的"善"便成空谈。

相关链接

电视剧《康熙王朝》有一组镜头:

清康熙皇帝带领众皇子于热河秋猎。奖品很重要,是一柄邻国赠送的,本要送与太子却被康熙代收又欲另送别的皇子的如意。事前言明,谁猎获最多,奖品即为谁所得。结果十三子猎获最多;八子猎获居中,但却不是射杀而是生擒;四子胤禛称病没直接参与,即"不争",但却带来了聪明伶俐的儿子弘历;其他众皇子各有猎获,大小、多少不等。如按事先约定:如意只能赐予十三子。可是,康熙并不想要如此结果,于是发话:大家说说,这如意究竟应当给谁?话音未落,即有一老王公(皇室近亲)应声:"应当给八阿哥。"康熙问:"说说看,为什么?"王公解释说:"皇八子不忍杀生,是位'仁者',有慈悲心怀。"此话一出,却遭到了年仅八岁的小皇孙弘历的大声抗议:"老王公说得不对!"康熙以鼓励的口气说:"为什么啊?"弘历回答:"皇爷爷数十年猎杀各种动物无数,难道就没有慈悲心怀吗?"这时胤禛故意大喊道:"弘历住口!小孩子家的,知道什么?!"康熙却叫胤禛住口,并要求弘历继续说下去。弘历继续说:"当春天动物发育繁殖时,不杀或者少杀,倒是说得过去。但现在是秋天,万物肃杀,已停止生长,本来就是收获的季节,为什么不可以杀呢?再说,天生万物本来就是供我们取用的,我们不杀它们,我们吃什么?更何况,我们满人祖祖辈辈以打猎为生,与汉人种地一样,本就是一种谋生之道。"康熙听了,大为高兴,又问:"你知道皇爷爷一生猎杀了多少只动物吗?"弘历则侃侃而答:"老虎153只,熊12只,豹25只,狼96只,猞猁狲20只,麋鹿14只,野猪133只,还有一天射杀了318只猪,而其他如兔子、野鸡等,更是无法计数。"听到此,康熙不仅是高兴,而是大为惊异了。又问:"皇爷爷现在贵为天子,富有四海,并不需要以打猎为生,那为什么还要举行秋猎呢?"弘历不慌不忙,接着说:"这是皇爷爷不忘本!皇爷爷如果没有这样的本事,就不能平三藩、灭噶尔丹、败俄罗斯、统一台湾。皇爷爷是天下第一'巴图鲁'(满语:勇士或英雄)!"一席话,说得众阿哥、王公大臣们哑口无言,康熙皇帝龙颜大悦!最后,各怀心事、明争暗斗的众皇子们都没有获得如意。如意反被年仅八岁,仅凭"口舌之能"的皇孙弘历所得。

细细寻绎弘历所言,其实"大有文章"!

其最深刻、最隐秘处,便是"**孝**"。弘历把康熙狩猎之"战果"记得滚瓜烂熟,即"**善述人之事者也**"。而"**善述人之事**",不仅是"**孝**"是"**敬**",更是一种比一般所谓的"**生,事之以礼;死,葬之以礼,祭之以礼**"之"**孝**"或"**敬**"的更高境界的"**孝**"与

汉字鉴赏

"敬"。

日常生活中类似的事情很多,如树碑立传、撰写墓志铭、出版遗著等,皆是。

《尚书》云:"**孝乎惟孝,友于兄弟,施于有政。**"(孝道,只有孝道,能让家庭父子兄弟实现和谐相处。这样推而广之,就能帮助治理好国家)《大学》云:"其为父子兄弟足法,而后民法之也。此之谓治国在先齐其家。"这正是上述论说的解读。当然,这亦唯"君子"而能。

《左传·隐公元年》云:"**颖考叔,纯孝也,爱其母,施及庄公。**"颖考叔把自己对于母亲的孝加以扩展,并影响国君(郑庄公)的孝行,进而名垂史册,既是仁义,亦为智慧,故亦属"君子"之孝。

相关链接

初,郑武公娶于申,曰武姜。生庄公及共叔段。庄公寤生,惊姜氏,故名曰"寤生",遂恶之。爱共叔段,欲立之。亟请于武公,公弗许。

及庄公即位,为之请制。公曰:"制,岩邑也,虢叔死焉。佗邑唯命。"请京,使居之,谓之京城大叔。

祭仲曰:"都,城过百雉(城墙高一丈,长三丈为一雉),国之害也。先王之制,大都,不过参国之一,中,五之一,小,九之一。今京不度,非制也,君将不堪。"公曰:"姜氏欲之,焉辟害?"对曰:"姜氏何厌之有!不如早为之所,无使滋蔓。蔓,难图也。蔓草犹不可除,况君之宠弟乎?"公曰:"多行不义,必自毙,子姑待之!"

既而大叔命西鄙、北鄙贰于己。公子吕曰:"国不堪贰,君将若之何?欲与大叔,臣请事之;若弗与,则请除之。无生民心。"公曰:"无庸,将自及。"

大叔又收贰以为己邑,至于廪延。子封曰:"可矣,厚将得众。"公曰:"不义,不昵,厚将崩。"大叔完聚,缮甲兵,具卒乘,将袭郑。夫人将启之。公闻其期,曰:"可矣!"命子封帅车二百乘以伐京。京叛大叔段。段入于鄢。公伐诸鄢。五月辛丑,大叔出奔共。

书曰:"郑伯克段于鄢。"段不弟,故不言弟;如二君,故曰克;称郑伯,讥失教也;谓之郑志。不言出奔,难之也。

遂寘(置)姜氏于城颍,而誓之曰:"不及黄泉,无相见也。"既而悔之。

颖考叔为颍谷封人,闻之,有献于公。公赐之食。食舍肉。公问之,对曰:"小人有母,皆尝小人之食矣,未尝君之羹。请以遗之。"公曰:"尔有母遗,繄我独无!"颖考叔曰:"敢问何谓也?"公语之故,且告之悔。对曰:"君何患焉?若阙地及泉,遂而相见,其谁曰不然?"公从之。公入而赋:"大隧之中,其乐也融融。"姜出而赋:"大隧之外,其乐也泄泄。"遂为母子如初。

君子曰:"颖考叔,纯孝也。爱其母,施及庄公。《诗》曰'孝子不匮,永锡尔类。'其是之谓乎!"(《左传·隐公元年》)

曾子曰:"孝子言为可闻,行为可见。言为可闻,所以说远也;行为可见,所以说近

第十六讲 什么是"孝"

也；近者说则亲，远者说则附；亲近而附远，孝子之道也。"(《荀子·大略》)其"可闻之言""可见之行"，能使"近者亲""远者附"，岂止是"君子"！亦近于"王"近于"圣"矣。

概括上述，我们会发现，其主要思想又可用《三字经》中"幼而学，壮而行，上致君，下泽民，扬名声，显父母，光于前，裕于后"以代之。其每一个环节不仅都是"孝"，而且都能用于今天的实践。其中的"君"虽已然不存，但可以国家、民族代之。

4. "圣人境界"

"圣人"之"孝"，又可谓"大孝"。很明显，这种境界绝不是一般人能够达到的。因为它的实现机会很少。实现它不仅需要智慧，而且还需要权力或历史的积淀。

孟子曰："天下大悦而归己。视天下悦而归己，犹草芥也。惟舜为然。不得乎亲，不可以为人；不顺乎亲，不可以为子。舜尽事亲之道而瞽瞍厎豫(十分高兴或喜悦)，瞽瞍厎豫而天下化，瞽瞍厎豫而天下之为父子者定，此之谓大孝。"(《孟子·离娄上》)其关键点在于，舜的对于父亲的"孝"，能使天下"父子定"。我们一般人，即便"孝"名满天下，也是不能实现以己之"孝"而能使天下"父子定"的。

"大孝终身慕父母"(《孟子·万章上》)，即能做到终生思念、依恋父母的，似乎并非只有"圣人"，"君子""小人"能做到的也大有人在。可是，如果它发生于"圣人"身上，便是"圣人"之"孝"。以此可知，一般人也理所当然地具备"圣人"的某些特征。

"孝子之志，莫大乎尊亲；尊亲之至，莫大乎以天下养。为天子父，尊之至也；以天下养，养之至也。"(《孟子·万章上》)即能以"天下"养父母的，必得拥有绝对的权力。因此，今天如按古人标准，"圣人之孝"的实现已不再可能。

此外，《荀子·宥坐》所载关于《孔子听讼》的故事：孔子为鲁司寇，有父子讼者，孔子拘之，三月不别。其父请止，孔子舍之。季孙闻之，不说，曰："是老也欺予，语予曰：为国家必以孝。今杀一人以戮不孝，又舍之。"冉子以告。孔子慨然叹曰："呜呼！上失之，下杀之，其可乎！不教其民而听其狱，杀不辜也。三军大败，不可斩也；狱犴不治，不可刑也。罪不在民故也。嫚令谨诛，贼也；今生也有时，敛也无时，暴也；不教而责成功，虐也。已此三者，然后刑可即也。《书》(尚书·康诰)曰：'义刑义杀，勿庸以即，予维曰未有顺事。'言先教也。"其所阐述的以孝治国的真义，则比孟子所宣扬的"圣人之孝"更具有现代意义。国家制定法律，其最终目的不是让更多的人走上断头台或进监狱，而是要实现"无狱"。"不教其民而听其狱，杀不辜也"则告诉我们，教化是为政的前提之一——"不教而杀谓之虐"(《论语·尧曰》)。

五、关于"孝"的超越

在中国，由于"孝"对于"人"的绝对性地位，所以，所谓的"超越"，只是相对：一是要充分认识"孝"的局限性——扶公义而谨私亲；二是"孝"应尊循"仁、义、道、德"而行——避免愚忠、愚孝。

汉字鉴赏

1. 充分认识"孝"的局限性——扶公义而谨私亲

《吕氏春秋》云:"不私其亲,不可谓孝子;事君枉法,不可谓忠臣。"(《吕氏春秋·高义》)其不仅道出了"孝"的局限性,也点出了"孝"与"忠"之间所存在的尖锐矛盾:一方面,凡"孝"必"私其亲",而"私其亲"则很难不"枉法";另一方面,凡"忠"则很难不弃其"孝",故忠孝之间,常难两全!此外,**"孝者,所以事君也。"**(《大学》)"臣子之不孝君父,所谓乱也。"(《墨子·兼爱·第十四》)两句则更直白地道出了这样的思想。而在今天,虽然没有了"君""君父",但代之的却是有更大理性价值的"国家""民族"。那么在国家民族大义与个人私亲之间,究竟如何选择呢?答案一目了然!就一般情况而言,我们当然应选择民族大义。

据《韩非子·五蠹》载,楚之有直躬,其父窃羊,而谒之吏。令尹曰:"杀之!"以为直于君而曲于父,报而罪之。以是观之,夫君之直臣,父之暴子也。鲁人从君战,三战三北。仲尼问其故,对曰:"吾有老父,身死莫之养也。"仲尼以为孝,举而上之。以是观之,夫父之孝子,君之背臣也。故令尹诛而楚奸不上闻,仲尼赏而鲁民易降北。上下之利,若是其异也,而人主兼举匹夫之行,而求致社稷之福,必不几矣。

此故事如果反映的是事实,那么孔子的做法则完全是矛盾或是没有理智的,因为"忠"既是"孝"之理性价值的更高、更大扩展,也是"孝"之本身。如果没有了"忠","孝"便失去了存在的依据与价值。

2. 遵循"仁、义、道、德"——避免愚忠、愚孝

孟子认为:"亲之过大而不怨,是愈疏也;亲之过小而怨,是不可矶也。愈疏,不孝也;不可矶(触犯、激怒),亦不孝也。"(《孟子·告子下》)如果父母有重大过错而不坚决反对,是谓不孝;如果父母有点小过错就激烈反对,也是不孝。坚决反对,是要让父母在错误的道路上不要越走越远,最后完全葬送亲情孝道;包容小过,则是要坚决维护父母的尊严与权威。这种情况对于父母,是避免愚孝,对于上级则是避免愚忠。但此问题的关键点却并不在"反对"与"包容"本身,而在于对"大过""小过"的清醒认识。换言之,如果一个人没有相应的学识、能力、胸襟,那么是不可能得出相应的正确认识的。

相关链接

"入孝出弟,人之小行也。上顺下笃,人之中行也。从道不从君,从义不从父,人之大行也。"……孝子所不从命有三:从命则亲危,不从命则亲安,孝子不从命乃衷;从命则亲辱,不从命则亲荣,孝子不从命乃义;从命则禽兽,不从命则修饰,孝子不从命乃敬。故可以从而不从,是不子也;未可以从而从,是不衷也;明于从不从之义,而能致恭敬、忠信、端悫以慎行之,则可谓大孝矣。传曰:"从道不从君,从义不从父。"此之谓也。故劳苦、雕萃而能无失其敬,灾祸、患难而能无失其义,则不幸不顺见恶而能无失其爱,非仁人莫能行。《诗》(大雅·既醉)曰:"孝子不匮。"此之谓也。

鲁哀公问于孔子曰:"子从父命,孝乎?臣从君命,贞乎?"三问,孔子不对。

孔子趋出以语子贡曰:"乡者,君问丘也,曰:'子从父命,孝乎;臣从君命,贞

第十六讲 什么是"孝"

乎.'三问而丘不对，赐以为何如？"子贡曰："子从父命，孝矣；臣从君命，贞矣，夫子有奚对焉。"孔子曰："小人哉，赐不识也！昔万乘之国，有争臣四人，则封疆不削；千乘之国，有争臣三人，则社稷不危；百乘之家，有争臣二人，则宗庙不毁。父有争子，不行无礼；士有争友，不为不义。故子从父，奚子孝？臣从君，奚臣贞？审其所以从之之谓孝、之谓贞也。"(《荀子·子道》)

庄子说的"孝子不谀其亲，忠臣不诎其君"(《庄子·天地》)也表达了相类的思想，对于父母之命，"从"与"不从"，要从可以预见的结果上来考察。如能给父母带来"安宁""光荣""威仪"则是孝，相反，则不是。事实上，主体只要抛弃了"孝"的局限性，以仁义道德为准绳来处理思考问题，就一定能在更大的范围、更高的高度实现"孝"的目标。臣之于君之"忠"，即如子之于父之"孝"，道理亦然。

人之有"孝"，主要源于自爱，同时也是作为"社会的人"的基本道德规范。己所不欲，勿施于人。将心比心，推己及人。人总是要老的，自己孝顺父母、长辈，就是给后人做出榜样，以让自己老时能得到同样的爱。孔子的学生冉有说："君子务本，本立而道生。孝弟也者，其为仁之本与！"(《论语·学而》)很明显，儒家认为，其他一切仁义道德，都是"孝"的扩展。换言之，没有"孝"，要想实现修身、齐家、治国、平天下，都是不可能的。

第十七讲 什么是"廉"

在现代，人们看到"廉"字，最多的可能会想到它的反面——"贪腐"。有时还可能会想到反腐倡廉、清官、贪官之类。可是，究竟什么是"廉"，如何做才能符合"廉的"标准，却是须深入学习才可以深刻认知的。

一、"廉"的概说

孟子云："**可以取，可以无取，取伤廉；可以与，可以无与，与伤惠；可以死，可以无死，死伤勇。**"(《孟子·离娄下》)其虽未直接告诉我们什么是"廉"，但却既具体又抽象地为"廉"划了界。"具体"，是因其给我们为"廉"设置了一个明确的"标准"——"**可以取，可以无取**"则不可取；"抽象"是它既没有告知我们什么是"可以取"，也没告诉我们什么是"可以无取"。

就一般经验世界而言，主体廉否，主要通过其对于金钱、财富等物质利益所采取的具体行为态度表现出来。在今天，此语对于我们仍有重大启发意义。它告诉我们，对于"**可以取，可以无取**"的金钱等具体物质利益，正确的做法是要坚决不取。如果取了，就会损害、破坏"廉"。对于其背后隐藏着巨大物质利益的荣誉亦如此。为什么呢？因为这样会有损主体之"义"，即主体本来就应具有的"公平、公正、正义、俭朴、谦虚"之形象。司马迁说的"**取与者，义之符也**"把"取与"与"义"紧密联系，即表达了此思想。换言之，主体对于具体物质利益的行为态度，如果符合"义"就是"廉"，反之就不是。进言之，主体如果取了此物质利益或荣誉，能提高自身威仪或光辉正面形象便是"廉"，反之便是"不廉"。

例如，张某与李某一起于孤儿院长大，一起读书，一起参加工作，由于性格相近，自然而然地就成了好朋友。之后，一次突发的灾难性事件夺去了张某全家人性命，于是李某便有了一次全部得到张某所有财产的机会。对于李某而言，此意外之财便成了其"可以取，可以无取"之财。但如根据孟子观点，他取了就会伤"廉"。《吕氏春秋》说的"**人犯其难，我享其利，非廉也**"(《吕氏春秋·离俗览·离俗》，《庄子·让王》也有相同的句子)更是直接给这种行为定了性。事实上，"**人犯其难，我享其利**"的行为，即或至亲，也会有损主体之形象。不过，如果主体把得到的意外之财全部捐出或用作公益，并以此提高了自己正面形象，则又会实现"廉"。

现实生活中，类似的机会对于一般百姓而言很少，但相对于掌握了一定权力的领导者而言却很多：不仅有"**人犯其难，我享其利**"之机，而且有更多的"**共享其利**"之实。但是，当面对"可以取，可以无取"之巨大金钱、利益，我们若毫不犹豫地选择"取"时，

第十七讲 什么是"廉"

不仅会有伤"廉",而且接下来就势必有"可以无取"者也会取之,从而走上一条不归路便很难避免。

相关链接

1976年1月,周恩来总理逝世,联合国决定降半旗致哀。有某发达国家代表提出质疑:我们国家元首逝世,联合国都没有如此对待,为什么却要如此对待一个国家总理?难道就因为他是一个大国总理吗?这不公正!时任联合国秘书长反问:"你们元首在国外有没有存款、房子?你们元首生前是不是只有一个妻子?你们元首是不是为了国家事业主动放弃了生育孩子?"会场顿时鸦雀无声,质疑者立马哑口无言!"可是,周恩来做到了!这就是清廉、廉洁!"事实上,周恩来不仅"可以取,可以无取"者不取,就是"可以取"者也有未取或取之与人者。据有关资料与军博实物:周恩来用过的毛毯、被子、内衣,许多都是有补丁的。当然,这种情况也有时代的原因,我们今天也不主张完全效仿,但这种精神却是不可丢的。

上述所有关于"廉"的事例或认识,均可从"廉"字的初文构形中找到相关依据。

二、"廉"字的初文构形分析

"廉"字的初文为" ",一般认为是形声字,但亦可会意。《说文》云:"廉,仄也。从广,兼声。"这种解读,不能说错,但不全面。

(一)"从广"

"廉"的左上部为" ",即《说文》所谓"从广"之"广"。"从广"的意思是说,"廉"的所有意义均源于"广",而与"兼"无关,"仄"自然也不例外。而"兼",只是表声。" "是个象形字,像依崖所建房屋之形。其初义即倚山崖所建之屋("因崖成屋谓之广。"《营造法式·总释上·宫》),读音为"眼",又音读"安",意同"庵",意为"草屋"。"庵"是"广"隶变的结果。隶写"广"时,书写者因嫌其右下空旷而增加部件"奄"而成。如以"廣"之初文为" "分析,"广"又与"宀"同,也即房子。以此可知,"廉"之所谓"从广"至少意有三层。

其一,"廉"的实现,对于主体而言,首先应当有最基本的住房条件。依山崖而建的小屋或草屋,寓示墙壁不全,或很寒酸,但毕竟可为安身之所。进言之,如果一个国家或社会不能解决公职人员,特别是政府官员们的基本住房问题,所谓"廉"的实现便无从谈起。

其二,"廉",同时也意味着国家公职人员不能公费拥有宽大豪华的住房。(中国现役部队中,师级干部住房均在一百二十平方米左右,即是"廉"的具体表现之一)"廉",本来就有相对狭小、逼仄之意。("凡秋耕欲深,春夏欲浅;犁欲廉,劳欲再。"其"廉"即"狭窄""逼仄"之意。《齐民要术·耕田》)当然,这里的"狭小",只是相对"宽大豪华奢侈"而言。

其三,"廉"之住房还寓示:对于国家而言,它造价便宜;对于公职人员而言,则价格便宜。原因是,此屋依山崖而建,"山"即国家,它承担了一半或大半物质基础;"依",即"廉"之主体、个人或国家公职人员,因为有了"山"的依靠,所以既可减少风险,亦可减少投入。

(二)"兼声"

一般认为此字的"兼声"没有意义,但细加揣摩,亦可会意。

"兼"字之初文为"秝",即一"手"持两"禾"。

"禾",既是水稻、粟,或一切粮食作物的总称,也是"和"字之初文。"禾"之所以同于"和",是因为在中国,由于大陆性季风气候的强烈影响,一切粮食的丰收,甚至最基本的收获,都是各种自然因素风云际会、人类辛苦劳动与抗争等高度结合的结果。粮食能给人以最基本的衣食资源,故它既是最基本的"善",也是最基本的"利"。(《说文》云:"和,然后利。"《墨子》云:"义,利也。"《易传》云:"义之和曰利。")以此可知,"禾""和""利""义""善"的本义总是内在地联系在一起的。

"手",既是人之手、主体之手,亦通"又"。一"手"持两"禾",它意味着"兼"既需顾及"利"与"义",又需实现"和"与"善"。

(三)"广""兼"合一谓之"廉"

当我们弄清了"广""兼"之初义,"廉"的深意便昭然若揭了。

(1)"廉"的实现是一个系统工程,既需要国家、社会的积极主导、倡导、引导,也需要个人的积极认识、参与、支持。主导,主要表现为有国家社会资金、资源的投入;("**甘其食,美其服,安其居,乐其俗**"即是这种主导工程之一。《老子》第八十一章)倡导,主要表现为有当权者不断宣传鼓吹;("**明主厉廉耻,招仁义**"即是这种倡导工程之一。《韩非子·用人》)引导,则主要表现为奖掖率先垂范者。("**坚中,则足以为表;廉外,则可以大任**"即是这种引导工程之一。《韩非子·十过》)在过去,解决国家公职人员的基本生存、生活条件是其前提。老子说的"**不失其所者久**""**安其居**",孟子说的"**民无恒产,便无恒心**"等,皆反映了此思想。("民"尚如此,"官"更甚之)其中"所""居""恒产"主要指房子;"食",则指其他基本的生存资源。在清代,还有所谓"**养廉银**"。在当下,比之过去已大不相同,即社会精英、国家公职人员等虽已皆过上了既有尊严又较富裕的幸福生活,但最基本的人性却是古今无别。

(2)"廉"之内容丰富,以"不贪暴、节俭、节省、简略、谦卑"为基础,以"正直"(即"公平、公正、正义")为核心。自古及今,"贪婪"乃一切罪恶之源;"暴虐"既是性格使然,更为权力造就。"节俭、节省、简略、谦卑"既是尊重自然、社会客观规律,亦是修身养性、远害全身。因此老子主张"**去甚、去奢、去泰**"。(《老子》第二十九

第十七讲 什么是"廉"

章)"去甚、去奢、去泰"实为实现"廉"之最重要途径。"直",即"公平、公正、正义",乃"道德"之核心,合规律与合目的的统一。没有"公平、公正、正义"的"道德"或"廉"是荒谬的。

(3)"廉"之内涵深刻玄远,非一般人能随便认识,唯有高远之精神追求且能不断地学习、探索者才有可能窥见"廉"意一二。《广韵·盐韵》云:"廉,**俭也**。"《释名·释言语》云:"廉,**敛也**。"《广雅·释言》云:"廉,**棱也**。"《国语解》云:"廉,**直也**。"《玉篇·广部》云:"廉,**清也**。"这些皆从某个侧面给我们呈示了"廉"的内涵与价值,但又远非仅此。

三、部分经典关于"廉"的论说

(一)廉不改节

"要离伏剑"(《吕氏春秋·仲冬纪·忠廉》)

吴王阖闾刚登上王位之时,很想把自己堂兄弟王子庆忌杀掉,但一直没有成功,于是就把这件事当成了自己的心腹之患。他有一个叫要离的臣下见吴王为此事常食不甘味、夜不能寐,便对他说:"我可以替大王完成心愿。"吴王当即回他说:"你?怎么可能!当年,我曾派出六名骠骑勇士,一直追到长江边,都没有追上;接着又用弓箭射他,箭矢飞过他的左右,伸手就能抓一大把,但还是没能射中。而你,拔出宝剑却不能举过头顶,登车连车上的扶栏都抓不到,你凭什么说你能完成我的心愿?"要离回答:"真正的士人,所担心的只是他的不够勇敢,又何须担心他没有能力?只要大王能真诚地帮助我,那么我就一定能做到。"吴王听他如此说,觉得很有道理,于是就说:"好吧,我信你。"两人当即密谋,并定下计策。第二天,吴王便加罪于要离,杀了其妻子和儿女,焚其尸,扬其灰,并制造机会让他逃走。要离逃后,直往卫国投靠了隐居于此的王子庆忌。王子庆忌听了要离的故事后,喜形于色,说:"吴王之无道,你算是真正见识了,其他诸侯也应是看清楚了。如今你能侥幸逃脱,也算是不幸中之大幸了。" 要离在与王子庆忌相处了一段时间之后,即对王子说:"现在的吴王,已经是越发胡作非为、逆天违道了,我想请王子与我一起回到吴国,杀了吴王把国家夺回来。"王子庆忌很高兴,说:"非常好。"于是与要离一同乘船过江。船至江中,要离乘王子庆忌不备,拔剑便刺。或由于太过无能,或由王子太过强大敏捷,不仅刺杀未成,反被王子薅住头发按到了江中,按下又拉起,拉起又按下,如此反复多次。最后王子不忍,还是把他拉出来,不仅没有杀他,反而对他说:"你有如此勇气,也算称得上'国士'了。如今,我成全你,让你成名。"要离虽然没有完成任务,但也因王子的成全而没有死,于是,只好悻悻回吴复命。吴王听了要离的报告,也是宽宏大量,不仅没怪罪,反而"大悦",并要与他平分江山。要离听后,说:"不行,我回来不是为了分江山,而只是复命请死的。"吴王劝阻他,要离说:"我杀妻灭子,焚尸扬灰,以便行事,但这同时也是不仁;我为报答旧主人而杀新主人,这又是不义;我被王子捉住按入江中,多次反复,这又是耻辱;试想,一个受到奇耻大辱且又不仁

153

汉字鉴赏

不义之人,怎么还有脸活在这个世上呢?"吴王无法阻止,当即,要离果然伏剑而死。

《吕氏春秋》作者把上述要离的行为评为"至忠、至义、至廉"。可是,这一定是有问题的。

相关链接

吴王欲杀王子庆忌而莫之能杀,吴王患之。要离曰:"臣能之。"吴王曰:"汝恶能乎?吾尝以六马逐之江上矣,而不能及;射之矢,左右满把,而不能中。今汝拔剑则不能举臂,上车则不能登轼,汝恶能?"要离曰:"士患不勇耳,奚患于不能?王诚能助,臣请必能。"吴王曰:"诺。"明旦加要离罪焉,挚执妻子,焚之而扬其灰。要离走,往见王子庆忌于卫。王子庆忌喜曰:"吴王之无道也,子之所见也,诸侯之所知也。今子得免而去之,亦善矣。"要离与王子庆忌居有间,谓王子庆忌曰:"吴之无道也愈甚,请与王子往夺之国。"王子庆忌曰:"善。"乃与要离俱涉于江。中江,拔剑以刺王子庆忌。王子庆忌捽(捉住并揪住头发)之,投之于江,浮则又取而投之,如此者三。其卒曰:"汝天下之国士也,幸汝以成而名。"要离得不死,归于吴。吴王大说,请与分国。要离曰:"不可。臣请必死!"吴王止之,要离曰:"夫杀妻子,焚之而扬其灰,以便事也,臣以为不仁。夫为故主杀新主,臣以为不义。夫捽而浮乎江,三入三出,特王子庆忌为之赐而不杀耳,臣已为辱矣。夫不仁不义,又且已辱,不可以生。"吴王不能止,果伏剑而死。要离可谓不为赏动矣,故临大利而不易其义;可谓廉矣,廉,故不以贵富而忘其辱。(《吕氏春秋·仲冬纪·忠廉》)

细察之,要离之所思所想,所行所为,只在于邀"忠义"之名。试想自己明明**"拔剑则不能举臂,上车则不能登轼"**,又岂能完成如此重大的刺杀任务?明知不能行而妄行之,所以其目的不在于能不能完成任务,而仅在于博"名"。其最后的自杀虽基本实现其原初目标:既得"忠义"之名,又意外得"廉"名,但仍是很难完全洗去其行动过程中的不仁、不义,既耻且辱,以及其结果分析中的不信、不勇。明知自己不能完成任务,却又自吹自擂能,结果确实不能,这是不信;明知自己无能为力,却还鲁莽行动,只是"敢"而非"勇";让人按在水中,反复多次,却又不死,更是耻辱;杀妻灭子,挫其骨,扬其灰,便是不仁;不信、不勇、不仁,既耻且辱,便是不义。其最后毅然择死,虽对"忠义"有某些维护,又基本实现了"廉",但细察之,皆不可为后世所仿效。事实上,不可仿效之"忠、义、廉"即不可为真。在当代,尤其如此。换言之,这种仅为邀"名",于国于民没有任何实际功用,即或身死且符合"忠廉"之名,也已基本失去其价值。(参见其他关于信、勇、耻辱、仁、义的论述)不过,话又说回来,对于当时的要离来说,死,已是其唯一可行的选择,也确对"忠、义、廉"有某些维护。

(二)廉于行己

"廉于行己"意在说明:"廉",主要相对于主体自身而言,既具强烈主体性、主观性、自律性,又总与"义""行为、实践"紧密联系。换言之,"廉"与"不廉",关键

第十七讲 什么是"廉"

在于主体根据"义"或"耻辱"之自我认知而做出的选择。如果认知、选择、行动正确则"廉",反之,则可能走向歧路或反面。

1. "申子不自理,廉之害也。"(《庄子·盗跖》)

晋献公想立骊姬为君夫人。因为君夫人位崇权高,立之乃国家大事,所以依惯例,一开始便有国家相关的主持占卜的史官对此事进行龟卜、筮占。卜筮的结果是:龟卜不吉,筮占吉。晋献公由于一心想立骊姬为君夫人,所以坚持说:"遵从筮占的结果。"但帮他占卜的史官却说:"筮占不如龟卜优长,不如遵从龟卜的好。况且其与之相配的繇(同由,即理由)辞解释说:'专宠的随意改变,一定会毁损掉国君最美好的东西。这就像将一把香草与一把臭草放在一起,十年之后都不可避免地留下余臭一样。'"可是,晋献公根本听不进去,仍一意孤行立了骊姬为君夫人。不久,骊姬生了儿子奚齐,骊姬陪嫁过来的妹妹生了儿子卓子。骊姬一心要废除已成人的太子以立自己的儿子奚齐为太子。在与朝中部分中等职位的大夫们阴谋勾结成功之后,便哄骗太子说:"你的父王夜梦你的母亲齐姜氏,你应立即前去她的陵寝祭祀她。"太子不知有诈,立即到曲沃祭祀。祭祀完毕,按礼制或惯例,便把用于祭祀的祭肉献给父王。晋献公当时正好在外打猎,于是骊姬便把祭肉放在宫中,直到晋献公六天之后打猎归来。没想到的是,骊姬却让人在肉中掺入毒药献了上去。晋献公将此肉置于地上,此地竟然因毒药的作用而像坟包一样地拱了起来;把肉又给狗吃,狗当场死掉了;又给一个小宦官吃,小宦官亦即刻死亡。骊姬见此,立马向晋献公哭诉说:"这一切祸患都是太子带来的。"太子申生知道后,因惧怕惶恐,立即逃到了新城。晋献公派人没有抓到太子,就杀了他的老师杜原款。有人对太子说:"你好好地与你父王辩解,你父王必定能明辨其中是非曲直。"没想到的是,太子却说:"父王没有骊姬,吃不好,睡不好。我如果辩解,骊姬必定有罪当死。现在父王已然年老,而我又没有其他办法让他快乐。"于是,那人又说:"那么你就逃吧!"太子又说:"如果父王确实不能明辨是非,让我顶此罪名出逃,又有谁愿意接纳我呢?"到了当年十二月戊申日,太子自缢于新城。太子死后,骊姬又诬陷另外两位公子说:"太子的阴谋,他们都参与了。"于是重耳逃往蒲城,夷吾逃往屈城。

"重耳出亡始末"的著名故事,亦源于此。重耳出逃十九年,晋国因骊姬之乱,也乱了十九年,直到重耳归来,重拾河山。

相关链接

初,晋献公欲以骊姬为夫人,卜之,不吉;筮之,吉。公曰:"从筮。"卜人曰:"筮短龟长,不如从长。且其繇曰:'专之渝(改变),攘(侵夺)公之羭(母羊、美)。一薰(香草)一莸(臭草),十年尚犹有臭。'必不可。"弗听,立之。生奚齐,其娣生卓子。及将立奚齐,既与中大夫成谋。姬谓大子曰:"君梦齐姜,必速祭之!"大子祭于曲沃,归胙于公。公田,姬置诸宫六日。公至,毒而献之。公祭之地,地坟;与犬,犬毙;与小臣,小臣亦毙。姬泣曰:"贼由大子!"大子奔新城。公杀其傅杜原款。或谓大子:"子辞,君必辩焉。"大子曰:"君非姬氏,居不安,食不饱。我辞,姬必有罪。君老矣,吾又不乐。"曰："子其行乎？"大子曰："君实不察其罪，被此名也以出，人谁纳我？"十二月戊申，缢于新城。姬遂谮二公子曰："皆知之。"重耳奔蒲，夷吾奔屈。(《左传·僖公四年》)

庄子所言之"申子"即"申生"，也即晋献公世子，或称大子、太子。庄子认为申生不愿为自己辩护，其实就是其心中的"廉德"害了他。我们只要略做分析，便会发现此说实不能深入追问。

其实，庄子的这种理解，在今天看来，不仅片面，而且大大贬损了"廉"的价值。由于"廉"总是与"义"紧密联系，所以，申生的自辩，不仅必需，而且就是"廉"的最直接表达。庄子后来说"**众人重利，廉士重名**"(《庄子·刻意》)即是对自己上述思想的自我反驳，申生不为自己辩别清白，就是自毁其"名"，就是不义。即丢掉了"廉"的核心"直"，即丢掉了"公平、公正、正义"。此外，"**忠臣廉士，内之则谏其君之过也，外之则死人臣之义也**"(《吕氏春秋·卷二十·恃君》)，"**廉守以名**"(《逸周书·文政解》)等论述亦表达了相同的观点。老子说的"**廉而不刿**"(既要清廉、正直奉公，又要不昏庸、不暗昧。《老子》第五十八章)，即认为，"廉"，总是与不昏庸、不暗昧紧密联系在一起。换言之，如果一个昏庸、暗昧之人，其不仅不能做到清廉、正直、奉公，而且其他任何优秀品质也都是不可能达到的。进言之，申生之自杀，不是"**廉之害也**"，而是"**刿之害**"！亦如荀子所言："**廉而不见贵者，刿(暗昧)也。**"(《荀子·荣辱》)一个人如果正直、廉洁，却得不到别人的尊重、重视、信任，不会是因为正直、廉洁本身害了自己，而应当是因为自己昏庸、暗昧或缺乏智慧、策略。

2. "廉则锉"(《吕氏春秋·孝行览·必己》)

庄子在《吕氏春秋》中说："**成则毁，大则衰，廉则锉，尊则亏，直则骩，合则离，爱则隳，多智则谋，不肖则欺，胡可得而必？**"《庄子·山木》中亦有几乎相同的论述。此"廉"重在突出"棱角"锐利不易保持、绝对的公平正义难以实现的思想。其意与老子说的"**挫其锐**"(《老子》第四章)相类。

岁月的大河滚滚向前，年轻气盛、有棱有角的我们投入其间，要不了几个春秋，大多就会"棱角"尽失，变成"浑圆"。偶尔有质地坚硬者，留下几个或隐或现的"钝角"也就很不错了。人如此，物更加如此！所以，"锋芒"总是不能或难以"毕露"。一旦"毕露"，必遭"挫折"！原因是太过锐利的锋芒总是容易"受伤"。不是伤到别人，就是伤到自己或家人。于是，"受伤"的过程，同时也是变成"浑圆"的过程。因为唯有如此，才可能让自己存在下去。把此意引入对于"廉"或"公平、公正、正义、清廉、简朴、谦虚"的认知与实践，它会告诉我们，"**可以取，可以无取**"之利益，如果很少，取之不仅不会有损于"义"，且有利于"义"的实现，那么就可取之。毛泽东也曾收受同事、朋友、战友、湖南故乡本家、百姓、陕北根据地干部群众某些礼物，坦而受之，诚而谢之，不仅没有损害其"威仪"，反而提高了其亲和形象。因此，我们又不要把"廉"等同于不讲正常的人情世故、基本礼仪，从而抛弃了其本来"兼"具的"和、善"之意。老子说："**正善治。**"(《老子》第八章)换言之，如果你所奉行的所谓"公平、公正、正义、清廉、简朴、谦虚"太过极端而无益于"治"，那么就说明它是不适当、不合宜的。亦如**"墨翟贵廉"**(《吕氏春秋·审分览·不二》)，廉则廉矣，却在实践中因太过极端而不能得到可持续性发展一样。

(三)"廉"多生于"安"，少生于"危乱、穷困"

在古人的论述中，以"廉"为核心的联合词组主要有廉善、廉能、廉敬、廉正、廉法、廉辨、廉明、廉守、廉勇、廉洁、廉直、廉耻、廉俸、清廉、贞廉、诚廉、简廉、智廉等。现在仍在常用的主要有廉明、廉耻、清廉、廉洁等。不过在韩非子的心中，"廉"的存在或实现一定是有一定的客观条件的。

1. **"安则智廉生，危则争鄙起。"**(《韩非子·安危》)

如果天下无道，政局混乱，那么"廉"的实现往往就无从谈起。因此，"廉"似只是一种为盛世所青睐与强烈欲求的道德。这种思想不仅与贾谊所言的**"是以牧民之道，务在安之而已"**，**"安民可与为义，而危民易与为非"**(《过秦论》)高度一致，而且与汉字学对于"廉"的认知也高度吻合。

"牧民之道"即"治民之道"，关键在于一个"安"字。"安"的构形告诉我们，首先是房子，然后是女人。房子即"恒产"的象征，"女人"即"家"的象征。孟子说："**民无恒产，便无恒心。**"易言之："民有恒产，即有恒心。""恒心"者，坚定不移之道德之心也。有此心且有家者，当然尚义而难为非或不为非，即自然盼安、愿安、易安、更安。或偶有逆行者，则必无响应之助，且必遭严惩。于是，在"安"的背景下，"廉"不仅是社会共敬之德，而且就是"智"的具体表现。

可是，以上所论似仅局限于"民"(一般百姓)。当"民"不再是"民"，而成了"官"("官"既与"民"相对，也是"民"的一部分)之后，此语便成悖论。因为无论古今中外，无论盛世、乱世，几无"官"不贪。这背后的原因，除了有我们已做大量探究的：人的动物性的自私；文化造就的贪婪；法律、制度的不健全；舆论监督的无力；社会对道德的认知混乱；主体缺乏精神境界；等等之外，似乎还有鲜为人知的一面——为官之"危"！

2. **"清廉中绳，愈穷愈荣。"**(《吕氏春秋·离俗览·离俗》)

"清廉中绳，愈穷愈荣"出自《吕氏春秋》的"**世之所不足者，理义也；所有馀者，妄苟也。民之情，贵所不足，贱所有馀，故布衣、人臣之行，洁白清廉中绳，愈穷愈荣，虽死，天下愈高之，所不足也。**"其所述时代背景，可视为乱世："理义"稀缺，"妄苟"盛行，"清廉中绳"者少。正因"清廉中绳"者少，所以受到社会普遍推崇。这与孔子说的"**邦有道，贫且贱焉，耻也；邦无道，富且贵焉，耻也**"(《论语·泰伯》)高度一致。可是，需要特别强调的是，"**清廉中绳**"无论盛世还是乱世均可循之，但"**愈穷愈荣**"则不能。换言之，"廉"虽有不贪暴、节俭、节省、简略、谦卑之义，但却不能等同于"**愈穷愈荣**"。因为"愈穷愈荣"不仅不合人性、人情、社会发展规律，亦未兼顾到"廉"本应兼顾到的"义、利、和、善"诸价值。如明代著名清官海瑞，所处时代虽非盛

世,亦非乱世,但当其九岁小女因受仆人一饼充饥而被其活活饿死时,即为众人耻之。因海瑞此举"廉则廉矣",却又可为不仁、不义、不善,更有不知小大之别,且有"博名"之嫌。进言之,海瑞此行不仅有辱其主、深鄙其世,亦不可学,故其人虽博有"廉"名,却不能普遍推广或被重用。而后世之人考其行迹,无论世俗抑或学界亦会为此争论不休。

综合上述,我们会得出这样一个结论:"廉"主要是盛世道德,常与"仁、义、礼、智、和、利、善、不贪暴、节俭、节省、简略、谦卑"等紧密联系,既带有强烈的主体性、主观性、自律性,又与当权者、国家、社会对于"廉"的主导、引导、倡导、建设紧密相关。它既不是"**愈穷愈荣**",更不是"**可以取,可以无取**"而取之。换言之,只要我们深刻地了解并践行了"仁、义、礼、智、和、利、善、不贪暴、节俭、节省、简略、谦卑"或"公平、公正、正义"等价值,那么就已经实现了对于"廉"的超越。

第十八讲　什么是"耻"

一、"耻"的概说

《说文》云:"耻,辱也。"我们先讲一个以"辱"为"耻","耻""辱"混同于一的故事,或能对此有所说明。此故事在《史记》《吕氏春秋》等经典中均有涉及。

吴王阖闾在位的第十九年的夏天,吴国发起了一场对越国的战争。战争的直接原因是此前不久,越国趁吴国全力进攻楚国都城郢而后方兵力空虚之机,发动了一场对吴的偷袭。吴损失惨重,深以为耻,意欲报仇。针对吴国的报复,越王勾践很重视,亲率大军在樵李一带迎击。阖闾见越军锋芒正锐,故安营扎寨屯兵以挫其锐。为了彻底击败吴军,越王勾践耍了个卑鄙的小计谋:派出一敢死小队一而再、再而三地对吴军进行袭扰、挑战。前两次没有成功,最后一次则改变策略,一至吴军营寨下,便大呼小叫、高声谩骂。见吴军不迎战,则挥剑自砍自杀。此举被吴军部分士兵看见,大为惊异,以至奔走相告,争相向前欲一睹为快,遂至军营内秩序大乱。于是勾践抓住时机大举进攻,吴军招架不住,一再退却,越军直追到吴境姑苏大败吴军,又迫其再后撤七里乃止。吴王阖闾在败退之际不幸为越军伤及手指,本无大碍,但却感染发炎,不久病发而死。临终之际,立夫差为太子,并对他说:"你会忘记勾践杀了你的父亲吗?"夫差当即回答:"绝不敢忘!"三年之后,夫差终于报了杀父之仇。

🔗 相关链接

十九年夏,吴伐越,越王勾践迎击之樵李。越使死士挑战,三行造吴师,呼,自刭。吴师观之,越因伐吴,败之姑苏,伤吴王阖庐指,军却七里。吴王病伤而死。阖庐使立太子夫差,谓曰:"尔而忘勾践杀汝父乎?"对曰:"不敢!"三年,乃报越。(《史记·卷三十一·吴太伯世家第一》)

吴王阖闾本想报越偷袭之仇,未曾料,出师未捷身先死。旧恨新仇,羞愧愤怒,既"耻"且"辱",只有寄希望于儿子夫差了。

夫差当政元年,用大夫伯嚭为宰相,励精图治。一方面大力发展经济,增加粮食生产;另一方面秘密严格训练士卒,教其格斗、射箭,强大军队。又过两年,吴国元气恢复,夫差即秉承父志再次倾全国之兵发动了伐越战争。战斗在越境夫椒地区展开,由于越军比之过去有所懈怠轻敌,结果大败。越王见大势不妙,只得带领剩下的五千士卒屈辱退回到会稽,并派大夫文种以行贿于宰相伯嚭的办法获得吴王通融,以附庸国的方式让越国苟存下来。需要提示一下的是,当时吴国大将伍子胥(即伍员)是主张乘胜追击,一举灭亡越国以绝后患的,并告诫夫差:"吴越不可并立,吴不灭越,越必灭吴。"夫差不听。而

汉字鉴赏

越作为附庸国,则不仅要向宗主国交钱、交粮、送美女,就是越王勾践本人也要亲赴吴都为阖闾牵马坠镫受辱,以示驯服。夫差很享受这个过程。即他坚定地认为,只有这样做才能满足其报仇雪耻的欲望。

🔗 **相关链接**

　　王夫差元年,以大夫伯嚭为太宰。习战射,常以报越为志。二年,吴王悉精兵以伐越,败之夫椒,报姑苏也。越王勾践乃以甲兵五千人栖于会稽,使大夫种因吴太宰嚭而行成,请委国为臣妾。(《史记·卷三十一·吴太伯世家第一》)

　　阖闾之"耻辱"转而成为夫差奋发向上的强大动力。不到三年,夫差不仅报了父仇,而且以更加极端的方式羞辱了对手。勾践战败,为存国续种,不得不"**请委国为臣妾**"。可"**请委国为臣妾**"反过来对越而言,既是"奇耻大辱",但同时也可算一条不得已或又隐讳曲折的计谋(即曲线救国)。如果夫差听从伍子胥的建议,不图虚名,灭掉越国,历史也就没有了后续的精彩故事了。事实上,夫差以辱越之行,虽满足了自己的雪耻报仇欲望,却也成为自己之后身死国灭的隐患。

　　后面勾践《卧薪尝胆》的故事,在中国已妇孺皆知。勾践吃尽苦头,受尽侮辱,用尽心力,十年生聚,十年教训,最后终于实现灭吴、吞吴。

🔗 **相关链接**

　　越王苦会稽之耻,欲深得民心,以致必死于吴。身不安枕席,口不甘厚味,目不视靡曼,耳不听钟鼓。三年苦身劳力,焦唇干肺,内亲群臣,下养百姓,以来其心。有甘脆不足分,弗敢食;有酒流之江,与民同之。身亲耕而食,妻亲织而衣。味禁珍,衣禁袭,色禁二。时出行路,从车载食,以视孤寡老弱之溃病、困穷、颜色愁悴、不赡者,必身自食之。于是属诸大夫而告之曰:"愿一与吴徼天下之衷。今吴、越之国相与俱残,士大夫履肝肺,同日而死,孤与吴王接颈交臂而偾,此孤之大愿也。若此而不可得也,内量吾国不足以伤吴,外事之诸侯不能害之,则孤将弃国家,释群臣,服剑臂刃,变容貌,易姓名,执箕帚而臣事之,以与吴王争一旦之死。孤虽知要领不属,首足异处,四枝布裂,为天下戮,孤之志必将出焉!"于是异日果与吴战于五湖,吴师大败,遂大围王宫,城门不守,禽夫差,戮吴相,残吴二年而霸。此先顺民心也。(《吕氏春秋·季秋纪·顺民》)

　　上述吴越争霸故事中,无论阖闾之败夫差承之,或勾践之败且自"**请委国为臣妾**",皆各自以为既"耻"且"辱"。其原因是其中之"耻"皆由"辱"生,故"耻辱"一体,不可分割。为雪"耻"洗"辱",无论是夫差抑或勾践皆忍受住了常人不能忍受的痛苦,焕发出了无穷的正能量。以此观之,对于具有强烈自尊意识的"人"或强者而言,"耻辱"皆能转化为实现目标、成就事业的强大动力。不仅夫差、勾践如此,古今中外,众多仁人志士,其成功成仁的背后,也多与其正确的耻辱观密切相关。周文王羑里之囚、屈原洞庭流放、孙子膑脚、韩非囚秦、司马迁宫刑、韩信胯下受辱、中华民族近代以来的失地

第十八讲 什么是"耻"

丧权，等等，无不既"耻"且"辱"！其背后的深刻原因，既能给予我们积极正面的启示，亦能让我们感受到人生的无常与世事的悲凉。

以"辱"为"耻"，以"耻"为"辱"，亦可在《说文》的解读中得到证实。《说文》云"**耻，辱也**"，又云"**辱，耻也**"。

可是，这种把"耻"与"辱"完全混同于一的解释，一方面虽说出了"耻"的部分真相，另一方面却忽略了"耻""辱"之间的巨大差别，所以这种解读又是有问题的：其一，这两字构形大异，故其意必有不同。其二，在各种经典中，其能够混用的虽有一些，例如，"**齐王欲战，使人赴触子，耻而訾之曰：'不战，必划若类，掘若垄！'**"(齐王想要尽快与燕进行决战，便派使者以羞辱的口气与言辞对他的军队统帅触子传达命令说："你如果不立即与燕进行决战，我必定要杀了你们！不仅是杀了你们，还要掘了你们祖宗的坟墓。"《吕氏春秋·慎大览·权勋》)此语之"耻"亦可以"辱"代之。换言之，齐王对于触子的所谓命令，对于触子而言，可谓既耻且辱。以致此战因触子"**欲齐军之败**"，"**战合，击金而却之**"，终使齐国大败。齐王几乎身死国灭，被迫走莒；触子不知所终。以此观之，齐王身为一国之君，在重大战事进行之际，任性恣意，不明君臣礼义，尽显心胸狭隘、言行乖舛，以辱人始，以辱己终，岂不悲哉、哀哉！但更多的却是多数经典用法，皆直接凸显出了它们之间的不同。(后面述之)

事实上，在"仁、义、礼、智、忠、信、孝、勇、廉、耻"等诸德目中，由于"耻""辱"互通，所以唯"耻"略带贬义。一方面，人常以有"耻"为羞，知"耻"为荣；另一方面，人又不能"无耻"。因为"耻"，不仅是"屈辱、耻辱"，许多时候亦是人们奋发有为、不断进取的强大动力，所以，孟子说："**人不可以无耻；无耻之耻，无耻矣。**"("一个人不可以不知羞耻；不知道羞耻的羞耻，才是真正的羞耻啊。"《孟子·尽心上》)但无论如何，关于"耻"的各种认识，我们皆可从汉字学关于"耻"的认知中找到依据。

二、汉字学对于"耻"的认知

(一)"耻"字的初文构形分析

"耻"字的初文为 ![耻字初文]。左部为"耳"，右部为"心"。《说文》认为它是形声字，"**从心，耳声**"，也即"耻"之意源于"心"，与"耳"没什么关系。可是后来，"心"又变成了"止"，是否说明"耻"又可改释为"从止，耳声"呢？一般认为不能，因为"止"只是"心"在书写过程中的一种书写性演变，可事实或并非完全如此。

1."从心"

"从心"即"耻"生于"心"。唯人有"心"。唯"心"知"耻"。人皆有"心"，人皆有"耻"，人皆知"耻"。孟子说的"**人不可以无耻**"是告诉我们，人若"无耻"，则连做人的资格都没有。不仅如此，又人各有其"心"(性、身)，故人又各有其"耻"。即由于立场、观点、性别、年龄等原因，无论主体对于"耻"的认知，抑或社会共同体对于该主体关于"耻"(辱)的规范皆会各有不同。例如，某人深研某学，对于其中某问题有不能深入认知者，则深以为耻。然他人则不会有如此心理或情绪。又如，某教授在对某之研究一无所知的情况下，却对某之研究轻致陵诮。这，在某看来，则应为"辱"而非"耻"。或不仅"不以为耻"，且可能"反以为荣"。后某之研究获得国家、社会高度认可，则有洗"辱"为"荣"之感。

2. "从耳"

《说文》认为"耻"为"耳声"，即认为"耳"对于"耻"而言只是一个示声附件，没有什么实际意义，但实际上可能并非如此。换言之，"耳"对于"耻—耻"字与"心"对于"耻—耻"字一样，可能亦有重大意义。

我们知道老子姓李，名耳，字聃。其命名取字如此，皆与其生来耳大、长且厚有关。古人认为，人若耳大则善听，善听则"圣"。故"圣"字之初文即为一人顶着一只大耳朵——""。因此后世造字，凡有"耳"者，莫不与聪明智慧有关。上面所述：人皆有"耻"，"心"知之。可"心"如何能知？主要以"耳"为媒介。某教授对某之研究轻致陵诮，即主要以语言。"兼听则明""圣人不病"，既能让圣人、君子"聪明睿智"，亦能让圣人、君子避免"耻辱"，其首先必须实现的便是"耳"与"心"对于语言的听取、选择与辨析。

3. "从止"

一般认为，由"耻"而"耻"，或只是汉字书写过程中的一种简化或自然变化，并无意义。但深究之，或亦有他意。老子说的"知止可以不殆"(《老子》第三十二章)，便明确告诉我们，一个人如能用自己的思想控制自己的行动，达到理性的自知，适可而止，能做好自己分内的事，不随意僭越，便能让自己避免受到伤害或危险，亦即避免耻辱。以此可知，"从止"于"耻"而言，亦有深意。事实上，世人"生年不满百，常怀千岁忧"者为多，有几人能真正"知止"？不能"知止"者，难免有"耻"！孔子说的"及其老也，血气既衰，戒之在得"(《论语·季氏》)既是在告诉我们要"知止"，同时也是在告诉我们要"知耻"。

(二)"耻""辱"之异同

如仅从两字构形上看，其本义则很不相同。"耻"，主要是指主体在"耳"与"心"受到某种事件刺激后而产生的某种或某些内心或心理活动。它主要表现为自以为是的各种情感或情绪，如羞愧、羞辱、丢脸、没面子等，常常与"义"，即"己之威仪"紧密联系。"辱"，则是源于主体之外且通过不同形式强加于主体的各种羞辱、惩罚、玷污、辜负、委屈、挫折、埋没等。它不仅涉及"义"，亦可能涉及道德、法律或其他社会行为规范。"辱"字之初形为""，与今之"辱"字构形相同。上部为"辰—"，下部为

"寸—彐"。《说文》云："辰，震也。""震"源于雷，不可抗拒。但从"辰"之初形来看，却是人以手凿击岩壁之形，故"辰"常常与劳动相关，如耨、蓐、農等字皆有"辰"。另从时间上看，"辰"是早晨七时至九时，这在中国大部分地区，天已大亮，即意味着是公开公众的场合；从属相上看，它属龙，是权力、权威的象征，亦不可抗拒。"寸"，为一只持有某物的"手"。其物或为兵器，或为官印，或为把柄，或为任意某物，皆意味有所把持。以此观之，人之"辱"源于方方面面，或为国家法律、道德规范，或为共同体规章制度，或为权威，或为强势，等等，故要想完全避免，似不可能。关键看主体如何设法避免与应对。但需特别强调的是，"辱"不是源于自以为是，而是主体之外的各种行为手段的强力介入。

事实上，由于受到环境、教育、文化、传统等影响，对于同样事件，不同主体既会有相似的感觉或反应，也会有完全不同的感觉或反应。换言之，对于同样性质的事件，某些人可能会认为既耻且辱，某些人可能会认为非耻仅辱，某些人则可能会不以为耻，反以为荣。其中认为"既耻且辱"者，实际上是从情感上把"耻"与"辱"紧密联系在一起了，也即认为"耻"就是"辱"。而事实上，无论是历史还是现实，确实许多事情对于主体而言"既耻且辱"，"耻"就是"辱"，不可分割。如**"子殿国师，齐之辱也"**（《左传·襄公十八年》），**"昔者夫差耻吾君于诸侯之国"**（《国语·越语上》）等，不仅其中"耻""辱"可互换，而且皆可以"耻辱"二字并称之。

三、部分经典关于"耻"的论说

(一)"耻"非"辱"

古代经典的论述，大多认为"耻""辱"有分。

1. **"有耻且格。"**（《论语·为政》）

"有耻且格"源于孔子所言的**"道之以政，齐之以刑，民免而无耻。道之以德，齐之以礼，有耻且格"**。(孔子认为："用苛政与刑罚来治理天下，百姓即使能免于犯罪，也不会有廉耻之心。用道德与礼义来治理天下，百姓不但会产生廉耻之心，而且还会人心正直。")很明显，此语中"耻"与"辱"大有不同，不能互代。因为**"道之以政，齐之以刑"**，让百姓们能感受的只是"辱"，并不一定能"知耻""明耻"；唯有**"道之以德，齐之以礼"**，才可能让他们从内心深处知道什么是"耻"。而"道德""礼"的实现，能让人"明耻"，是因其比"一于法"或"刑政"要困难很多。即如不长时间地把教育与修身结合起来，则绝难实现。而教育，中国古人无不认为"身教重于言教"，"行不言之教"；而修身，则认为**"自天子以至庶人壹是以修身为本"**，没有人可以例外。**"修身者，智之府也。""智"能明是非，而明是非则是"明耻"的前提。"好学近乎智"，故"明耻"就必须"好学"。而"好学"又是一般人所做不到的。因此能真正深刻地知道什么是"耻"的人不多。孟子举例子说，有人因为一个小手指头伸不直，既不疼也不碍事，却会深以为耻。如果能治，那么不远千里都会去想办法把它治好。如若心智不如人，且以

汉字鉴赏

好学就能解决，但很少有人会这样去做，更不会以此为耻。事实上，这个世界绝大多数人都不知道这两者关系孰重孰轻，就是知道也不会或很难去践行，因为"好学"是这个世界上最难做到的事。

相关链接

孟子曰："今有无名之指，屈而不信，非疾痛害事也，如有能信之者，则不远秦楚之路，为指之不若人也。指不若人，则知恶之；心不若人，则不知恶，此之谓不知类也。"（《孟子·告子上》）

2. "**臣窃为君耻之。**"（《吕氏春秋·仲冬纪·长见》）

关于"耻"非"辱"的解读，晋平公铸钟的故事，或可给我们更加直观而深刻的启示。

《吕氏春秋》云，晋平公铸为大钟，使工听之，皆以为调矣。师旷曰："不调，请更铸之。"平公曰："工皆以为调矣。"师旷曰："后世有知音者，将知钟之不调也，臣窃为君耻之。"至于师涓而果知钟之不调也，是师旷欲善调钟，以为后世之知音者也。

师旷能知钟之不调，是因为长期学习音乐，不仅对音乐有深入认知，而且以不能深知音乐为耻。不仅如此，更重要的是，他还能**窃为君耻之**。这种心理活动，是一种高尚的道德心理活动，其涵括的道德内容既有"仁义"，更有"忠恕"。"仁"主要表现为对晋平公的敬爱；"义"表现为既维护了自己的形象，也维护了晋平公的威仪；"忠"既表现了其对音乐的热爱，也表达了其对晋平公的忠诚；"恕"表现为志向高远、思虑长久，并能由此及彼、推己及人。换言之，既然师旷能知钟之不调，那么当世或后世就一定同样有人知道。即或此外没人知道而只要自己心中明白，那么就会深以为耻。

这个故事的最深层意思告诉我们，"耻"与"辱"有时根本就没有什么联系。换言之，师旷以不深知音乐为耻，且能"为君耻之"，皆是一种产生于内心深处自以为是的羞愧情绪，既源于道德意识，亦源于好学深识，实与"辱"无关。再后来，"**至于师涓而果知钟之不调也**"，终于证明了师旷"好学明耻"的正确性。

另如，"**古者言之不出，耻躬之不逮也**"（古时候人们不轻易把话说出来，因为他们会以自己说了而做不到为可耻。《论语·里仁》），"**不耻下问**"（不以向比自己地位低权势小的人请教感到羞耻。《论语·公冶长》），"**巧言令色足恭，左丘明耻之，丘亦耻之。匿怨而友其人，左丘明耻之，丘亦耻之**"（满嘴花言巧语，满脸伪善神色、过于毕恭毕敬，这种态度，左丘明认为可耻，我也认为可耻。心中藏着怨恨，表面却与人要好，这种行为，左丘明认为可耻，我也认为可耻。《论语·公冶长》），"**君子耻其言而过其行**"（君子常以巧言令色超过自己的行动实践为羞耻。《论语·宪问》），"**行己有耻，使于四方，不辱君命，可谓士矣**"（对自己的行为知道何为羞耻，出使外国能完成君主的使命，这样就可以称作士了），"**小人不耻不仁，不畏不义，不见利不劝，不威不惩**"（小人不会以自己的不仁为耻，也不会畏惧行不义之事；如果没有利益可图就不会受到鼓励，如果没有足够的威势就不会害怕惩罚。《易传·系辞下》），"**西伯修仁，明耻示教**"（周文王修身，以仁义

第十八讲 什么是"耻"

为己任，明示天下什么是荣誉耻辱，以教育世人。《逸周书·附·序》），"**其心愧耻，若挞于市**"(其内心感到羞愧可耻，就像被人在大庭广众之下棒打鞭笞一样。《尚书·商书·说命下》），"**一人衡行于天下，武王耻之**"(一个人如果凭借自己一己之力就想横行天下，这在武王看来，会深以为耻。《孟子·梁惠王下》)等，其"耻"虽有部分含有"辱"之意，但却皆不能以"辱"代之。

(二)知"耻"远"辱"

1. "**君子耻服其服而无其容，耻有其容而无其辞，耻有其辞而无其德，耻有其德而无其行。**"(《礼记·表记》)

"君子耻服其服而无其容，耻有其容而无其辞，耻有其辞而无其德，耻有其德而无其行"告诉我们，人之"服饰"与"仪容"，"仪容"与"言辞"，"言辞"与"品德"，"品德"与"行为"，如不能表里如一、协调一致，便应自以为"耻"。此"耻"皆为"君子"的自我感觉，与"辱"无关。

另如，"**君子有五耻：居其位，无其言，君子耻之；有其言，无其行，君子耻之；既得之而又失之，君子耻之；地有余而民不足，君子耻之；众寡均而倍焉，君子耻之**"(《礼记·杂记下》)，"**子孙之守宗庙社稷者，其先祖无美而称之，是诬也；有善而弗知，不明也；知而弗传，不仁也。此三者，君子之所耻也**"(《礼记·祭统》)等，其"耻"皆为"君子"自我感觉，亦与"辱"无关。其意为"明耻示教"。其中"得之而又失之"者，是言智虽能得之，仁却不能守也；"**众寡均而倍焉**"者，言君子取之不义也。"先祖无美而称"者，言子孙"窃义"也；"有善而弗知"者，言子孙非"智"也；"知而弗传"者，言子孙非"孝"非"礼"也。("孝"也者，"仁"之本也)故三者皆为君子所"耻"的。

2. "**无启宠纳侮，无耻过作非。**"(《尚书·商书·说命中》)

"无启宠纳侮，无耻过作非"文约理赡、言简意深，对今天的我们仍有重大启示意义。

"启宠纳侮"，即为了邀宠，自取其"辱"。"宠为下"，故"宠"从来就不具平等性，它常常与"侮、辱"紧密联系。因此老子一再强调："**宠辱若惊，贵大患若身。何谓宠辱若惊？宠为下。得之若惊，失之若惊，是谓宠辱若惊。**"(《老子》第十三章)故人如为了邀本来就"为下"的"宠"而出卖自我尊严甚或灵魂，认贼作父、甘受凌辱，皆是为人所不齿的。

"耻过作非"，即用谎言掩盖谎言，用犯罪掩盖过失，一步错，步步错，更是罪大恶极。现实中，这种情况到处存在，政界、商界尤多。其原因主要有两方面：一是没有正确的世界观、人生观、价值观；二是心存侥幸，总认为自己比别人聪明，为非作歹亦可实现，神不知鬼不觉。2010 年西安音乐学院学生药某鑫，因车祸伤人，为掩盖过失进而杀人，便是这种"耻过作非"的极端案例之一。类似的为了荣誉、地位、既得利益、亲情等，掩饰已犯的过错或罪过，进而又犯更大的罪恶的情形，无论在文艺作品中抑或现实生活中，比比皆是。个人如此，国家行为更可能如此。

汉字鉴赏

3. "世之爵禄不足以为劝，戮耻不足以为辱。"(《庄子·秋水》)

"俗世的爵禄不足以让其得到鼓励，俗世的极刑不足以让其感到耻辱。"这种行为对于君子而言又可称作"穆行"，其人又可称为"穆士"。因为他们具有坚定的道德信念，所以他们有些时候又会被人称为圣人、英雄，或是志士仁人。此语境中"耻"与"辱"亦可互换。因此"戮耻"为外界所强加，故亦可为"辱"，但却不一定是主体所认可的"耻辱"，故又"不足以为辱"。它与"举世誉之而不加劝，举世非之而不加沮"(全天下人都称赞我，皆不可能给予我鼓励；全天下人诽谤我，也不能令我感到沮丧。《庄子·逍遥游》)"志士不忘在沟壑，勇士不忘丧其元"(有志之士，即或沦落沟壑之中，也不会忘记自己作为志士所应当坚守的理想、信念；真正的勇士即或丢掉脑袋，也不会忘记自己作为勇士所应当坚守的理想、信念。《孟子·滕文公下》)"人知之不为劝，人不知不为沮"(《吕氏春秋·仲冬纪·至忠》)等句皆异曲同工，因其意皆言人有坚定的道德之心。有坚定的道德之心者，必有自己独立之道德理想，或耻辱观。这种人在"天下有道"时，或与天下主流道德意识相同；但在"天下无道"时，则可能不顾个人荣辱而"以身殉道"。不过，话又说回来，这个世界有极个别的刑事犯罪分子也可能具有这种稳定的心理状态。

4. "知耻近乎勇。"(《礼记·中庸》)

"知耻近乎勇"出自《中庸》的"好学近乎知，力行近乎仁，知耻近乎勇。知斯三者，则知所以修身；知所以修身，则知所以治人；知所以治人，则知所以治天下国家矣"。司马迁在其《报任安书》中亦有类似的论述："耻辱者，勇之决也。"面对"耻辱"，"勇"主要表现为"有用的力行"，即如果其"行"的选择符合"义"，能提高主体"己之威仪"便是"勇"。以此可知，"勇"与"仁、义、智"等德目紧密联系。换言之，如果主体之"行"违背了上述诸德目，即"非勇"。"知耻近乎勇"告诉我们，"知耻"虽然离"勇"很近，但并不等于"勇"，即离"勇"还有一定距离。这说明，"知"与"行"总有一定距离。就一般情况而言，如果主体真正实现了"知"，其"行"就一定会与之一致。但事实是，不仅"知"之深刻实现不容易，就是"行"的选择也同样存在"知"的问题。换言之，一般人不可能知道什么是真正的"耻"，更不可能知道什么是真正的"勇"，就如其无法理解司马迁的选择一样。孔子曾对子路说的"知德者鲜矣"亦表达了同样的思想。事实上，司马迁的选择，无论是从历史还是今天看来，都是最伟大的"智"或"勇"，因为他的行为所表现出来的不仅是"义"(持久光辉的形象)，而更重要的是"有用"(即大大有功于国家、民族、社会、历史、后代子孙)。

5. "恭近于礼，远耻辱也。"(《论语·学而》)

"恭近于礼，远耻辱也"与"君子慎以辟祸，笃以不掩，恭以远耻"(君子谨言慎行可以避免祸患，诚信厚道可以避免受人欺凌，恭敬有礼可以避免耻辱。注意，是"君子"的"慎、笃、恭"。《礼记·表记》)不仅其"耻"可以"辱"代之，就其意亦相通。实际上，人之"恭、敬、礼、笃、慎"等均有远"辱"之效。但只是相对，即人之"耻"或"辱"绝不能因知"恭、敬、礼、笃、慎"就可全免，原因是"耻"闻于"耳"生于

第十八讲 什么是"耻"

"心",有"心"有"耳"即有"耻"。如"耻不若人",即以某些方面比不上别人就以为"耻",这种情况是普遍存在于人群之中的。再如,"**独贵独富,君子耻之。**"(君子见世上只有自己或少数人富贵,而不能让天下人皆富贵是以为"耻"。《孔子家语·弟子行》)又如孔子晚年对于自我之"耻"的认识:"**吾有耻也,吾有鄙也,吾有殆也。幼不能强学,老无以教之,吾耻之。去其故乡,事君而达,卒遇故人,曾无旧言,吾鄙之。与小人处者,吾殆(此通'怠')之也。**"(我是有羞耻的,我是有鄙陋的,我是有怠慢的。年轻时,我没有好好努力学习,老了便没有什么东西可教授年轻人,我时常感到羞耻;我曾离开故乡当了官,事奉国君,可谓显达了,可一旦遇到故旧,却不敢与他谈及过去的事,我感到了自己的卑俗、鄙陋;我与不少地位低下的人相处,便往往对他们有所怠慢,我也感到羞愧。《荀子·宥坐》)这即为我们每个人对于"耻"的认知做出了典范。孔子"十五志于学",自认为十五岁之前的宝贵青春大多荒废了,所以深以为耻。换言之,如果十五岁之前就力学,那么还可能取得更多、更大的成就。可见,临了孔子对于自己的人生仍然是不满意的。不仅如此。其"**吾鄙之**""**吾殆之**"也含有"耻"的意思。自己发达了,"**遇故人**"却不能与之叙叙旧,与"**小人处**"便从心底里瞧不起他,以至于懒得理他,这都是有违孔子自己心中的"仁、义、礼、智、信"诸信念的。可孔子又是常拿这些来教导其学生们的。"纠结",在所难免!

6. "不耻不若人,何若人有?"(《孟子·尽心上》)

"不耻不若人,何若人有?"源于孟子说的"**耻之于人大矣;为机变之巧者,无所用耻焉。不耻不若人,何若人有?**"("羞耻之心对人来说意义重大;那些善于机巧权变之道的人,是没有什么地方用得着羞耻之心的。不要因自己某些方面不如人而感到羞耻。我们为什么不能像别人一样拥有其特长或才德呢?")其关键在于对"何若人有"的理解。一般把"不耻不若人,何若人有?"释为"如果不如别人也不感到羞耻,那么还有什么能让人感到羞耻的呢",从字面上看,亦通,但却不能通于老子、孔子、孟子的一贯思想与日常事理逻辑。孔子说的"**可与共学,未可与适道;可与适道,未可与立;可与立,未可与权**"(《论语·子罕》)是把"可与权"者放到最高境界的。亦可见"未可与适道"者总在多数。而孟子说的"**今日举百钧,则为有力人矣。然则举乌获之任,是亦为乌获而已矣。夫人岂以不胜为患哉?**"(《孟子·告子下》)更是明确告诉我们,人无须因为自己的力量或某些方面的能力、水平不如别人而感到羞耻!据《吕氏春秋》云:"**孔子之劲,举国门之关,而不肯以力闻。**"(《吕氏春秋·慎大》)这可知孔子力大,但亦可知孔子不会以力大为荣。"金无足赤,人无完人"。因为个体在体力、认知、能力等诸方面有差异,是客观存在,如果都以自己某些方面不如别人就以为耻,那是"耻"不过来的。孟子说的"**不及人不为忧矣**"(《孟子·尽心上》),也表达了相类的意思。那么,人应当以什么为耻呢?应当以任何人在日常生活中都能践行的"仁、义、礼、智、信、忠、恕、孝、悌、廉"却不去践行为耻,应当以可以通过努力就能成就自己却不去努力为耻。

因为"术业有专攻,闻道有先后",所以我们没有必要因为有点什么不如人就感到羞耻。

7. "耻"过其实

所谓"雪耻"的行为或方法，或太过偏离原"耻"范畴，或风马牛不相及，或违背了基本的道义要求。如桓公"遗冠之耻"。

相关链接

齐桓公饮酒醉，遗其冠，耻之，三日不朝。管仲曰："此非有国之耻也，公胡其不雪之以政？"公曰："胡其善！"因发仓囷赐贫穷，讼图圄出薄罪。外三日而民歌之曰："公胡不复遗冠乎！"

或曰："管仲雪桓公之耻于小人，而生桓公之耻于君子矣。使桓公发仓囷而赐贫穷，讼图圄而出薄罪，非义也，不可以雪耻；使之而义也，桓公宿义，须遗冠而后行之，则是桓公行义非为遗冠也？是虽雪遗冠之耻于小人，而亦遗义之耻于君子矣。且夫发囷仓而赐贫穷者，是赏无功也；论图圄而出薄罪者，是不诛过也。夫赏无功，则民偷幸而望于上；不诛过，则民不惩而易为非。此乱之本也，安可以雪耻哉？"（《韩非子·难二》）

关于桓公"遗冠"管仲为其"雪耻"的故事，以及韩非的议论，皆有问题。桓公作为一国之君，即或遗冠觉耻，既不可三日不朝，亦不可能三日不朝。再者，管仲献"赐穷""薄罪"之计以雪所谓的"遗冠之耻"，实令人啼笑皆非。试想，若如此，凡能偷盗桓公衣冠者，则或皆可成为"义盗"了。韩非子认为"不诛过""赐贫穷"皆有违社会公正，非但没有雪耻之效，反成君子之耻，亦有失偏颇。事实上，"不诛过"自然有问题，但"赐贫穷"却是有补社会公正的。当然，实际操作过程中，必得具体问题具体分析。如当代社会中的扶贫济困问题，对于那些一门心思只想着"等、靠、要"的懒汉而言，政府如只一味地"赐贫穷"则是永远不可能实现其脱贫目标的。

8. "毁莫如恶，使民耻之。"（《韩非子·八经》）

"毁莫如恶，使民耻之。"（损毁罪犯肢体、肌肤的刑罚，以损毁越严重越残酷越难看越好，从而让百姓深以为耻）此语源于韩非子说的"**赏莫如厚，使民利之；誉莫如美，使民荣之；诛莫如重，使民畏之；毁莫如恶，使民耻之**"。这种认识与孔子认为的"道之以政，齐之以刑，民免而无耻；道之以德，齐之以礼，有耻且格"仁政思想相悖。事实上，单方面以"毁莫如恶"而"使民耻"是很难做到的。换言之，如不重视教化的作用，而只是一味地想通过严刑峻法来实现"使民耻之"，既难做到，亦不能持久。故韩非子思想为秦始皇采纳，即或为秦朝统一起到了暂时的积极作用，但也为秦朝速亡埋下了伏笔。换言之，缺乏德治的片面的严酷刑罚，不利于国家的长治久安。

9. "耻言之过。"

"耻言之过"（以自己对别人说了不该说的过头话而深感羞耻）源于《孔子家语》。原宪（孔子的学生）衣弊衣冠，并日蔬食，衎然有自得之志。子贡曰："甚矣，子如何之病也。"原宪曰："吾闻无财者谓之贫，学道不能行者谓之病。吾贫也，非病也。"子贡惭，终身耻其言之过。（原宪穿着破旧衣服，戴着破旧帽子，常常吃的是粗茶淡饭，但却常显露

第十八讲 什么是"耻"

出身心愉快、怡然自得的样子。子贡看不惯，对他说："你似乎装得太过了！你真的好失败啊！"原宪回答："我只是听说没有钱财的人可谓之贫穷，所学之道却不能用于实践谓之失败。我只是贫穷，不是失败！"子贡听了，终身以其对原宪说了不该说的过头话而深感羞愧。《孔子家语·七十二弟子解》)此语对于我们，特别是广大科研、教师队伍自身而言，今天仍有重要启示意义。不要轻易质疑别人的进步，不要太过自以为是。对于自己没有深入研究过的东西，不要轻易发表评论。对于学生或后学的态度犹须如此！

10. 以"好色不好德"为"耻"

孔子说："吾未见好德如好色者也。"(《论语·子罕》)其意为我从来就没见到过喜好善德像喜好美色那样的人。一般皆认为孔子此语应是以"好色不如好德"为耻。从某种角度言，这种看法亦可备一说。但因为"好德"与"好色"并不一定矛盾，所以必须具体情况具体分析。细加推究，此语境中可能并非如此。既然"**好德如好色者**"从未见到，那么此种人就只属于远古或超验世界，而主体自身亦应属"好德"不如"好色"之列。因此此语只是一种客观事实的描述。

此语亦见《孔子家语》：孔子适卫，子骄为仆。卫灵公与夫人南子同车出，而令宦者雍渠参乘，使孔子为次乘。游过市，孔子耻之。颜刻曰："夫子何耻之？"孔子曰："《诗》云：'觏尔新婚，以慰我心。'"乃叹曰："吾未见好德如好色者也。"(《孔子家语·七十二弟子解》)

《史记·孔子世家》也有相类记载：居卫月余，灵公与夫人同车，宦者雍渠参乘，出，使孔子为次乘，招摇过市之。孔子曰："吾未见好德如好色者也。"于是丑之，去卫，过曹。

一般的解读，皆会得出以"**未见好德如好色者也**"为"**耻**"的结论。因为好像孔子自己就是这样说的，且这里的"好色"是"好女色"。但是，司马迁在其《报任安书》中却直接析出孔子心中之"耻"："昔卫灵公与雍渠同载，孔子适陈；商鞅因景监见，赵良寒心；同子参乘，爰丝变色：自古而耻之。夫中材之人，事关于宦竖，莫不伤气，况忼慨之士乎！"孔子不是因卫灵公"好女色"，而是因为"卫灵公与雍渠同载"，自己"次乘"，"于是丑之"。"丑之"即"耻之"。

再联系上述两处记载做综合分析，且以常理度之，孔子此"耻"只能是因为"卫灵公与雍渠同载"，自己"次乘"。如联系历史上卫灵公性取向的双向性记载：昔者弥子瑕见爱于卫君。卫国之法，窃驾君车者罪至刖。既而弥子之母病，人闻，往夜告之，弥子矫驾君车而出。君闻之而贤之曰："孝哉，为母之故而犯刖罪！"与君游果园，弥子食桃而甘，不尽而奉君。君曰："爱我哉，忘其口而念我！"及弥子色衰而爱弛，得罪于君。君曰："是尝矫驾吾车，又尝食我以其余桃。"故弥子之行未变于初也，前见贤而后获罪者，爱憎之至变也。故有爱于主，则知当而加亲；见憎于主，则罪当而加疏。故谏说之士不可不察爱憎之主而后说之矣。(《史记·老子韩非列传》)请注意，弥子瑕，他不是女人，而是美男子。于是，我们基本可以肯定：孔子此处引以为"耻"的卫灵公所好之"色"，不是女色，或不仅是女色，而是宦官雍渠之男色。再者，孔子引《诗经》的"**觏**

尔新婚，以慰我心"，不仅不是贬义，而且是对于"新婚"的一种由衷的赞叹。又如，正常的男欢女爱，有如孔子所编《诗三百》之首篇《关雎》，何"耻"之有？不仅不可耻，而且正大光明，且是人类社会一切伦理道德建立或实现的前提或基础。说到底，孔子上述所"耻"对象，似既不是宦官亦不是"女色"，而应仅指卫灵公的性取向(既好女色，亦好男色)。

11. 士君子："乐分施而耻积臧。"(《荀子·大略》)

士君子说的"乐分施而耻积臧"告诉我们，真正的士君子或圣人，总是乐意与大家一起分享财富，而以囤积财富为耻。此语大体上是对的。它与老子说的"**圣人不积，既以为人己愈有，既以与人己愈多**"(《老子》第八十一章)思想也高度一致。但亦有局限性，即圣人、君子不可为一己而"积"，但却不可不为天下"积"。换言之，天下无"积"，不仅不能实现"富"，也无法实现"备"。如果无"备"，我们就不能帮助百姓应对灾难，渡过危机。

12. "君子耻不修，不为物倾侧"

"君子耻不修，不耻见污；耻不信，不耻不见信；耻不能，不耻不见用。是以不诱于誉，不恐于诽，率道而行，端然正己，不为物倾侧，夫是之谓诚君子。《诗》云：'温温恭人，维德之基。'此之谓也。"(《荀子·非十二子》)荀子此语很经典，既为我们应当以何为耻，以何为不耻指明了方向，也对前面的各家所述做了个总结。

"君子耻不修，不耻见污"。君子应以"不修"为耻，却不应以被别人污蔑、侮辱为耻。此处之"污"即"辱"。以此可知，荀子心中的"耻"与"辱"明显不是一回事，即与汉字学对于"耻""辱"的认知高度一致。"修"即"修身、修道"。司马迁说："**修身者，智之府也。**"(《报任安书》)而在老子看来，"修身"即"**为学日益，为道日损**"。"为学"与"为道"互为表里、互为前提，缺一不可。如果再联系孔子说的"**好学近乎智**"，我们会发现，无论是"为学""为道"抑或"修身"等，皆与"好学"紧密联系。换言之，"仁、义、礼、智、忠、孝、信、勇"等德目皆有巨大局限性，唯有"好学"才是解决问题的正途。"修道之谓教""修身以道，修道以仁""成己，仁也"(《中庸》)的共通处皆是"好学"。

"耻不信，不耻不见信"。君子应以自己"不信"为耻，却不应以不为别人相信为耻。有子说："信近于义。"(《论语·学而》)孟子说："**大人者，言不必信，行不必果，惟义所在。**"(《孟子·离娄下》)这皆告诉我们，一个人如果其言行能让自己的形象在共同体或历史长河中，随着时间的推演而愈加高大，即或暂时不能为人相信，也不必为之耻。

"耻不能，不耻不见用"。君子要以自己无能为耻，却不必为自己不被别人任用为耻。这种思想与颜回、孔子同。据《史记》载：子贡出，颜回入见。孔子曰："回，诗云匪兕匪虎，率彼旷野。吾道非邪？吾何为于此？"颜回曰："夫子之道至大，故天下莫能容。虽然，夫子推而行之，不容何病，不容然后见君子！夫道之不修也，是吾丑也。夫道既已大修而不用，是有国者之丑也。不容何病，不容然后见君子！"孔子欣然而笑曰：

第十八讲 什么是"耻"

"有是哉颜氏之子！使尔多财，吾为尔宰。"(《史记·孔子世家》)

上述的"丑"即"耻"。

不过，时代不同了。在当代，人大多不仅把"不能""不见用"皆引以为"耻"，而且把"有能""不见用"也引以为"耻"甚或"辱"。现代社会多元，人即或不能为当权者用，亦可为自己所用。如果自己能用自己，最终就一定能实现既不为自己所耻，亦不会为社会所耻。

最后，笔者把荀子说的"**不诱于誉，不恐于诽，率道而行，端然正己，不为物倾侧，夫是之谓诚君子**"送给大家。人只要"**率道而行**"(遵循公平正义而行)，就一定能实现既不为"荣誉"所诱惑，也不为"诽谤"所威胁；既能"**端然正己**"(让自己实现真正方义)，更能"**不为物倾侧**"(不为外在的物质利益所左右)。而这，正是对于"耻"的超越。

第十九讲 什么是"勇"

现实世界，人们对于"勇"的认知出入很大。一般认为，不怕死就是"勇"。可这，却可能是对于"勇"的最大误解。

一、"勇"的概说

《左传》云："**死而不义，非勇也。**"(《左传·文公二年》)其以否定的语气给我们为"勇"做了简单的界说。一个人的行为是不是"勇"，关键在其是否符合"义"；如果"不义"，即或"死"也不属于"勇"的范畴。"义"，就是此事件能提升主体正面或积极之形象，且能为共同体或大众或社会所效仿、学习。"不义"则相反。司马迁说的"**耻辱者，勇之决也**"，则从另一个侧面说明了此问题。它意味着"勇"不仅与"义"，而且常与"耻辱"紧密联系。换言之，一般情况下，如果某人受到羞辱或耻辱却没有勇气奋起抗争，那么就是"不勇"，亦是"不义"；但如果为了某个高远目标而暂时有策略地放弃无谓的抗争，则又当另作别论。"不义"即主体正面形象受损，会遭到社会、大众谴责或唾弃，且不可效仿、学习。进言之，真正的"勇"，与其他诸德目一样，也是不易为一般人所认知的。

《说文》云："**勇，气也。**"其以肯定的语气对"勇"做了正面的解释，但却没有揭示出"勇"所蕴含的全部真相。"气"，主要与情感，特别是激情紧密联系。可是，孔子说的"**仁者必有勇**"之"勇"，却主要不是"气"，而是对"仁、义、智、信、礼"等德目的践履。唯"**勇者不必有仁**"之"勇"才可能只是"气"。以此观之，什么是真正的"勇"，必须具体问题具体分析。换言之，同样的一种行为，有时它仅是一种"气"或"敢"或"勇气"，而真正的"勇"不仅有"气"，还必须与"仁、义、礼、智、信"等同行。这些认识，我们既可从汉字学对于"勇"的初文及其几个异体字的认知中得出，也可从古人的一些具体论述以及现实的一些事例中得到说明。其最关键的区分在于"用"。"有用"方可谓"勇"，"无用"则不可谓"勇"。而"有用"的标准非有其他，应既符合"道德"或"仁、义、礼、智、信"等诸德目，也可以为社会所学习、效仿。

下面的几个故事，略做分析，或可让我们受到启发。

第一个故事出自《吕氏春秋》。

春秋时期，齐国有两个特别喜欢好勇斗狠的人。其中一人居住于某城的东郊，一人居住于该城的西郊。有一天他们在路上偶然相遇，一个说："英雄遇英雄，我们何不在一起畅饮一番？"另一个立即附和："很好！"酒过数巡，一个说："我们何不弄些肉来下酒？"另一个则回答："你身上有肉，我身上也有肉，又何必非得到他处寻肉？你吃你的

第十九讲 什么是"勇"

肉，我吃我的肉，只不过身上流点血少点肉而已。"于是，两人分别拔出刀来，各自自割其肉而食，到死方止。

相关链接

齐之好勇者，其一人居东郭，其一人居西郭。卒然相遇于涂，曰："姑相饮乎？"觞数行，曰："姑求肉乎？"一人曰："子，肉也；我，肉也；尚胡革求肉而为？于是具染而已。"因抽刀而相啖，至死而止。勇若此不若无勇。（《吕氏春秋·仲冬纪·当务》）

《吕氏春秋》作者原则分明，对于上述之"勇"做了明确否定，"勇若此不若无勇。"原因就是其"勇"无用，不符合"仁、义、礼、智、信"诸原则。既没有正面社会意义，更不值得社会、大众学习、效仿。

第二个故事出自网上一则新闻。

某在校大三男生，经精心准备，欲向自己心仪已久的女同学求爱，如遭到拒绝，即从四楼跳下。其过程，要求同学用手机录下。事果不遂。该生屈于情势，当即由四楼张开双臂一跃而下。因救治及时，身虽不死，却落得终生瘫痪。

此类行为，还有很多，男生女生皆有。其后果无论死或不死，皆为无用！不仅无用，而且不仁、不义、不智、不信：放弃对自己、社会、父母的爱或忠孝之责任是为"不仁"；既不会赢得社会同情、心上人之喜爱，也不能提高其自身名誉或正面形象，便是"不义"；对上述分析没有深刻认识，一意孤行，便是"不智"；推其言必不合人之意己之意，故为"不信"。(墨子云："信，言合于意也。")"不仁、不义、不智、不信"，如按孟子的说法，便不是人，而是禽兽！

我们说水有"勇德"，其关键亦在于"有用"。可是，具有"自由意志"的人，或具有高度主观能动性的人，如选择从高处跳下，其行为是否符合"勇德"必须具体情况具体分析。而上述行为，只是让人们饭后茶余多了点谈资而已。

第三个故事出自《读者》。

大巴被劫，几个劫匪说："大家不用紧张，我们就挑几个姑娘！"离开时，一名女子英勇地与几个劫匪打了起来，其他乘客一拥而上，成功制伏所有劫匪。事后记者采访英勇女子："是什么样的原因促使你有勇气与劫匪搏斗？"女子气愤地说："全车女的都被挑走了，就留下我一个！还让不让人活了？"

此小故事被《读者》编辑放到"漫画与幽默"一栏，似不合适。究其原因，它不仅是个严肃的社会问题，同时也是个哲学问题。其一，唯一没有被劫匪选上带走的女子，很是气愤，觉得受到奇耻大辱，故奋起反抗。这，很符合司马迁"**耻辱者，勇之决也**"的论述。不过，这只是表象而已。其二，女子气愤，以至于不想活，其真正原因不仅是自己没有被选上，而主要应当是对大巴上的男人们没有一个能在危机出现之时奋起反抗感到深深的失望。其三，女子的勇敢，并不在于其奋起反抗的行为本身，关键是她清楚地知道：自己的率先反抗符合"义"或"正义"，必能强烈刺激男人们心中的耻辱感，这种耻辱感又必能激发他们面对恶势力时的反抗勇气及对于"义"的追逐，所以她认定自己一定能取得成功。果真成功了。因此，其行为又符合"智"。其四，劫匪之外，如果车上没有其他人，且仅剩下她一个女人，反抗即意味着灭亡，若她仍坚持以卵击石，便不是"勇"，而只是"敢"。"敢"即"不智"。其区别在于："勇"不仅有"气"，且总是与"有用""智慧"紧密联系；而"敢"虽然也有"气"，但总是与"死"或"无用"紧密联系。（"勇于敢则杀，勇于不敢则活。"《老子·第七十三章》）

上述事例分析，不仅皆可从汉字学关于"勇"的构形特点及其发展的认知中找到答案，也可从古人的一些经典论述中得到说明。

二、"勇"字的初文构形分析

"勇"字的初文为"甬"。既可会意，亦为形声。上部为"口—○"形，下部为"用—用"，"用—用"在此字中，既可为"声"，亦可有"形"有"意"。

"口—○"字，象形字，像"人"之"口"。其意既可为"人""人口"（如"百亩之田，勿夺其时，数口之家可以无饥矣"句中之"口"。"口"为何能代表一个完全的"人"，因为它既是生命的"进路"，也是语言的"出路"，而其背后那个强大且复杂的支撑系统，就是"人"本身。《孟子·梁惠王上》），亦可为"言"[如"黾勉从事，不敢告劳。无罪无辜，谗口嚣嚣。"（《诗经·小雅·十月之交》）"则虽日日手西书，口西语，其奴性自若也。"（《近世文明初祖二大家之学说》）"防民之口，甚于防川；川壅而溃，伤人必多。"（《国语·召公谏厉王弭谤》）等句中之"口"，皆通言、言说或言论]或"口才"（"平原君为人辩，有口。"《史记·郦生陆贾列传》）。"人""言""口才"皆可通思想智慧。

"用—用"字，象形字，像木桶之形。木桶的作用主要用于装水。水之用，大矣哉！它不仅可利万物，而且具"仁、义、礼、智、忠、信、勇"诸德。《说文》云"用，可施行也"，即言"用"可为人效仿、学习、传播。水有用，人有用，言有用，万物皆有用。但中国古人又主张"潜龙勿用"。即言"用"要得其时、得其当、得其宜。因"勇—甬"字之"口"是为人之"口"，故其"用"，它首先是"人"之用，其"勇"为人之"勇"，如说"人"之外的其他什么东西也有"勇"，那只是一种拟人的说法；其次，又因"口"之"用"在维系生命之余又主要以"言"或"口才"呈现，故此"甬"之初义必与"人"的语言或思想智慧的"勇敢"表达并能起到重大作用有关。如《史记·廉颇蔺相如列传》中的蔺相如，在与强秦的斗争中，纯以"口舌之能"，使"完璧归赵"，在秦赵渑池之会上，为赵王当场洗去为秦王"鼓瑟之辱"，即是以"言"为"勇"。细味之，蔺相如之"言"不仅通"智"、通"行"、通"义"、通"礼"，而且亦有巨大风险。换言之，没有不怕死的精神，是没有如此之言、如此之勇的。《说文》古文中有"恿"字，既是对于"勇"必得通"思想、智慧"的进一步肯定与强调，也是"勇"必得通"思想、智慧"的明证。（"恿"之下部"心"即"心"。"心之官之思"。）

不过，也有人认为真正的"勇"只能是敢于战场杀敌的勇猛行为。因此《说文》古文中有"勇"之异体"㦷"，其反映了某些学者乃至政治家、军事家对于"勇"的别样认知。("㦷"的"戈"代表武力。有"用"且可效仿的"武力"主要只能用于战场)《史记·廉颇蔺相如列传》的廉颇起初即认为蔺相如的"口舌之能"不是"勇"，只有自己的"攻城野战"才是"勇"，故对蔺相如之所谓大功，且"位居其右"心不悦、诚不服。但最后，经过蔺相如的避让以及"旁敲侧击"的点拨，终于明白：真正的"勇"，不只是"攻城野战"之一途，也有大勇如蔺相如之"口舌之能"者。于是，历史上便有了后来廉颇"负荆请罪"与蔺相如结为"刎颈之交"的佳话。另如，毛泽东赴重庆谈判，虽不是直接的战场上的枪炮较量，但也是大智、大勇的表现。

今天所用之"勇"字其实在春秋战国时期便已出现，并与上述各"勇"混用。秦统一文字，选择此字，当有深刻原因："甬"下加"力"为"勇"，不仅改变了原来的字形，而且会通了上述数意。因"力"不仅是体力、武力，而且也是心力、智力、脑力，故"勇"不仅是气、有胆量、果敢、凶猛，而且与"仁、慈、义、礼、智、信、忠、恕、孝、悌"等诸德目紧密联系。

曹刿说："夫战，勇气也。一鼓作气，再而衰，三而竭。彼竭我盈，故克之。夫大国，难测也，惧有伏焉。吾视其辙乱，望其旗靡，故逐之。"(《左传·庄公十年》)联系起来看，我们会发现，其中"勇气"是以"惧"与"视其辙乱，望其旗靡"为前提的。人因为"惧"所以有"谋"，"谋"后而生"智"。("临事而惧，好谋而成。"《论语·述而》"智也者，知也。"《孟子·尽心下》)在上述记载中，"视其辙乱，望其旗靡"即"知"，"知"而生"智"，"智"而生"勇"，"勇"而克敌制胜。"胜"，即提高了曹刿的智勇形象以及鲁国在诸侯中的地位，即"义"。而战前、战中，曹刿对敌我双方实际情况的详细了解，又可谓之"仁"。("不知敌之情者，不仁之至也。"《孙子兵法》)

三、部分经典关于"勇"的论说

对于"勇"，先秦经典作家们多有自己独到的看法或描述，但就单个句子而言，则大多有失片面或偏颇，堪称全面、精当、完美者少。不过，如果把这些论述都归拢联系起来，便皆是汉字学对于"勇"的认知的进一步说明或注释。

(一)直接的论说

1. "率义之谓勇。"(《左传·哀公十六年》)

"率"，在"率义之谓勇"中主要为带领、率先之意，同时亦有勉励、遵循之意。"义者，己之威仪也。"于是，此处之"勇"的主体面对的一定是公众场合：主要是其所在共同体成员，有时亦有敌对方；其行为不仅在时间上有一定的优先性，而且其意义既可彰显主体之正面形象——"威仪"，亦可对其所在共同体有巨大激励作用。其直接后果是这种行为很快会得到众人的跟从或效仿。故此"勇"特别适合且有利于在军队中传播。如

汉字鉴赏

《三国演义》中的关羽、张飞、吕布等英雄人物，就常以此"勇"闻名。不过，能得此"**率义**"之"**勇**"名者，多为武力高强之人，如无此前提，则其中有"智"，否则或有"鲁莽""不智"之虞。而"鲁莽""不智"将会使主体"威仪"扫地、不可效仿。上面讲到的"大巴女子"既属"率义"亦属"有智"，不然就属"鲁莽"了。另"**客众而勇**"(《墨子·杂守第七十一》)与"率义之谓勇"亦相通。无论是何个体或团体，每当置于一大众背景之下时，为情势所迫，其为了"义"——"己之威仪"，大多时候皆会表现出一种非同一般的勇气。

2. "勇，志之所以敢也。"(《墨子·经上第四十》)

《说文》云："志，意也。"故"志"，即主体心中最想达成的那个"伟大目标"。一般情况下，"伟大目标"的达成，不仅有大用，而且还需恒心、毅力与勇气。故此处之"敢"，既是"不怕死""知死不避"，也是更深层的"不敢死"或"隐忍苟活"。故"勇，志之所以敢也"极深刻：所谓"勇"，就是为达到心中那个伟大而崇高的目标或志向而做出的"不怕死"或"不敢死"的选择。"人各有志"。司马迁徒以"口语"罹祸，"财赂不足以自赎，交游莫救，左右亲近不为一言"，却"不敢死"。其之所以选择"隐忍苟活，涵粪土之中而不辞"，就是因其有"鄙没世而文采不表于后"的大志、强志。墨子云："志不强者智不达。"司马迁为达己志，其"委曲求全"之行，既是"志"的表现，亦是"智"的表现。当我们读司马迁的《报任安书》，见其为完成巨著《史记》不得已而选择宫刑时，无不为之动容，并以汉武帝的刚愎、暴戾为耻。换言之，司马迁的被辱，不仅没有损毁其伟大、智慧之形象，反而因此把他衬得更高了。汉武帝的暴戾、刚愎甚或愚蠢，反为司马迁的非凡之"勇"增添了更为深刻、动人的内涵与诠释。

孟子说："志士不忘在沟壑，勇士不忘丧其元。"(有志之士，即或沦落沟壑之中，也不会忘记自己作为志士所应当坚守的理想、信念；真正的勇士即或丢掉脑袋，也不会忘记自己作为勇士所应当坚守的理想、信念。《孟子·滕文公下》)其志士、勇士所不忘的皆是其"志"，所以此"志士"又是"勇士"，此"勇士"亦是"志士"。此外，"**胜敌壮志曰勇**。"(《逸周书·谥法解·第五十四》)"谋有不足者三：**仁废，则文谋不足；勇废，武谋不足；备废，则事谋不足**。"(《逸周书·武纪解·第六十八》)这则告诉我们，有"胜敌壮志"者，必有"谋"，有"谋"即有"智"，如不然，皆不可称为"勇"。"**燕有田光先生者，其智深，其勇沉，可与之谋也。**"(《战国策·燕太子丹质于秦》)这即直接告诉我们，"智"与"勇"二者总是有机地融为一体的。

3. "可以死，可以无死，死伤勇。"(《孟子·离娄下》)

"可以死，可以无死，死伤勇。"与"死而不义，非勇也。共用之谓勇。"(《左传·文公二年》)意同。可死可不死之"勇"，"死"，便是非勇。只有以义为先才可为勇。子路曰："君子尚勇乎？"子曰："君子义以为上，君子有勇而无义为乱，小人有勇而无义为盗。"(《论语·阳货》)孔子的话也表达了上述思想。

"勇者不必死节。怯夫慕义，何处不勉焉！"(真正的勇敢，不是不害怕，而是内心的坚韧、坚强不屈，亦非一定要选择死。一个胆小如鼠的人，只要心中有道义，任何时候都

第十九讲　什么是"勇"

可能因情势所迫而敢于慷慨赴死。卢梭的哲理小说《爱弥儿》中的爱弥儿的选择亦如司马迁)"**人固有一死，或重于泰山，或轻于鸿毛，用之所趋异也。**"(《报任安书》)这告诉我们，人主动地选择死，必当有对自己所在共同体，或对历史、对人民大众有意义或有用，并能光大自己之形象，如不能则不可谓之"勇"。司马迁受宫刑之前，也曾觉得"智穷罪极"，想要"伏法受诛"，但当他进一步想到，如此之死"若九牛亡一毛""与蝼蚁何异""世又不能与死节者比"时，便凛然决然选择了"就极刑而无愠色"。于是，留下皇皇巨著一部，其形象亦随着历史的推演而愈加高大。而这，就是真正的"大义大勇"。可以看出，此语既是对"**勇，志之所以敢也**"的进一步阐释，也是对汉字学关于"勇"的最深刻认知的进一步注释。

(二)间接的论说

1. "**知、仁、勇三者，天下之达德也，所以行之者一也。**"(《礼记·中庸第二十章》)

"知、仁、勇三者，天下之达德也，所以行之者一也。"与"死而不义，非勇也。""夫兵有本干：必义，必智，必勇。"(《吕氏春秋·仲秋纪·决胜》)"**勇于敢，则杀；勇于不敢，则活。**"(《老子·第七十三章》)"有勇而不以怒。"(《韩非子·主道第五》)联系起来，便明确告诉我们，"仁、义、智、勇"皆是紧密联系、互相通达的。实际上，因为"仁"可以涵括"仁、义、礼、智"("盖仁义礼智四者，仁足可包之。")四者，所以真正的"勇"者，他们必定既是仁者，亦是智者、义者、信者、忠者、孝者，等等。("孝，仁之本也。"《论语》"忠，敬也。"《说文》"礼，敬也。""忠信，礼之本也。"《礼记·礼器第十》"勇而不中礼谓之逆。"《孔子家语·论理第二十七》"仁者必有勇，勇者不必有仁。"《论语·宪问》)不过，这种延伸，有时表面上是矛盾的，而深层次却是曲折隐讳地连通在一起的。我们还拿司马迁举例。一方面选择宫刑必是"无后"且"辱先"，而"无后""辱先"皆为不孝。因此，司马迁心中的"耻辱"，便有一种"肠一日而九回。居，则忽忽若有所亡；出，则不知所如往。每念斯耻，汗未尝不发背沾衣也"之"痛"："亦何面目复上父母之丘墓乎。虽累百世，垢弥甚耳。"可另一方面，又因为没有其他更好的选择，且唯有如此才能让他实现"**扬名声，显父母**"，为祖宗增添光彩，故其虽然没有实现"光于前，裕于后""子孙祭祀不辍"的荣耀，但从另一个维度来看，他仍然是"孝"的。没有后嗣的祭祀，却得到天下人的铭记，便是更高境界的"孝"。

"**众人之所难，而君子行之，故谓之有行；有行之谓有义，有义之谓勇敢。**"(众人认为该事难以践行，很难成功，便皆放弃，而君子却知难而上以践行之，所以这样的人便可谓之知行合一的有才德者。这种能知行合一的有才德者，便是有义，有义自然可谓勇敢。《礼记·聘义第四十八》)其"行"为"有才德"或"有德行"，其人即尊"道德"或"仁、义、礼、智、信"等诸德目而行的君子。上述所论与"见义不为，无勇也"(《论语·为政》)的思想是高度一致的。

2. "临事而屡断，勇也。"(《左传·文公六年》)

"临事而屡断，勇也。"此"屡"有迅速、急速、快速之意。此处说，临事能迅速做出决断就是"勇"。如仅凭此语而不与其他论述相联系，便是经不起追问的。换言之，此决断如"有用"，并能提高主体形象便是"勇"，否则便是鲁莽。

"介人之宠，非勇也。"(《左传·文公六年》)此"介"作凭借、依仗之意。这种行为又可称"狗仗人势"，因不可效仿，故亦可称"无用"。"无用"即"不义"，"不义"即不能称为"勇"。

"人所以立，信、知、勇也。信不叛君，知不害民，勇不作乱。"(《左传·成公十七年》)此语前段没有问题，后三句虽具普遍性，但不具绝对性。

"知死不辟，勇也"(《左传·昭公二十年》)与"勇者不惧"(《论语·子罕》)一样，皆为"勇"的共同特征之一，但绝不可能是"勇"的全部。因仅此，不仅"勇"可能被歧解为鲁莽无知，亦可被视为不知"不敢死""不能死"而须"隐忍苟活"之"勇"的更高境界。不仅如此。此语还可能与"死而不义"矛盾。换言之，"知死不避"如不能与"义"结合起来，仍不能称"勇"。

"畏强凌弱，非勇也。"(见到强敌或强大对手就逃跑，见到弱敌或弱者就欺负，这不是勇。《左传·定公四年》)此语不可一概而论，必须具体情况具体分析，关键仍在"义"与"不义"，因为"大威将至，不可以为勇。"(《逸周书·周祝解·第六十七》)"勇力振世"要"守之以怯"(《孔子家语·三恕第九》)。"民无常勇，亦无常怯。有气则实，实则勇；无气则虚，虚则怯。"(《吕氏春秋·仲秋纪·决胜》)"乱生于治，怯生于勇，弱生于强。治乱，数也；勇怯，势也；强弱，形也。"(《孙子兵法·兵势第五》)其中"民无常勇，亦无常怯""怯生于勇""勇怯，势也"皆告诉我们，"怯"与"勇"从来就是个相对的概念。换言之，人当勇则须"勇"，当"怯"则须"怯"。对于不可抗拒的强大，非要拿鸡蛋碰石头，便是"无用""不义""不智"。"无用""不义""不智"便不是"勇"。

"大勇不斗，大兵不寇。"(《吕氏春秋·孟春纪·贵公》)即"大勇"，"猝然临之不惊，无故加之而不怒"(《留侯论》)，所以不会介入日常小事的争斗。

"兵，天下之凶器也；勇，天下之凶德也。举凶器，行凶德，犹不得已也。"(《吕氏春秋·仲秋纪·论威》)这是说"勇"的出现，大多时候总是与"武力""暴力""杀戮"紧密联系的。故和平、宁静的庸常生活中，最好不要有"勇"的出现。即或"仁者之勇""慈者之勇"亦如此。换言之，当这个世界再不需要"勇"的时候，人类也就没有灾难、不平，从而实现自由、平等、公正、和平、和谐。

四、"勇"的分类与"大勇"的达成

(一)勇的分类

通过汉字学对于"勇"字的分析，以及先秦经典作家们的论述，我们总括一下，大致可把"勇"分作"匹夫之勇"(勇夫之勇、无用之勇)，"战士之勇"(勇士之勇、小勇)，

第十九讲 什么是"勇"

"仁者之勇"(慈者之勇、大勇)三个类型。

1. "匹夫之勇"

"匹夫之勇"既是孟子说的"一人衡行天下"且只能"敌一人"之"勇",亦是韩非子说的"轻法不避刑戮死亡之罪"(《韩非子·诡使第四十五》)之"勇夫"之"勇"。因其"无用",或乏"义"或无"义"而不能学或不可学、不可效,故不能算是真正的"勇"。其唯一与"勇"沾边且稍能撼动人心者在其"不怕"或"不怕死"。如前文所言齐之东郭、西郭者,求爱不成而跳楼者,以及现实中某些见事见人不管为公为私,心略有不平便"拔剑而起,挺身而斗"而不顾后果者,他们的共同特征是好冲动,不能忍,没有远大志向,不好学,没有深刻思想,等等。

颇具"匹夫之勇"的人,既是性情使然,亦为环境造就,而更多的则源于无知。孔子说的"好勇不好学,其弊也乱"即此之谓。故解决的办法只有一条:"好学"以"修身","修身"以"明智","明智"以"强志"。

2. "战士之勇"

"战士之勇"与"匹夫之勇"有某些联系,但性质大别。前者不可效、"无用",后者则相反。因此当权者总是愿意把有"匹夫之勇"者送往战场,("为勇者尽之于军"。《韩非子·五蠹》)以能实现其价值或作用。

"战士之勇"的产生,主要源于"勇怯,势也;强弱,形也"的战场环境。(当然,这种环境并不只存在于战场)战场环境主要由战场纪律、同伴之间的互相激励、上级鼓励、战争的无情、敌人的残暴、战友的伤亡、各种恐怖的声音、艰苦的生活环境等共同构成。在这种情境之中,不管天性如何害怕的人都会一时"忘记"恐惧。俄罗斯电影《塞瓦斯托波尔战役》中的女狙击手柳德米拉,是一位刚考上大学二十出头的姑娘,在战场上与敌人斗智斗勇,一人杀死三百〇九个敌人。可在生活中,她完全是另外一个人:厨房里一个汤锅掉落地上发出的响声,也能让她瘫软于地,浑身抽搐,不能自已。这似乎不是个例。

"战士之勇"虽然皆"有用",但其"用"之大小或其价值却会千差万别:那些不善于在保护好自己的前提下消灭敌人的人会很快成为烈士,只有那些既善于保护好自己又善于消灭敌人的人方可成为将军或英雄。由此观之,"战士之勇"中又既有"匹夫之勇""勇夫之勇",亦有"智者之勇""仁者之勇""大智大勇"。

3. "仁者之勇"

"仁者之勇"亦是"智者之勇""大智大勇"。它具体表现为孔子所说的"**临事而惧,好谋而成**",老子所说的"**勇于不敢,则活**"。韩信年轻时愿受胯下之辱,司马迁选择"受极刑而愠色",曹刿参与鲁齐之战的指挥若定,等等,皆为此"勇"。

孟子曾对"匹夫之勇"与"仁者之勇"做了区分:"夫抚剑疾视,曰:'彼恶敢当我哉!'此匹夫之勇,敌一人者也。王请大之。《诗》云:'王赫斯怒,爰整其旅。以遏徂莒,以笃周祜,以对于天下。'此文王之勇也。文王一怒而安天下之民。《书》曰:'天降下民,作之君,作之师。惟曰其助上帝宠之。四方有罪无罪惟在我,天下曷敢有越厥志?一人衡行于天下,武王耻之。此武王之勇也,而武王亦一怒而安天下之民,今王亦一怒而安天下之民，民惟恐王之不好勇也。'"(《孟子·梁惠王下》)其中，"一人衡行于天下"却只能"敌一人者"即"匹夫之勇"，其"一怒而安天下之民"者，即"仁者之勇"。

很明显，"仁者之勇"总是与"仁、义、礼、智、信"等德目密切联系，既性格沉稳、谦虚好学、足智多谋，亦具有远大理想、坚强意志、侠义情怀。

(二)"大勇"的达成——"好学"

"好仁不好学，其蔽也愚。好知不好学，其蔽也荡。好信不好学，其蔽也贼。好直不好学，其蔽也绞。好勇不好学，其蔽也乱。好刚不好学，其蔽也狂。"(《论语·阳货》)"好学近乎智，力行近乎仁，知耻近乎勇。知斯三者，则知所以修身。"(《孔子家语·哀公问政第十七》)"修身者，智之府也。"(《报任安书》)上述名论，皆指向一个中心点——"好学"。"力行"是行动、实践中的"学"，"知耻"是"好学"的结果。故"修身"即"好学"。事实上，"仁、义、礼、智、信、勇、直"等诸德目，皆有其局限性，而解决办法只有一条——好学。只有好学，才可能明是非，了人性，知荣辱。

相关链接

夏，公会齐侯于祝其，实夹谷。孔丘相。犁弥言于齐侯曰："孔丘知礼而无勇，若使莱人以兵劫鲁侯，必得志焉。"齐侯从之。孔丘以公退，曰："士兵之！两君合好，而裔夷之俘以兵乱之，非齐君所以命诸侯也。裔不谋夏，夷不乱华，俘不干盟，兵不逼好——于神为不祥，于德为愆义，于人为失礼，君必不然。"齐侯闻之，遽辟之。

将盟，齐人加于载书曰："齐师出竟，而不以甲车三百乘从我者，有如此盟。"孔丘使兹无还揖对，曰："而不反我汶阳之田，吾以共命者，亦如之！"

齐侯将享公，孔丘谓梁丘据曰："齐、鲁之故，吾子何不闻焉？事既成矣，而又享之，是勤执事也。且牺、象不出门，嘉乐不野合。飨而既具，是弃礼也。若其不具，用秕稗也。用秕稗，君辱；弃礼，名恶。子盍图之！夫享，所以昭德也。不昭，不如其已也。"乃不果享。(《左传·定公十年》)

在《左传》的记述中，辅佐鲁定公与齐侯周旋的孔子，"仁、智、礼、义、忠、信、勇"诸德无不得以彰显。而这种形象的获得，按照孔子自己的说法，只能是"好学"。("十室之邑，必有忠信如丘者焉，不如丘之好学也。"《论语·公冶长》)只有"好学"，才可能让人在人群之中"出乎其类，拔乎其萃"。

最后，我们似乎可拿韩非子说的"**愚、怯、勇、慧相连，而以虚道属俗而容乎世**"(《韩非子·制分第五十五》)一语作结。"愚、怯"相连"庸夫、懦夫"；"愚、勇"相连"匹夫、勇夫"；"怯、勇"相连"战士、勇士"；"怯、慧"相连"智士、谋士"；"勇、慧"相连"仁勇、大勇"；"愚、慧"相连"道者、圣者"；它们不仅都顺乎于"道"，又以对"道"的不同层次的理解运用而同存于世，而且在一定环境条件下亦可向另一个方面转化。

第二十讲 什么是"恕"

一、"恕"的概说

什么是"恕"？一般人首先所联想到的，可能只是"宽恕、饶恕、原谅"之类。而孔子认为，它是"仁"的一部分，具体用八字表达即"己所不欲，勿施于人"(《论语·卫灵公》)。对于此语，一般的解读是自己不想要的，就不要强加于人。但是反过来，自己喜欢的，是不是就可以强加于人呢？当然不是！上述思想，乍看很具"普世价值"，所以被大多数学者称为"黄金法则"。但现实世界的政治实践、生活实践，无论是国际还是国内，无论是人与人之间、人与共同体之间，还是共同体与共同体之间，大多数时候，可能恰恰相反。换句话讲，在这个世界里，不仅是我们自己喜欢的东西强加于人屡见不鲜，就是我们不想要、不喜欢的，强加于人的现象也同样是屡见不鲜。

"宽恕、饶恕、原谅"明显是"强者道德"，似乎与"己所不欲，勿施于人"没多大关系。但如果主体不能拥有相对强势权力或地位，对他人的"恕"便无从谈起。

而在笔者看来，真正的"恕"，其真义只能是源于其初文构形的"如心"——如我之心，如人之心，如众人之心。它明确要求我们做人做事自始至终都需要换位思考、将心比心、推己及人。

二、"恕"字的初文构形分析

"恕"字的初文为""，上边是一个"如"字，下边是一个"心"字。

"如—"字，在此既可为"声"，亦可有"形"有"意"。《说文》云："如，从随也。"什么"从随"什么？由于"女"既是"女人"，也是"你"，也是"汝"；"口"，既是人之"口"，也是"心之门户"，不仅能代表"人"，也可代表"语言、思想、智慧"，所以，"如"的"从随"之意，便既可以是"女人"从随于"人"，从随于"你"，也可是"你"从随于良心、思想与智慧。

"心"字的初文为""，象形字，像人的心脏之形。其最初构形虽然异体很多，但皆相类似。不过小篆的写法可能更像"花心—"，即像花儿一样美丽的心。

孟子说："心之官则思。"在古代文献中，"心"总是直接与良心、思想、智慧等紧密相连。

"恕"字以"心"为底，是要着重强调真正的"恕"不仅要符合"义"，符合"道"，

汉字鉴赏

符合"德",符合"仁",同时也要经得起自己良心的拷问,以及别人思想、智慧的追问。

《说文》云:"恕,仁也。"即认为"仁",亦可称"仁道",居于诸德目之首,且可对"仁、义、礼、智"等诸德目全包。

"恕"有个异体写为"㣺"。这个"恕—㣺"字,乍看起来很像是"忠"字,但其实不是。它的上部是个"女"字。"恕",就是"女心"二字。这种情况,不仅反映出"如"可以通"女、汝",也能说明古代学者曾普遍地认为女人比男人更富有"仁爱"或"同情心"。但话又说回来,因为女人的智慧,在中国古代曾为思想家们所怀疑,所以"妇人之仁"便常为"智者"所不齿。换句话讲,如果人因为有"忠、恕、慈、孝"而不"好学",那么他们便都有可能在"仁"的实践中走向反面,即"愚",真正的愚蠢。孔子说的"好仁不好学,其弊也愚"也表达了同样的思想。

予一朋友母,求医归。于医院大堂,见壮妇,色甚凄惶,怀抱一婴,有病色,心甚怜之,疾趋而问。妇告曰:"儿病,甚急!暂无现银,欲求义士助。"既又曰:"虽无现银,却有黄金十两,愿质以济事。"友母闻之,急归,于银行取款三万以应。事济,壮妇曰:三日必还。如未,质金请随意。友母敬诺。三日过,壮妇音讯无。友母归取"金",请人识之,黄铜是也。

细加揣摩,我这位朋友的母亲,其助人为乐的行为,虽为"仁义"之举,亦怀"忠恕"之心,但又可视为"愚"。

"恕"既然被解读为"仁",那么其核心思想当仍为"爱人"。"恕"以"爱人",即视人若己,将心比心,换位思考,推己及人。按孔子的说法,即"**己所不欲,勿施于人**";"**己欲立而立人,己欲达而达人**"。但对于当权者而言,"爱人"重在"爱民"("爱民若子")。"爱民"重在"牧(治理)民","牧民之道,务在安之而已。"(《过秦论》)"安民"的实现,重在选官。选官重在"知人",即知人之性。"知人"必须"自知"。"自知"重在"知言",进而"知道",从而能实现善用人。善用人,其核心在能"举直错诸枉,能使枉者直",即能让"公正廉洁贤能之士"居上位,从而实现风清气正、天下太平。

另据《吕氏春秋》《史记》等相关记载,武王以"虎贲三千人,简车三百乘"于牧野灭商之后:吊问旧朝遗老,尊贤敬士;"复盘庚之政";"问民之所欲,行赏及禽兽,行罚不辟天子,亲殷如周,视人如己";救穷济困,放马华山,藏甲府库;"封比干之墓,靖箕子之宫,表商容之闾,士过者趋,车过者下";等等,其一切行为所彰显的,无不是"仁爱宽恕"。

🔗 相关链接

武王虎贲三千人,简车三百乘,以要甲子之事于牧野,而纣为禽。显贤者之位,进殷之遗老,而问民之所欲,行赏及禽兽,行罚不辟天子,亲殷如周,视人如己,天下美其德,万民说其义,故立为天子。(《吕氏春秋·仲秋纪·简选》)

武王胜殷,入殷,未下舆(舆),命封黄帝之后于铸,封帝尧之后于黎,封帝舜之后于

第二十讲 什么是"恕"

陈。下车,命封夏后之后于杞,立成汤之后于宋,以奉桑林。武王乃恐惧,太息流涕,命周公旦进殷之遗老,而问殷之亡故,又问众之所说,民之所欲。殷之遗老对曰:"欲复盘庚之政。"武王于是复盘庚之政,发巨桥之粟,赋鹿台之钱,以示民无私。出拘救罪,分财弃责,以振穷困。封比干之墓,靖箕子之宫,表商容之闾,士过者趋,车过者下。三日之内,与谋之士,封为诸侯,诸大夫赏以书社,庶士施政去赋。然后济于河,西归报于庙。乃税马于华山,税牛于桃林,马弗复乘,牛弗复服。衅鼓旗甲兵,藏之府库,终身不复用。此武王之德也。故周明堂外户不闭,示天下不藏也。唯不藏也,可以守至藏。武王胜殷,得二虏而问焉,曰:"若国有妖乎?"一虏对曰:"吾国有妖,昼见星而天雨血,此吾国之妖也。"一虏对曰:"此则妖也,虽然,非其大者也。吾国之妖甚大者,子不听父,弟不听兄,君令不行,此妖之大者也。"武王避席再拜之。此非贵虏也,贵其言也。(《吕氏春秋·慎大览·慎大》)

周武王……释箕子之囚,封比干之墓,表商容之闾。封纣子武庚、禄父,以续殷祀,令修行盘庚之政。殷民大说。于是周武王为天子。其后世贬帝号,号为王。而封殷后为诸侯,属周。(《史记·殷本纪》)

封商纣子禄父殷之余民。武王为殷初定未集,乃使其弟管叔鲜、蔡叔度相禄父治殷。已而命召公释箕子之囚。命毕公释百姓之囚,表商容之闾。命南宫括散鹿台之财,发钜桥之粟,以振贫弱萌隶。命南宫括、史佚展九鼎保玉。命闳夭封比干之墓。命宗祝享祠于军。乃罢兵西归。行狩,记政事,作武成。封诸侯,班赐宗彝,作分殷之器物。武王追思先圣王,乃褒封神农之后于焦,黄帝之后于祝,帝尧之后于蓟,帝舜之后于陈,大禹之后于杞。于是封功臣谋士,而师尚父为首封。封尚父于营丘,曰齐。封弟周公旦于曲阜,曰鲁。封召公奭于燕。封弟叔鲜于管,弟叔度于蔡。余各以次受封。(《史记·周本纪》)

也有人认为"恕"是一种弱者道德,从表面上来看,似乎确实如此。一个人没有能力帮助别人,那么就不会伤害别人。但其实并非如此。事实上,无论是个人还是国家或其他独立共同体,如果没有真正的强大,对他人施行"恕道",有时就是个笑话。换句话讲,我们只有自身强大了,才有资格对别人说:"我可以宽恕你。"弱者的"恕道",近似于"阿Q精神",虽有近似于宗教的某些作用,但在强权横行、弱肉强食的世界里,却不一定合适。它所彰显的,更多的可能只是无力、无能与无奈。它也换不来别人对你的尊敬。剖析其原因,是因为它在根本上违背了这个世界最基本的公正原则——它没有让公平、正义得到应有的维护。而事实是,只有强者才会受人尊敬,而所谓真理甚或公平正义,它似乎也永远掌握在强者手中。

三、部分经典关于"恕"的论说

在先秦经典中,讨论过"恕"道的思想资源,相对于"仁、义、礼、智、忠、孝、信、勇"等德目来说,要少很多。原因是它的主要内容已为"仁义"所包括。《论语·颜渊》云:"仲弓问仁。子曰:'出门如见大宾,使民如承大祭;己所不欲,勿施于人;在邦无怨,在家无怨。'"这告诉我们,"恕"从属于仁,只是仁的一部分。但此字却因

汉字鉴赏

《论语》中有孔子与子贡的一段著名的对话而名闻天下，具体如下。**子贡问曰："有一言而可以终身行之者乎？"子曰："其恕乎！己所不欲，勿施于人。"**（子贡问孔子，说："有没有一个字能让我们终身奉行的呢？"孔子的回答是："大概就是'恕'字吧！恕，就是不愿意加在自己身上的东西，也不要强加到别人身上。"《论语·卫灵公》）

不过，需要提醒的是，"己所不欲，勿施于人"虽然可算是"恕"的一个重要内容，却不是"恕"的全部，所以绝不能把它与"恕"完全等同起来。

《左传》云："**恕而行之，德之则也，礼之经也。**"（"以恕道待人，既是道德法则，也是礼的根本。"《左传·隐公十一年》）

《论语》记载，曾子曰："**夫子之道，忠恕而已矣。**"（曾子曾说：我们老师的为人之道，可以用两个字来加以概括，就是"忠恕"二字。《论语·里仁》）

《孔子家语》云："**忠恕违道不远，施诸己而不愿，亦勿施于人。**"（《孔子家语·中庸第三十一》）这里说的"忠恕"，基本上可以与"道"等同，其核心要义便是，如果某事别人强加于我而不愿意，我们就不要强加到别人身上。在《论语》《说文》中，"忠恕"二字皆从属于"仁"。

《荀子·法行》与《孔子家语·三恕》对于"君子之恕"，引孔子的话，进行三个原则性的论述。孔子曰："**君子有三恕：有君不能事，有臣而求其使，非恕也；有亲不能孝，有子而求其报，非恕也；有兄不能敬，有弟而求其顺，非恕也。士能明于三恕之本，则可谓端身矣。**"（自己对君主不能忠心侍奉，却要求下属忠心侍奉自己；自己对于父母不能尽心尽孝，却要求自己孩子对于自己尽孝；自己有兄长不加尊敬，却要求自己的弟弟顺从自己，此三者皆不是君子所尊奉的"恕道"。《孔子家语·三恕第九》）

其实，这几句话与孔子说的"**君君、臣臣、父父、子子**"高度一致。它们所宣示的"恕"，只能是"强者道德"或"积极道德"。如果居上位的不做好表率，即"君不君，父不父，兄不兄"，那么又要求居下位者"臣臣、子子、弟弟"，则是不符合"恕道"原则的。

以此可知，"恕"必定是有原则的。它的最基本原则就是"直"！它既是孔子说的"报怨以直"的"直"，也是韩非子所说的"所谓直者，义必公正，公心而不偏党也"（《韩非子·解老》）中的"公正"。"公正"即"公平、正义"。在社会主义核心价值观中，它是核心之核心。没有"公正"，其他一切价值，或不能实现，或不能持久，或只是虚幻不实的空中楼阁。

第二十一讲　什么是"圣"

一、"圣"的概说

"圣",是个历史性概念。在孔子看来,只有那些掌握了绝对权力的远古圣王们才可能达到。在他所生活的那个时代里,"圣"是绝对没有的。他自己不仅没有达到"圣"的境界,就是"仁"也没有。他自己成为"圣人"是"大器晚成",直到他死后许多年才慢慢地"水到渠成"。因为这时候,"圣"的概念已然发生了巨大变化,其他人是不是没有关系,但孔子一定要是。如果孔子不是,那么其他人就更不可能是,包括尧、舜、禹等古圣先王在内。

下面的关于"圣"字的构形分析或能给予我们启示。

二、"圣"字的初文构形分析

"圣"字的初文为"🦻"。在汉代隶书体出现之前,"圣"还有主要的三个异体:"🦻、聖、聖",其不同的构形,既反映了造字理据的不同以及书写性在汉字发展中的作用,也反映了意识形态对于"圣人"认知的多元性与历史性变化。

"圣—🦻"字,上边为一只大耳朵之形,下边是一个"人—🧍"字。大耳朵主要强调的是"多闻"或"兼听"在成圣或为圣过程中的重要性与作用,但同时也强调了"圣人"必须"知言"。"人",既强调了"圣人"也是人,又显示出"圣人"必须"知人"。

其一,它能说明"闻而知之"是"圣人"最重要的特征之一。按孟子的说法,历史上的商汤、周文王就是"闻而知之"者,孔子亦属此列。孔子从来就不认为自己是"生而知之",而是"学而知之"。如何实现"学而知之"?"多闻,择其善者而从之,多见而识之"(《论语·述而》)是其最重要的路径。

其二,如此之"圣—🦻"亦可视为"知言"的象征。一只大耳朵,如果只能"听"不能"知",那就是"听不见的耳朵",所以这只大耳朵的背后还必须以"知言"作支撑。事实上,只有"知言"之人,才可能"择其善者而从之",才可能"勤而行之"("上士闻道,勤而行之。"《老子》第四十一章)。按孟子的说法"知言"便是"诐辞知其所蔽,淫辞知其所陷,邪辞知其所离,遁辞知其所穷"。即对于"知言"者而言,不管如何偏激、迷惑、邪恶、隐蔽的言辞,他们都能通过深入分析来知道其背后的全部真相。韩非子说:"所谓智者,微妙之言也。"(《韩非子·五蠹》)这则启示我们真正的智者或智慧,最重要的特点是不仅能"知言",且能知"微妙之言",因为"知言"又是"知人"最重要的内容或策略之一。孔子说的"不知言,无以知人也"(《论语·尧曰》)则告诉我们,"圣人"必定是"知言"的大师。

其三，如此之"圣—![图]"又可谓"知人"。老子说的"知人者智，自知者明"(《老子》第三十三章)告诉我们，只有"知人"之人，才可能是"智者"或"有智慧"。人要达到"知人"的目标，方法主要有三种。一在"自知"。一个人只有先深刻地了解自己，才可能真正深刻地了解别人。原因是人亦人，我亦人也。只要是人就"性相近也"，即其第一人性或物质性或动物性等都是高度一致的。二在"知言"。此点上面已述。三在"听其言而观其行"。"听其言"要能"不因人废言"，"观其行"则要"视其所以，观其所由，察其所安"(《论语·为政》)，从而实现对于"人"全面而深刻的了解。"知人"是为圣人之"知"(智)的最重要部分，也是"圣人"之所以为"圣人"的最伟大特征之一。而对于掌握绝对权力的"圣人"而言，"知人"的目的主要在于用人，即能实现"举直错诸枉，能使枉者直"。让公平正直之士居上位，不仅能实现"不令而行"，树立良好的社会风气，赢得民心归附，而且亦是"尊道贵德"的具体表现。

至于"圣人"亦是"人"的属性则决定了其在中国普罗大众之中的可亲可爱形象，他也许是君子的最高境界，但人所具有七情六欲他皆具有，人所能犯的过错他也难免。不同的是，对待过错他能像对待"日月之食"一样坦然面对而已。

此"圣—![图]"字在"![图]"的基础上加了一个"口"字，既囊括了"![图]"的全部意义，又新增加并强调了"善言"或"言"对于"圣人"的重要性。"善言"或"言"的背后所呈现的是"圣人"之"智"与"圣人"之"德"。

"善言"对于老子来说就是"善言，无瑕谪"。"无瑕谪"，是指言论极富哲理性，让人挑不出毛病。要实现"无瑕谪"的方法有五种：一是"不言"；二是"正言"；三是"美言"；四是"言有宗"；五是"言善信"。"不言"与"贵言""希言"基本一致，换成孔子的话便是"言未及之而言谓之躁，言及之而不言谓之隐，未见颜色而言谓之瞽"(《论语·季氏》)。换成荀子的话则是"不可言而与之言，谓之傲；可与言而不言，谓之隐；不观气色而言，谓瞽"(《荀子·劝学》)。其总的意思是不当说就不说，当说就一定要说，说了就要达到好的效果。"正言"即要说公正或正确的话。对于孔子来说，"正言"就是"危言"，就是"邦有道，危言危行；邦无道，危行言孙"(《论语·宪问》)，就是"名之必可言也，言之必可行也。君子于其言，无所苟而已矣"(《论语·子路》)。"美言"主要是为了激励别人，"言有宗"是指说话一定要有所根据，"言善信"是指语言表达一定要有合适的信度，并经得起实践的检验与思想的追问。

圣人"为政以德""行不言之教"，所以既要尽可能"不言""希言""贵言"，又要尽可能以"正言""美言""言有宗""言善信"示人。

"圣—![图]"还可能是要求圣人"立言"。"立言"是实现"不朽"的最重要方式，因为无论是"立德、立功"之事迹，抑或"口耳相传"之"言论"，其最后皆得假以"文字"或"史传"才可能传之久远。孔子说："有德者必有言，有言者不必有德。"(《论语·宪问》)这告诉我们，"圣人"因为有"德"有"功"，所以一定要有穿越时空的"圣言"流传。就今天来看，孔子正因为"祖述尧舜，宪章文武"所传"圣言"最多，所以其

"圣人"的地位才难以动摇。

"圣、圣"这两个圣字在囊括了前面两个构形全部意义的前提下，又在其最下方加了一横或两横。但无论一横还是两横，其意皆表示"土"。(一横表示"地面"或"地平线"，两横与" "相重部分即"土"。)

加"土"之"圣—圣、圣"字，主要强调圣人必须拥有"绝对权力"。拥有土地，是拥有绝对权力或巨大权力的象征。汉字隶化后，"圣"字下部的"人"与"土"合并，或写作"王"或写作"土"，"圣"字便有了"圣、圣"的写法。这，既是汉字书写性在汉字发展中的表现，也是意识形态发展的新认识，非"王者"即非"圣者"也。于是，这种构形告诉我们，没有掌握绝对权力或巨大权力者就不能算是圣人。换句话讲，此类"圣人"必是掌握了绝对权力或巨大权力的最高统治者或实权人物。这种观点，在春秋战国时期很流行。孔子、韩非子等都是这种观点的忠实拥趸。孔子认为自己之所以不能称"圣"，其根本原因就在于他从来就没掌握过绝对权力或巨大权力。正因他没有掌握过绝对权力或巨大权力，所以既做不到"修己以安民"或"修己以安天下"，也做不到"博施于民而能济众"。换句话讲，既然做不到"博施于民而能济众"，也就达不到"老者安之，朋友信之，少者怀之"的"圣人"目标，故"圣"也就无从谈起。

综合上述认知，我们似乎仅从"圣"字构形的发展变化上，亦能窥测出古人对于"圣""圣人"认知的多元性。"圣人"，从来就不是一个唯一的或固定不变的概念。"圣"字的发展变化过程，既有造字理据选择上的不同，也有其书写性发展的必然；既能曲折反映出我国古代伦理道德等意识形态的某些发展变化，也能曲折反映出我们古代学者们对于当时社会政治、国家治理的某些哲学思考。

孔子、孟子在世时，都不曾成为"圣人"，他们实现了的人生目标，可能只是"知言、立言"，至于"立德、立功"则都是没有坚定信心的。(子曰："文，莫吾犹人也。躬行君子，则吾未之有得。"《论语·述而》)但最后，因为他们的思想影响到了整个中国社会的意识形态，并具有了极大的权威性，于是他们也就慢慢了变成了"圣人"。"圣人"的这种"大器晚成"以及这种成功的方式与路径等，既为中国知识分子开辟了一条现实而光辉的大道，也为我们提供了可资借鉴的人生经验。

三、孔子及其信徒们关于"圣人"的言说

(一)孔子心中的"圣人"

《论语》载："子贡曰：'如有博施于民而能济众，何如？可谓仁乎？'子曰：'何事于仁？必也圣乎！尧舜其犹病诸。夫仁者，己欲立而立人，己欲达而达人。能近取譬，可谓仁之方也已。'"(《论语·雍也》)在此，孔子很明确地为"圣"与"仁"划了界，"博施于民而能济众"者为"圣"，"己欲立而立人，己欲达而达人""能近取譬"者为"仁"。以此为标准，孔子明确地认识到，自己既没有实现"博施于民"，又"济众"有限，既没有掌握至高的权力，也没有建立"圣人"应有的"功烈"，所以离"圣"的境界

还有距离。

《论语》又载:"子曰:'圣人,吾不得而见之矣;得见君子者,斯可矣。'子曰:'善人吾不得而见之矣;得见有恒者,斯可矣。亡而为有,虚而为盈,约而为泰,难乎有恒矣。'"(《论语·述而》)在此,孔子又明确告诉我们,"圣人",只存在于古代或传说之中,在他所生存的那个时代里,"圣人"是不存在的。不仅"圣人"不存在,就是"善人"(这里的"善人",不是"善良的人",而是指善于认识并顺应事物发展规律的人)也不存在。"有恒"者有,但很少,孔子自认为可算为"有恒"者。(子曰:"若圣与仁,则吾岂敢?抑为之不厌,诲人不倦,则可谓云尔已矣。"《论语·述而》)在孔子的学生们看来,即或是有恒者,也不是一般人所能做得到的。

综上所述,孔子心中的"圣人",只有传说中的尧、舜,中古的商汤、伊尹,近古的周代文、武、周公等,他们不仅握有权力,而且已经做到了"博施于民而能济众"。至于被孟子认可的"清圣"伯夷、"和圣"柳下惠之类,在孔子那里,最多只是"贤人"而已。

(二)孔子信徒们心中的"圣人"

孔子的信徒很多。最早是他的学生们;后来是以孟子为首的崇拜者;再后来是汉之后的历代帝王、文人、学者中的大多数。他们都认为,像孔子这样的人,便是"圣人"。如果孔子不是,那么尧、舜、禹都不够格。

1. 孔子成为"圣人"的原因

孔子在世时,就曾不止一次地被学生们尊为"圣人",孔子自然不同意,并提出了自己的关于"圣人"的标准。孔子死后不能再行反对,于是他在他的学生们那里成为"圣人",便顺理成章了。

(1) 深刻的思想,崇高的道德。这可能是最令人信服的。《论语》载:"颜渊、季路侍。子曰:'盍各言尔志?'子路曰:'愿车马衣轻裘与朋友共蔽之而无憾。'颜渊曰:'愿无伐善,无施劳。'子路曰:'愿闻子之志。'子曰:'老者安之,朋友信之,少者怀之。'"(《论语·公冶长》)这段话中,子路的形象像侠士,颜渊的形象像君子。只有孔子的形象像"圣人"。至于孔子对于中国文化的贡献,这里就无须多说了。

(2) 多能、谦虚、有恒。《论语》载:"太宰问于子贡曰:'夫子圣者与?何其多能也?'子贡曰:'固天纵之将圣,又多能也。'子闻之,曰:'太宰知我乎!吾少也贱,故多能鄙事。君子多乎哉?不多也。'牢曰:'子云,吾不试,故艺。'"(《论语·子罕》)这点与老子心中的"圣人"形象是有些吻合的。孔子的多能,据笔者所知,他对于政治、军事、文学、书法、文字、驾驭、弓箭、音乐、哲学、历史、诗歌、文献学、礼仪制度,甚至于农业生产、畜牧管理等,都有较为深刻的研究或体悟。孔子之多能,与其谦虚好学、勤奋努力、不耻下问有关,更与其贫苦的出身关系密切。《论语》载,"子曰:'我非生而知之者,好古,敏以求之者也。'"(《论语·述而》)这可以看出孔子既是谦虚的,也是自知的。人既能谦虚,又能自知,在老子、孟子及孔子的学生们看来,就是"圣"的表现。《论语》载,"子曰:'若圣与仁,则吾岂敢?抑为之不厌,诲人不倦,

则可谓云尔已矣。'公西华曰：'正唯弟子不能学也。'"(《论语·述而》)这里所表现的，不仅是谦虚、有恒，而且有无私的意思。《论语》又载，"子游曰：'子夏之门人小子，当洒扫应对进退则可矣，抑末也。本之则无，如之何？'子夏闻之曰：'噫，言游过矣！君子之道，孰先传焉，孰后倦焉，譬诸草木，区以别矣。君子之道，焉可诬也？有始有卒者，其惟圣人乎？'"(《论语·子张》)这又说明孔子做事，在其主观能动的范围内，总是有始有终的。

2. 孔子信徒们设置的"圣人"新标准——以孔子为标准

如果按孔子的标准，孔子自己是成不了"圣人"的。但是，随着时间的推移，孔子影响力的扩大，不仅标准发生了变化，就是孔子的权威性或"隐权力"也发生了他自己都不曾预料的变化。

据《孟子·公孙丑上》所载，宰我、子贡、有若等人便颠覆了他们老师心中关于"圣人"的标准，为"圣人"树立了一个新的典范，就是他们的老师——孔子。在他们看来，如果孔子不是"圣人"，那么自古以来，谁都不是。宰我说："以予观于夫子，贤于尧舜远矣。"既然"贤于尧、舜远矣"，那么其他人自然就更不在话下了。为什么孔子一定是"圣人"呢？下面子贡的分析，道出了其中主要原因："见其礼而知其政，闻其乐而知其德。由百世之后，等百世之王，莫之能违也。"为和谐社会而建立的森严的"礼"法制度，以及"己所不欲，勿施于人""己欲立而立人""为政以德"的为人、为政理想，到今天，我们不都是仍在遵循吗？有若说："麒麟之于走兽，凤凰之于飞鸟，泰山之于丘垤，河海之于行潦，类也。圣人之于民，亦类也。出乎其类，拔乎其萃，自生民以来，未有盛于孔子也。"这告诉我们，"圣人"也是人，只不过比一般的"出类拔萃"还"出类拔萃"而已。孟子说的"自有生民以来，未有孔子也"，则旗帜鲜明地表示，古往今来，孔子一人独大，无人可比。

综合宰我、子贡、有若、孟子等人的"圣人"观，我们可以发现，相对于孔子的"圣人"观而言，某些方面，他们降低了，但有些方面却可能抬高了。一言以蔽之，孔子就是标准！

四、孔子及其信徒们树立孔子作"圣人"的原因分析

孔子及其信徒们树立孔子作"圣人"的原因与上述孔子成为"圣人"的原因有相同之处。

1. 孔子发扬光大了历代"圣人"的思想

孟子曰："由尧、舜至于汤，五百有余岁。若禹、皋陶，则见而知之；若汤，则闻而知之。由汤至于文王，五百有余岁。若伊尹、莱朱，则见而知之；若文王，则闻而知之。由文王至于孔子，五百有余岁。若太公望、散宜生，则见而知之；若孔子，则闻而知之。"(《孟子·尽心下》)这是说孔子继承了历代"圣人"的思想。

子贡认为孔子"见其礼而知其政，闻其乐而知其德，由百世之后，等百世之王，莫之

能违也"。这是说孔子光大发展了历代"圣人"的思想。换言之,孔子的一生,基本实现了有如宋张载所言"为天地立心,为生民立命,为往圣继绝学,为万世开太平"的人格理想。

2. 孔子信徒们对"圣人"的重新认知

孔子之前的历代"圣人",或为传说人物,或为"真命"天子,或为天子近臣,他们高高在上,难以亲近,或时空遥远而不可企及。更为甚者,他们大多没有留下具体可信或可资借鉴、学习、模仿的东西,都不如孔子的朴素、亲切、实在。"**老者安之,朋友信之,少者怀之**",这样的理想,既崇高,又朴实,只要从自己身边做起,从现在做起,就会觉得它并不是不可企及。"三人行,必有我师",亦如老子所言:像水一样,谦虚有容,"善下之",就是能够做到的。"**知之为知之,不知为不知**""**每事问**""**好学**""**有恒**""**学而不厌,诲人不倦**",无不亲切而自然,可资借鉴、学习与仿效。

"圣人"也是人,他就在民众之中。他可能比一般人天赋好些,但更多、更重要的东西则都是通过不断的学习、实践、努力得来。孔子就是这样的榜样。

孟子说:"**智,譬则巧也;圣,譬则力也。由射于百步之外,其至,尔力也;其中,非尔力也。**"(《孟子·万章下》)他这是对"圣"做了前所未有的颠覆性的阐释。孟子这里所述之"智""巧"与"圣""力"的关系,其实就是指天资、禀赋与恒心、毅力的关系。孔子天资比一般人好,就好像音乐学习,如果一点天赋都没有,那是不可能把音乐或某种乐器学好的。但更重要的是,孔子不仅有超越一般人的天赋,还能谦虚、好学、有恒。需要我们明白的是,所谓"谦虚、好学、有恒"不仅是"至"的"力",同时也是"巧"的重要部分。换言之,如"力"所不逮,"中"亦是不可能的。

3. 现实的原因

五百年必有王者兴,由尧、舜至于汤,由汤至于文王,莫不如此。这曾经是古人所认定的历史规律性,也是民众的愿望。可是,自周代文、武、周公(公元前十一世纪)而后,到春秋战国(公元前三世纪),早已超出五百年,只见天下混乱不堪,就是不见"王者"(即圣者、圣人、圣王)出现。于是,"圣人",只能"被褐怀玉",从民间走出。孔子曾感叹:"圣人吾不得而见之矣!得见君子者,斯可矣。""善人吾不得而见之矣!得见有恒者,斯可矣。"既然"圣人""善人"都没有,孔子又是公认的"君子""有恒者",故"圣人"非孔子而谁?

4. 情感的因素

孔子的学生们,或学生的学生的学生们,把孔子奉为"圣人",不仅因为孔子的伟大和现实的需要,还有情感的因素。自己的老师成为"圣人",沐浴在老师的光环之下,沾老师一点"光",便成了再自然不过的事。于是,孟子成了"亚圣",既无独立之思想(只会听从老师的),亦无健全之人格(宁愿挨饿也要优先研究学问),更无半寸之事功(既不当官,也不经商,更不种地)的颜回,也成了"复圣"。就是子夏、子游、子张,都具备了"圣人之体"。("子夏、子游、子张,皆有圣人之体;冉牛、闵子、颜渊,则具体而微。"《孟子·公孙丑上》)

5. 孔子之仪容像"圣人"

说孔子的仪容像"圣人",有两方面的意思。

一是说他的面容、体态像某些"圣人"。《史记》载:"孔子适郑,与弟子相失,孔子独立于郭东门。郑人或谓子贡曰:'东门有人,其颡似尧,其项类皋陶,其肩类子产,然自腰以下不及禹三寸,累累若丧家之狗。'"(《史记·孔子世家》)这既可能是无厘头的嘲讽,亦可能是高级的追捧。

二是说他气质修成了"圣人"。《论语》载:"子温而厉,威而不猛,恭而安。"(《论语·述而》)这所描述的,其实就是"圣人"形象。孟子说的"形色,天性也;惟圣人然后可以践形"(《孟子·尽心上》)即认为,人的形体容貌,都是秉自然之理生成的,这就是所谓天性;只有圣人才能尽这种自然之理,使天生的形体容貌更加充实完美,无愧于天性。

没有结论的结论:

有人认为孔子不是"圣人"的根据是孔子自己不承认自己是"圣人"。孔子完全不符合成为圣人的两个条件:一是聪明,天生聪明;二是有权,能安民济民。乍一看,似乎很有说服力,但仔细推敲,同样的论据则可得出完全相反的结论。

首先,孔子不承认自己是"圣人",这正是其成为"圣人"的伟大品格或证据之一。尧、舜、文、武、周公、伊尹,有谁自己说过自己是"圣人"或承认自己是"圣人"的?孔子为什么就不能被后世尊奉或追认?而后世追认孔子为"圣人"的,不仅有他的学生们,更有历朝历代的统治者、学者与百姓。

其次,关于孔子是否聪明或是否天生聪明,窃以为同样没有任何问题。孔子说过:"十室之邑,必有忠信如丘者焉,不如丘之好学也。"(《论语·公冶长》)即孔子从不承认自己聪明,但正是这种自知,促使孔子"好学"而"有恒",从而造就了孔子。它反映的正是孔子的聪明过人之处。而这种过人之处,不仅是聪明,而且就是天生的聪明。因为人的意志力或情商,虽有后天获得,但也可能是天生的。

最后,关于孔子没有至高的权力,不能安民济民。这个问题只能从历史中辩证地看。孔子在生时,既没有成为"圣王",也从没有掌握过至高无上的权力,同时也没有成为"圣人",但孔子死后被尊为"圣人",情况就大不同了。他的思想、言论,影响了历代统治者,从而也就赋予了他在生时所不可想象的"权力"。尽管这种"权力"只是假借,但到今天仍在起着安民、济民的作用,从而实现了"死而不亡"。

第二十二讲　什么是"教"

一、"教"的概说

看到"教"字，人们想到最多的大概是"教育"与"老师"两个词。真正的教育的出现是国家出现后的产物。但老师却应从人类出现就有。今天，绝大多数国家都很重视教育，并通过立法来加以实现。在中国古代，教育特别受到社会重视，大概是从春秋时的孔子开始的。后来，由于受到历代统治者的推崇，孔子被尊为"至圣先师"。他的"有教无类""教学相长""因材施教""不愤不启，不悱不发""温故知新"等教学原则也受到后世的普遍尊崇。孔子的一生为后世读书人开辟了一条新道路，一条不需要当官、种地、经商，却既能维持生计又能获得崇高地位的道路，那就是当老师。

老子说的"人之所教，我亦教之"（《老子》第四十二章），"行不言之教"（《老子》第二章)告诉我们，"教"在人类共同体中自古至今就普遍存在，其主要方法就是"仿效"别人，即向别人学习。"教"与"学"从来不可分离，教育别人最好的方法不是"言"，而是"行"，即能给别人做出榜样，就如孔子说的"能近取譬"（《论语·雍也》），能拿自己作例子。

由于"教"无可比拟的重要性，所以《吕氏春秋》认为"教"是人类社会最大的"义行"，"学"是人类社会最大的智慧。因为人只有通过"教"与"学"，才可能实现"成人、成身(即成就自己)"。

二、"教"字的初文构形分析

"教"字初文为"![]"。左边为"学—![]"字，也可读"教"，右边是个反文"![]"。由于其构形的独特性，所以它既可算是一个形声字，亦可算是一个会意字。而其整体意义则启示我们，"教育、教学"的目标就是要教会学生如何学。

"学—![]"字又可分为两个部分，上部是一个"爻—![]"字，下部是一个"子—![]"字。

"爻—![]"字是两个"![]"的重叠。它是八卦卦象或爻变的最具代表性的一个符号。因此它既可代表极简单，也可代表极复杂。它的出现，也是八卦等符号系统参与汉字制作的一个见证或缩影。

极简单，意味着它就是两个"![]"。即在教学或学习过程中，老师画一个叉"![]"，学生跟着画一个叉"![]"，这也是最简单的仿效。《说文》云"教，效也。上施而下效也"说的就是这个意思。《广雅》云"爻，效也"既说明"教"的"仿效"之意源于

第二十二讲　什么是"教"

"爻",也说明"爻"就是"教"或"教"的一部分。它告诉我们,教育、教学、学习必须从模仿、仿效开始。所谓"教",既是在老师的指导下"学",教学生如何"学",也是学生直接对老师的模仿。它既告诉了我们"教"的方法,也告诉了我们"学"的方法。

极复杂,是因为其中一个"✕"就是一个"五"。而两个"✕",便既是两个"五",同时也是一个"✕"。《说文》云:"五,五行也。""五行"既可代表自然、物质世界、自然科学、形而下,以及"金、木、水、火、土";也可代表社会科学、道德哲学、形而上;或思想意识形态中的"仁、义、礼、智、信"。之外,《说文》云:"爻,交也。""交",本义是指占卜过程中的卦爻所呈现的纵横交错的状况,但其引申义则可代表事物之间的"普遍联系"。《广雅》又说:"爻,效也,效天下之所动者也。""天下之所动"代表"变化",即无穷无尽的"变化"。综上,我们会发现"教—教"字或"学—学"字,既为我们规约了"教育、教学、学习"的内容,也为我们指明了"教育、教学、学习"的目标与方法。"教学"的内容,既涉及自然科学、物质世界、形而下,也涉及社会科学、道德哲学、形而上。"教学"的方法,以仿效老师始,以学会自学终。学会了自学,则意味着"学至乎没而后止也"(《荀子·劝学》),即学习必定是人的终生事业。"教学"的目标,主要在于教育学生如何学,并能深刻地懂得"联系"与"变化"。懂得了"联系"与"变化"就是懂得了"道",所以《中庸》云:"修道之谓教。""教育、教学"就是要教会或引导学生如何"修道"。由于"修道"与"好学、好修、修身"等高度统一,所以孔子说的"好学近乎智"(《礼记》),屈原说的"民生皆有所乐兮,吾独好修以为常"(《离骚》),司马迁说的"修身者,智之府也"(《报任安书》)等皆表达了这样的旨趣。而"修道"的最终目的,主要是要让学生学会"权",即懂得"中庸之道"。孔子说:"中庸之为德也,其至矣夫?民鲜久矣!"(《论语·雍也》)它的核心是"公正",在中国古代,广大老百姓好像从来就没有得到过。就当代社会而言,"中庸之道"就是要求领导在行政过程中或一般人在为人处世过程中,能以"公正"之心用好"权"。

"学—学"字的下部为"子—子"。"子—子",是襁褓中的婴儿形象,所以,既可是女孩("鬼侯有子而好。"即:鬼侯有个女儿长得很漂亮。《战国策·赵策·鲁仲连义不帝秦》),也可是男孩,或儿女的合称("身不行道,不行于妻子。"即:如果一个人自己不能按照道义行事,就是在自己的妻子、儿女面前也行不通。《孟子·尽心下》)。此外,"子"的引申义主要还有后代、后嗣,或对有学问、有思想、有地位、有名气者的尊称。如老子、孔子、韩非子,其中的"子"就是对他们有学问、有思想、有名气的一种尊称。也有用来尊称有名气的女子的,如西子、南子等。

"子"的原初意思告诉我们,"教育"的对象主要是孩子,不分男女。"子"的引申义又告诉我们,教育的目标不仅要让我们的后代成为合格的事业继承人,而且也要尽可能地让他们成为"智者"或诸子百家。

"教—教"字的右边是个反文"攵"。其实它不是"文",而是"武"。虽不是真的

"武"字，但可代表"暴力、强力"或"权威"。它是一个拿着一支像"戈"(见图22-1)或"戟"(见图 22-2)一样的武器或其他某种作惩戒用的工具，比如拿着戒尺之类的"手"的形象。它说明教育不仅是国家暴力的产物，而且也必须以暴力来加以实施。事实上，古代的教育制度中，似乎皆赋予了教师以暴力惩戒学生的权利。今天，课堂的暴力惩戒虽然被抛弃，但完全放弃暴力惩戒却似不可取。当前中国教育某些问题的严重存在，或多或少与我们的教育制度缺乏相应的惩戒手段有关。

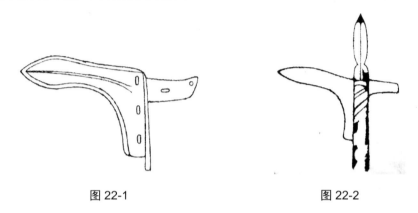

图 22-1　　　　　　　　　　图 22-2

秦汉之际，由于汉字的隶变与意识形态相互交织的原因，"教"字之"学"变成了"孝"。这说明"教"的主要内容与目标都发生了变化。"孝弟也者，其为仁之本与？""夫孝，德之本也。教之所由生也。""百善孝为先"等论点，说明在教育、教学过程中，"孝"开始受到特别的重视与提倡。究其原因，既是统治者"以孝治国"之方略在意识形态中的具体体现，也是"俗儒匹夫"对于"孝"与"教"的片面认知，从而遮蔽了"孝"与"教"的深刻意义。进言之，由于秦汉之后的教育、教学思想对于"孝"的片面理解，以致重"孝"而不重"学"，这不仅有违基本人性，而且也彻底背离了汉字构形的初义，以及先秦哲学对于"教"的深刻认知，从而抑制了教育的发展，特别是阻碍了开拓性人才的培育与自然科学的发展。而孔子之所认为"教"源于"孝"，是因为他深刻地知道"孝"是必须涵括"学"在内的。试想，一个人如不"好学"，那么"立身行道，扬名于后世，以显父母"当如何实现呢？

三、部分经典关于"教"的论说

《吕氏春秋》云："教也者，义之大者也；学也者，知之盛者也。义之大者，莫大于利人，利人莫大于教；知之盛者，莫大于成身，成身莫大于学。"(《吕氏春秋·孟夏纪·尊师》)这告诉我们，在人类社会的所有义行当中，"教"是最令人尊崇的。有好的知识、技能、技巧，以及思想、道德、智慧传播给别人，能极大地提高自己在共同体中，抑或历史长河中的崇高地位。中国历史上的老子、孔子就是典型的代表。尊师重教，是一个国家走向繁荣富强的必然之路。

《礼记》云："学然后知不足，教然后知困，知不足然后能自反，知困然后能自强，故曰教学相长也。"(《礼记·学记》)这告诉我们"学"所存在的局限性，只有通过

第二十二讲　什么是"教"

"教"才可能深刻地了解。如果我们深刻认识到了"学"的局限性，那么能以"教"的心态"学"，就一定可以取得事半功倍的效果，因为只有这样，我们才可能既竭心尽力以"力学"，亦能找到一般人不能深刻知道的"死角"。事实上，我们也只有"力学"，才可能真正地知道自己的不足。"教然后知困"，"知困然后能自强"，只是"教学相长"的一个方面。"教学相长"最重要的方面是老师在教育过程中，特别是在与学生探讨问题的过程中，学生与老师的思想碰撞往往能给老师以某些意想不到甚或极深刻的启示。如《论语》载，子夏问曰："'巧笑倩兮，美目盼兮，素以为绚兮。'何谓也？"子曰："绘事后素。"曰："礼后乎？"子曰："起予者商也，始可与言诗已矣。"(《论语·八佾》)子夏的一句"礼后乎？"从形而下一下子跃至形而上，不仅启发了孔子，也为后世对于"仁义"与"礼"的关系的认识留下了一个美妙的比喻。"仁义"是"礼"的"素"或"质"，"礼"只是"仁义"的"绘事"或"文"。换言之，人或社会，其一切"礼"或礼仪制度等，都必须建立在一个被社会所普遍公认的"仁义"之上。

老子说的"行不言之教"(《老子》第二章)告诉我们，每个人的言行都会影响别人，无论是好的还是坏的，居上位者尤其如此。这说明，"行"总是比"言"更有力量。"道""德"二字初文皆有"行"，它告诉我们，"行"不仅是"道德"最重要的部分，而且它就是"道"。

"修道之谓教"和"自明诚，谓之教"(《中庸》)则告诉我们，"教"就是"修道"。"修道"就是"自明诚"。"自明诚"既是"教"也是"学"。"修道"不仅与"行"紧密联系，而且是"学"所要达到的最高境界。

第二十三讲　什么是"勤"

一、"勤"的概说

看到"勤"字，人们可能立马会联想到"勤劳勇敢的中华民族"。对于这个世界而言，"勤"似乎是中华民族最伟大的特点之一了。不过，当我们再看到老子说的"上士闻道，勤而行之"(《老子》第四十一章)之后又会发现，人们对于"勤"的认识并不相同，即并不是每一个人都具备"勤"的素质或特征。老子认为"勤"总是与"道"紧密联系，而且还是区分"上士"与"中士、下士"最重要的分界线。事实上，"勤而行之"之"勤"，身兼多义，既是辛劳、努力、尽心尽力，也是有恒、忧虑和操心，甚或囊括了"敏"之意。此外，老子说的"为学日益，为道日损"(探究学问，是一个不断地积累知识、能力的过程；提升道德境界是一个不断减少欲望、谬误的过程。《老子》第四十八章)，孔子说的"十室之邑，必有忠信如丘者焉，不如丘之好学也"(十户人家的小村庄，必定有像我孔丘这样的忠厚老实诚信之人，但要找一个像我这样好学的，难！《论语·公冶长》)"学而不厌，诲人不倦"(《论语·述而》)中的"日益""日损""好学""不厌""不倦"皆是"勤"的具体表现。《论语》中两次提到的"敏则有功"(《论语·尧曰》《论语·阳货》)和《孔子家语》中提到的"不劳无功"等，实则皆为"勤则有功"或"勤有功"。再者，在现实世界里，没有相当的"勤"，要想做到极致的"聪敏"或"敏捷"皆是不可能的。

由于"上士"总是以"道"为自己的志业，("士志于道"《论语·里仁》，"君子谋道不谋食""忧道不忧贫"《论语·卫灵公》，"士穷不失义，达不离道。"《孟子·尽心上》)所以便不得不"勤"，不得不"无倦"，不得不"先之劳之"，不得不"学至于没而后止也"。故"勤"，毫无疑义必定是士君子无可逃脱的"天命"！("志于道"中的"道"即以天下为己任，让天下为"中庸之德"的光辉所照遍，也即让天下实现最基本的社会公正。曾子认为孔子"一以贯之"之"道"即"忠恕"，似难追问。试想，"忠恕"之道会因其"至大"而能让"天下莫能容"吗？)

"上士"正因为深刻地懂得"道"，所以才可能"勤而行之"。如果相反，那么"勤"或"行"便因为失去方向而没有意义了。再者，"道"也只有通过"勤而行之"，才可能得到检验、证明与发展。人，无论是个体抑或群体，其存在，永远只是有限性的存在，其认识，也永远只是有限性的认识。因此，人们只有通过不断的"行"，才可能不断地认识"道"，检验"道"，发展"道"。

综上，我们会发现，"勤"与"上士"与"行"与"道"皆一脉贯通。换言之，没有"勤"，我们既不能成为"上士"，也不能认识"道"；既难以"道"为志业，也很难践行"道"，发展"道"。因此，我们又可以说，"勤"，就是"行"，就是"仁"，就是

第二十三讲 什么是"勤"

"智",就是"道"。(孔子说:"好学近乎智,力行近乎仁。"子夏说:"博学而笃志,切问而近思,仁在其中矣。")

"天道酬勤",即上天或自然规律性,一定会给予勤劳或勤奋者以相应的酬报。事实上,这个世界凡有所成就者,无论"立德""立功""立言"抑或"立艺",其"成就"莫不由"勤"而来。周公如此,孔子如此,毛泽东尤其如此。中国古代《愚公移山》的神话传说,感天动地,可歌可泣,但其所描述的,其实只用一个字便能概括它的伟大与神奇,这个字就是"勤"。

英国著名牧师约翰·卫斯里,五十年里足迹遍及英伦三岛的每一个角落,行程达四十多万公里,讲道超过四万次(平均每天两到三次),其间还出版了二百三十三本著作(平均每年四到五本)。对此,质疑无数:一天除了吃喝拉撒还得睡觉,可能做到吗?是人还是神?于是纷纷"拍砖",这只是所谓的励志故事或神话而已!所幸有其日记为证:

八十三岁时,他写道:"眼睛不争气,写作时间每天不足十小时,真气人。"

八十六岁时,他写道:"可恶的身体,每天布道无法超过两场。"

八十七岁时,也是他去世的那年,他写道:"可恨的家伙。近期,赖床不起的倾向有所增加,几乎每天都要赖到早晨五点半才起床。"

时间非但会说话,而且异常忠诚。(参见2015年《读者》第十五期,第27页.)

上述案例,如用一个字来概括,就是"勤"字。如果用两个字来概括,则是"勤、恒"。如果用三个字来概括,则是"勤、恒、志"。如果用四个字来概括,则是"勤、恒、志、力"。

可是,一般人对"勤"的理解或认知可能会有些片面。事实上,真正的"勤",不仅是勤奋,它还理应包括"恒、志(心或智慧)、力(体力与脑力)"在内。而这,正是汉字学能够回答的。

二、"勤"字的初文构形分析

《说文》云:"勤,劳也。从力,堇声。"可是,从三个"勤"字的初文"𦰩""𠦝""𢙃"及其异体的构形分析,我们会发现,这种说法经不起推敲。此三字除了𢌳从"力"外,𦰩无"力"可从,而古文𢙃却从"心"。这种情况反映出的事实是:一,"𦰩"乃"勤"之初文,其虽无"力",但也能比较全面地反映"勤"应具有的本质意义。二,"𢙃"则寓示"勤"所具有的劳苦、辛劳、尽心尽力等意义,并不一定仅是体力付出,无论是"劳力者"还是"劳心者"皆可以。三,秦统一文字,"𢙃""𦰩"被废除,最后以"勤"出之,确是李斯们深思熟虑的结果:其"力"所代表的不仅是肉体的辛劳，同时也代表着精神或心力。此外，"勤"被释为"劳"，"劳"的构形又主要有"[图]、[图]、[图]"等，或从"心"或从"力"，皆表达出这种思想。四，"勤"字如作形声字，其中作为声部的"堇"，它不仅是"声"，同时也是"形"，所以此字又可作为会意字或会意形声字。这会让人想到另外一个字"汉"，它的小篆被写作"[图]"，其右部就是"[图]"，即与"[图]"同。那么，我们亦可以作如此分析："汉"的本义既有勤劳、努力、有恒之意，也有崇尚水、依恋水之意。事实上，汉民族确是一个既勤劳勇敢又崇尚水的民族。再者，既然"堇"可写成"[图]、[图]"，那么又说明"[图]"与"[图]"是相通的。换言之，凡有"堇"或"[图]"的字，皆与"勤"有关。

我们的具体分析从可能是最为远古的"勤—[图]"字开始。这是个会意字。其最上部为"艹"，"艹"即"草"之初文；"艹"之下的"圆圈"即太阳("[图]"右半部分中部的"日"则强调了"太阳"的存在)；两部分相合，既会意太阳落入草丛或从草丛中升起，也代表着太阳升起直至落山的整个时间段；再往下是"大"，"大"即"大人"、成年人，"大人"挺立的背景或是日暮或是日出的天地之间。最下为"土"，即"土地"或"大地"。上下四个部分全部加起来，既是一幅动人的以"人"为主体的生产劳动画卷，也是一幅略带浪漫色彩"人"的活动的艺术剪影。于是，"[图]"以"大人"或"成人""日出而作，日入而息"早出晚归在土地上进行劳作的形象，生动地描绘了"勤"的本来面貌。

可是，可能是"[图]"字创后不久，某些学者便发现"[图]"作为"勤"可能又是有问题的。某些人虽然早出晚归了，可是他并不用"力"、用"心"，所以不能算是"勤"。于是加"心"的"勤—[图]"和加"力"的"勤—[图]"便应时而生了。加"心"之"勤"告诉我们，"勤"不仅有长时间体力劳动的付出，更重要的是还要"用心"，因为没有"用心"的"勤"，许多时候是没有劳动效率或效果的。加"力"之"勤"被最后确立为统一文字，是因为"力"不仅能代表"体力"，亦能代表"心力"或"智力"。换言之，"日出而作，日入而息"，必须既用"心力"亦用"体力"，天天如此，年年如此，坚持不懈。

我们知道，"勤"与"劳"，都有辛劳、勤苦之意。从秦之前此两字既可从"心"也可从"力"的情况来看，它一方面反映了文字的不统一，另一方面也反映了当时人们的普遍心理：劳心者与劳力者一样，都是辛劳勤苦的。但秦统一文字，"勤""劳"二字，只从"力"不从"心"，这除了反映文字规范化与书写性的需要之外，也说明"力"之用既包括"心力"或"智力"，也涵盖了"体力"。

事实上，今天"勤"不仅是劳、辛劳、从事劳作、劳苦之事、一般性工作(内勤、外

第二十三讲　什么是"勤"

勤)、在规定时间内准时到班劳动(出勤、考勤、满勤)、努力、尽心尽力、经常、功劳、成绩，同时也是忧虑、担心、操心，它既能帮助自己，也能援助别人。

三、部分经典关于"勤"的论说

"文王既勤止，我应受之。"(周文王伟大的勤劳品德啊，我辈理应继承下来并发扬光大。《诗经·周颂·赉》)《说文》说的"勤，劳也"亦可为"尽心尽力"。很明显，文王的勤劳或尽心尽力，主要用的是心力，但也不排除要用体力。

"勤百姓以为己名，其殃大矣。"(当权者役使劳苦百姓，只是为了自己的功名，这种祸害实在太大了！《国语·周语下》)此中之"勤"主要指向体力劳动。

"齐民一饱勤如许，坐食官仓每惕然。"(如果管理百姓仅为其能吃饱饭就须让他们辛劳如此，我们这些吃官饭的理应感到惶恐不安才是。《坐露》)此中之"勤"亦主要指向体力劳动。"尔禄尔俸，民脂民膏；小民易虐，上天难欺。"上位者心中一定要有个"惧"或"惕"字。

"朕宅帝位，三十有三载，耄期倦于勤。"(朕长居帝位长达三十三年，到年老之时，对于劳苦的政事，是越来越厌倦了。《尚书·大禹谟》)此中之"勤"，劳苦之事也。既有脑力亦有体力。干好"劳苦之事"不仅要有健康的身体，亦须有健全的心志。

"非神败令尹，令尹其不勤民，实自败也。"(不是鬼神要击败令尹，而是令尹不能尽心尽力为百姓们服务，是令尹自己打败自己的。《左传·僖公二十八年》)杜预注："尽心尽力，无所爱惜为勤。"此"勤民"又可称"爱民"。事实上，如当官，"爱民"当是其最大的特征。如何才算"爱民"？"爱民若子"，像爱护自己的孩子一样爱百姓，一心一意、任劳任怨、不知疲倦，即或为之赴汤蹈火亦在所不惜！

"齐方勤我，弃德不祥。"(齐国刚刚帮助了我们，我们如马上就弃之不顾，这是一种不祥的品德。《左传·僖公三年》)"求诸侯，莫如勤王。"(企求诸侯们的响应，不如自己率先起兵帮助天子。《左传·僖公二十五年》)两处的"勤"皆为"助"。"成人之美"的"助人"即为"智"。

"法不勤饰于官。"(国家法律不能仅作为官吏们的饰物。《韩非子·定法》)其中的"勤"即"经常"。"经常"即"恒"。"恒"是"勤"的最重要特征。

"惟天地之无穷兮，哀人生之长勤。"(只有天地是无限辽阔久远的啊，感叹短暂的人生为何总是如此忧虑不已！《楚辞·远游》)其中的"勤"为"忧虑、操心"。孔子曰"居下而无忧者，则思不远，处身而常逸者，则志不广"(《孔子家语·在厄》)，汉古诗句云"生年不满百，常怀千岁忧"等皆表达了如此思想。君子也好，小人也罢，似皆如此！它充分反映出人的主体性或自我意识的觉醒。正因为有此觉醒，便不得不"忧"，不得不"勤"！

"勤而无所，必有悖心。"(《左传·僖公三十二年》)此句本指蹇叔对于秦师"劳师而袭远"，必劳而无功，军队必生反叛之心的一种忧虑与判断。但推及一般，也具有普遍意义。这里的"所"亦可作"住所""房屋"，即对于一般百姓而言，如果辛勤劳苦，却连个稳定的居所都没有，那么就一定会产生反叛之心。这与孟子说的"民无恒产，便无恒心"，老子说的"不失其所者久"亦高度一致。

"邵成子曰：'吾闻之，非德，莫如勤，非勤，何以求人？能勤有继，其从之也。'《诗》曰：'文王既勤止。'文王犹勤，况寡德乎？"(邵成子说："我听人说，一个人如果德行不厚，那么解决的最好办法就是勤奋。如果连勤奋都不具备，那么你就一无是处。既然一无是处，那么你又拿什么去向别人求助呢？只有在勤奋的前提下，你才有可能产生或磨砺出优良的品德。《诗经》说：'周文王是多么地勤奋啊！'像周文王这样的伟大人物都勤奋不已，又何况我们这些德行浅薄的凡俗之辈呢？"《左传·宣公十一年》)上语中有"勤"字五个，每一个意思皆基本一致，为辛劳、劳苦、尽心尽力之意。全句所共同透露出的信息是勤能医百"病"。此处"非德"，不是真无德，而是后文中的"寡德"。而"寡德"却是指没有足够的思想、智慧或天资，故难以通"道"。解决的办法仍只有"勤"。这亦如孔子说的"**好仁不好学，其弊也愚；好知不好学，其弊也荡；好信不好学，其弊也贼；好直不好学，其弊也绞；好勇不好学，其弊也乱；好刚不好学，其弊也狂**"。其所认为的"仁、知、信、直、勇、刚"皆具局限性，且必须以"好学"才能解决一样。其"好学"就是"勤"。"**美哉！勤而不德，非禹其谁能修之？**"(大禹真是伟大完美啊！他夜以继日的勤劳完全弥补了自己的德行浅薄。如果不是大禹这样的伟大人物，又有谁能仅以一"勤"字进而修成如此的伟大道德与智慧呢？《左传·襄公二十九年》)其对于大禹之"不德"的描绘，也是以"勤"代之的。换言之，大禹的命运就是通过"勤"而改变的。

此外，孔子说："**好学则智，恤孤则惠，恭则近礼，勤则有继。**"(好学就是智慧，恤孤就是仁爱，恭敬就是礼义，勤劳就有保障。《孔子家语·弟子行》)其中的"**勤则有继**"与上述"**能勤有继**"意思是一致的。其"勤"所表达的"有继"不仅是物质资料及其生产的保障，也是人的生产的保障。换言之，人只有"勤"，才可能得到存续与不断发展。

"**民生在勤，勤则不匮。**"(百姓们的生计、生存皆在一个"勤"字。只有勤奋，才可能得到我们所需。《左传·宣公十二年》)此处之"民"指百姓；"生"即生存、生计，亦可指生命；"勤"即勤劳、尽心尽力、劳苦操心等；"不匮"，主要指人所必需的物质资料丰富或不匮乏。重视物质资料的生产的思想，既与马克思历史唯物主义思想高度一致，也与老子、孔子的治道思想高度一致。

"**四体不勤，五谷不分，孰为夫子？**"(《论语》之中，只此一个"勤"字。《论语·微子》)此语是所谓"隐者"对于孔子周游列国以求官的揶揄或讽刺，但并不合乎事实。第一，此语与孔子"**少也贱，故多能鄙事**"(《论语·子罕》)的生活经历不合。孔子三岁丧父，十七岁丧母，其幼年及少年时期的人生应是相当艰难、苦涩的。其中"鄙事"就是连孔子自己后来都有些瞧不起的各种体力劳动，当然包括五谷种植、放牧牛羊等在内。不仅如此，孔子以"六艺"(礼、乐、射、御、书、数)教弟子，则无不需要"勤"才能得以精通的。事实上，孔子确实"六艺"皆精，以至于周游列国之行，大多时候都是孔子亲自驾车。第二，"**四体不勤**"或亦不一定能代表脑力劳动者的生存状况。孔子一生"学而不厌，诲人不倦"，"发愤忘食，乐而忘忧"又怎一个"**四体不勤**"所能了得！再

第二十三讲 什么是"勤"

者，"五谷不分"对于孔子来说，就更不符合事实了。因为孔子不仅**"多能鄙事"**，而且从来就主张**"多识于鸟兽草木之名"**，更何况是与人的生命存在紧密联系却并非一般草木的"五谷"呢？以此可知，此"隐者"的言论实在是有些荒唐，故离"隐居以求其志，行义以达其道"实在太远。

  人生在勤！一生之计在于勤！勤能补拙！其核心意义又在于"勤"与"恒"是相通的。没有"恒"的"勤"是虚无不实的。有了"恒"才可能达其"志"。"志不强者智不达"。于是思想智慧、灵感、理想、梦想也皆寓于其中了。(有人可能不认可，但注意："君子道其常，小人道其怪。"《荀子·荣辱》)我们所讲的都是事物发展的最一般的规律性，对例外则加以忽略。

第二十四讲　什么是"乐"

一、"乐"的概说

　　一般认为，"乐"主要指"音乐"，又或指"快乐"。但《论语》云："兴于诗，立于礼，成于乐。"其中的"乐"似乎没有我们一般想象的那么简单。在古代，对于国家而言，此"乐"主要应指向"礼乐"的"和成"作用；而对于个人，既可以指向"好之者不如乐之者"之"乐"，也可以指向个人进入社会高层的音乐修养。前者带有普遍性，故极容易理解；后者所反映的孔子那个时代音乐修养对于个人所起的举足轻重的作用，却不是今天以常理可以追问的。在今天不懂音乐或没有音乐修养，但有高尚人格又取得了极高成就的人很多，而既懂音乐又有高人格且取得高成就的则很少。孔子被后世尊为"大成至圣先师"，虽然音乐成就较高，音乐或确有利于他的人格成长，但其最大成就或促成其成就最高人格的却并非音乐。再者，现实社会中以音乐为志向或很懂音乐者却沦为社会渣滓的也并非个例。笔者倾向于把"成于乐"之"乐"看成是"乐学"。之外，孔子曰："发愤忘食，乐而忘忧，不知老之将至云尔。""君子有终身之乐。"其"乐"也只能指向于此。(也即周敦颐所谓"孔颜乐处"之"乐")进言之，人之所谓有"成"或与"音乐"有关，但"乐学、好学"则一定是最重要的。事实上，孔子之所以有"大成"，不是因为懂音乐，而是因为"乐学、好学"。

　　据《论语》载，子贡曾向孔子请教："(一个人如果)贫穷而不阿谀奉承，富有却不骄傲自大，怎么样？"孔子回答："不错。但还是比不上贫穷却能快乐，富有却能好礼。"子贡听后受到启发，接着问："《诗经》云'如切如磋，如琢如磨'说的就是这个意思吗？"孔子再答："端木赐呀，现在我终于可以和你讨论《诗经》了。告诉你一个道理，你就能举一反三、触类旁通，并能有所自我发挥了。"这里孔子讲的"贫而乐，富而好礼"的达成，只能是通过"如切如磋，如琢如磨"的方式，即不断地"好学、乐学"来加以实现。一个人之所以贫穷还能快乐，富贵却能好礼，主要就是因为"好学、乐学"之故。

　　此外，孔子以"一箪食，一瓢饮，在陋巷，人不堪其忧，回也不改其乐"赞扬颜回之"贤"，其根本原因亦在于颜回"乐学、好学"，并能在不断的学习中找到快乐。孔子说的"富而无骄易，贫而无怨难"告诉我们，一个人如果不能从学习中发现快乐，而要在贫穷中保持"快乐"，则是不可想象的。至于孔子说的"发愤忘食，乐而忘忧，不知老之将至云尔"之"乐"就更非此莫属了。

第二十四讲　什么是"乐"

🔗 **相关链接**

　　子贡曰："贫而无谄，富而无骄，何如？"子曰："可也。未若贫而乐，富而好礼者也。"子贡曰："《诗》云：'如切如磋，如琢如磨。'其斯之谓与？"子曰："赐也！始可与言《诗》已矣，告诸往而知来者。"（《论语·学而》）
　　"切如磋者，道学也；如琢如磨者，自修也"。（《大学》）
　　子曰："贤哉回也，一箪食，一瓢饮，在陋巷，人不堪其忧，回也不改其乐。贤哉，回也。"（《论语·雍也》）

　　佛教认为人生苦海无边，生、离、死、别、疾病、怨憎、求不得全是苦。儒家认为人生快乐无边，与天奋斗其乐无穷，与地奋斗其乐无穷，与人奋斗其乐无穷。辩证法认为快乐与痛苦总是相伴相生，快乐常常寓于痛苦之中，大多数时候人都是痛苦并快乐着的。以真际言之，唯有后者才真正地道出了人生的真谛。
　　而在孟子看来，君子的快乐主要有三种：一为天伦之乐；二为道德之乐；三为为师之乐。但为师之乐须"得天下英才而教育之"。

🔗 **相关链接**

　　孟子曰："君子有三乐，而王天下不与存焉，父母俱存，兄弟无故，一乐也；仰不愧于天，府不怍于人，二乐也；得天下英才而教育之，三乐也。君子有三乐，而王天下不与存焉！"（《孟子·尽心上》）

　　"天伦之乐"，即父母兄弟夫妻的家庭之乐。似乎为天下人所共有，但实际情况并非如此。目前，随着人口老龄化的进一步发展，以及丁克家庭、单身家庭的日渐增多，天伦之乐走向衰微似已势不可当。
　　"道德之乐"，人皆有之。人无道德，寸步难行。但孟子的要求是不愧于天，不怍于人。而这，对于一般人而言，其实现却有一定难度。"不愧于天"，一是要对得起上天给你的"天命之性"。而要对得起这个"天命之性"，最直接、最重要的办法就是通过"教"与"学"修身成人。二是不要伤害自然世界。要做到这一点，既需每个个体加强对于自然的认识，也需全球一心。可这很难！
　　"得天下英才而教育之"之乐尤其不易得，如非德高学富，则不能享有。因此孟子又说："好为人师，人之大患也。"即想当好别人老师的人，总是会忧虑或担心自己的德与才不具备教育好英才的资格。
　　孔子的终身之乐只能是"乐学、好学"，但其最高境界的快乐，却似是"乐以贵下人"的"为政之乐"，即身居高位且能实实在在地为百姓做些好事或能推动社会最基本的公正的实现并从中获得持久的快乐。按照子路的说法，便是"君子之仕也，行其义也"。"行义"的过程，有时可能会让人付出生命，但其心中一定是痛苦并快乐着的。当然，这也是孔子的思想。今天的为政者，即或不愿如此，也应与之学习，向之看齐。

汉字鉴赏

据《孔子家语》载，孔子做了鲁国的大司寇，并代理丞相职务，便面露喜悦之色。子路见了，有些不解，就对孔子说："我听说君子福至不喜，祸至不惧，今天看到老师得了高位就面露喜色，这为什么啊？"孔子回答说："是的，是有你这样的说法。但是，你是否又听说过乐以贵下人，即显贵了仍能保持本色，以谦恭待人、尽心为百姓做点好事为快乐吗？"

相关链接

孔子为鲁司寇，摄行相事，有喜色。仲由问曰："由闻君子祸至不惧，福至不喜，今夫子得位而喜，何也？"孔子曰："然，有是言也。不曰'乐以贵下人'乎？"（《孔子家语·始诛》）

综上，我们会发现，人生旅途：贫也可乐，富也可乐；得亦可乐，失亦可乐；进亦可乐，退亦可乐。原因很简单，因为人只要有"志于道""志于学""学而不厌，诲人不倦"的君子之志，那么就一定能"发愤忘食，乐而忘忧，不知老之将至"，进而其乐无穷。至于能不能有"从政之乐"，对于个体而言，既有天时亦有人谋，但即或"博学深谋而不遇时"，我们也应坚持"立德怀义"，"不因穷困而改节"。（《孔子家语》）

不过，令人颇感意外的是，圣人最初所造"乐"字，却只是源于音乐。为什么呢？道理很简单，因为源于内心的"快乐"没有具体形象，所以只能以具体乐器描摹。

二、"乐"字的初文构形分析

"乐"字的初文为"𢆶"。上边是两束"丝"，下边是一个"木"字。会意字。本义为以丝、木结合而创制的琵琶之类的乐器。金文写作"𣂏"，在"木"字之上，"丝"字的中间加了个"白"字。"白"字本义为人之"拇指"或"带指甲的指尖"，但在此也可代表琴类的发音箱。加"白"字主要是为了强调"人"在音乐创作或演奏过程中的主导性作用。《吕氏春秋·侈乐》云："失乐之情，其乐不乐。乐不乐者，其民必怨，其生必伤。"其便表达了这种思想。

"木"不仅是"木头"，也是五行"金、木、水、火、土"之一。按"五行生克"理论，"木"为"水"所生，所以亦具"水"之"仁、义、礼、智、信"诸德；"木"又能生"火"，所以不仅能温暖人性，而且能大大提高人的生存能力。"乐"之有"木"，故亦具有同样功能。

"丝"原初仅指桑蚕所吐之丝，后来不仅可代指一切像"丝"一样的东西，亦可代指一切"弦乐器"。"丝"的最大功能不是能发声或能参与音乐的演奏，而是与"木"一样能给人以温暖、抚慰。能给人以温暖、抚慰，就是"仁"。（"温良者，仁之本也"。《礼记·儒行》）"乐"之有"丝"，亦说明"乐"必须从属于"仁"。孔子认为，如果是"不仁者"，那么就一定"不可以长处乐"。（《论语·里仁》）

《说文》云："乐，五声八音总名。象鼓鞞(音'比')，木其虡(音'具')也。"这种认识则与上述认识有些差别：一是在于它认为"丝木"或"丝竹"在中国传统文化中亦可以作为所有音乐的象征或代称；二是在于它认为"乐—🝢"字的上面部分不是"丝"，而像古代军中的战鼓，而下面的"木"则像架鼓的木架子。这种认识明显与其形象不符，不过仍可备一说。但不管怎么说，以某种乐器的形象描摹来表达"快乐、愉悦"的情绪或代称"音乐"是没有问题的。

三、部分经典关于"乐"的论说

"乐者，天地之和也。夫乐者，先王之所以饰喜也。"(《礼记·乐记》)"天下太平，万物安宁。皆化其上，乐乃可成。""凡乐，天地之和，阴阳之调也。"(《吕氏春秋·仲夏纪·大乐》)可知，"乐"乃"先王"所作，或"先王"命人所作，一般人绝无作"乐"之"权位"与"道德"。它既是"天下太平、阴阳调和、万物安宁"的象征，也是用来表现人们内心的喜悦情绪的主要方式。这种认识与今天人们对于"乐"的认识区别很大。另据《中庸》云："虽有其位，苟无其德，不敢作礼乐焉；虽有其德，苟无其位，亦不敢作礼乐焉。"可知，能够作"礼乐"的先王，必定是有美德的"圣王"，而其所表达的喜悦情绪，不仅是其自身所具有的，而且也是与天下百姓所共有的。

《孟子》云："独乐乐，与人乐乐，孰乐？曰：不若与人。曰：与少乐乐，与众乐乐，孰乐？曰：不若与众。"(《孟子·梁惠王下》)《吕氏春秋》云："大乐，君臣、父子、长少之所欢欣而说也。欢欣生于平，平生于道。"(《吕氏春秋·仲夏纪·大乐》)《吕氏春秋》又曰："故先王之制礼乐也，非特以欢耳目、极口腹之欲也，将以教民平好恶、行理义也。"(《吕氏春秋·仲夏纪·适音》)上述皆认为"独乐乐"不如"众乐乐"。但"众乐乐"的实现却是有前提的，那就是"天下有道"，或社会有最基本的公正、公平、正义，人民至少能过上最基本的温饱生活。如果人民连最基本的温饱都得不到保障，那么就不可能与当权者共乐。

读《论语》，知道孔子是个音乐家，("子语鲁大师乐，曰：乐其可知也：始作，翕如也；从之，纯如也，皦如也，绎如也，以成。""子谓《韶》：尽美矣，又尽善也。谓《武》：尽美矣，未尽善也。"《论语·八佾》"子曰：吾自卫反鲁，然后乐正，雅颂各得其所。"《论语·子罕》)但孔子最大、最持久的"乐处"却不在音乐，而是源于"好学"。其次是"得天下英才而教育之"，这与孟子是一样的。"学而时习之，不亦说乎？有朋自远方来，不亦乐乎？"(《论语·学而》)前句指向"好学"，后句则指向"得天下英才而教育之"。再如，"君子食无求饱，居无求安，敏于事而慎于言，就有道而正焉。"(《论语·学而》)说的也是"好学"，"贫而乐，富而好礼""如切如磋，如琢如磨"(《论语·学而》)，"发愤忘食，乐以忘忧"(《论语·述而》)仍然指向"好学"。"饭疏食饮水，曲肱而枕之，乐亦在其中矣。"(《论语·述而》)这其中说的不是因为"饭疏食饮水，曲肱而枕之"本身能令人有多快乐，而是因为这样可以自由自在地"从吾所好"。君子"从吾所好"的最大快乐还是"好学"。

汉字鉴赏

"博学而笃志,切问而近思,仁在其中矣。"(《论语·里仁》)"好学近乎智,力行近乎仁,知耻近乎勇。知斯三者,则知所以修身;知所以修身,则知所以治人;知所以治人,则知所以治天下国家矣。"(《中庸》)"不仁者不可以久处约,不可以长处乐。"(《论语·里仁》)"知、仁、勇,三者,天下之达德也;所以行之者,一也。或生而知之,或学而知之,或困而知之,及其知之,一也。或安而行之,或利而行之,或勉强而行之,及其成功,一也。"(《中庸》)这些告诉我们,不仅"好学"能"乐在其中",而且所谓"智、仁、勇"也一定可以从"好学"之中深刻地获得。既然能深刻地获得"智、仁、勇",那么就一定能有所成就。

"知之者不如好之者,好之者不如乐之者。"(《论语·雍也》)这告诉我们,只有"乐"才能实现更高境界的"好"与"知"。换句话讲,如果一个人做某件事,其过程总与痛苦相伴随而全无快乐可言,那么他便不可能在这个领域取得巨大成就,所以"痛苦并快乐着"总是常态。

"子在齐闻韶,三月不知肉味,曰:'不图为乐之至于斯也。'"(《论语·述而》)这启示我们,至美至善的音乐,不仅能给人由听觉而产生巨大的精神美的享受,而且还可能让人产生听觉与味觉等生理上的通感,即由听觉之美而产生味觉之美,以至因此淹没了食肉的香甜。这里不是说孔子因为"闻韶"就三月没有吃肉,而是指吃了肉也吃不出肉的味道来,"韶乐"的"美味"在这段时间里完全淹没了肉的味道。

"兴于诗,立于礼,成于乐"(《论语·泰伯》)告诉我们,历史上那些伟大的成功,一方面由于其能让人产生长久而深刻的愉悦,所以必定要以"音乐"的形式以表现出来。对于古人来说,这种行为又叫作"饰喜"。据《吕氏春秋》所载,历史上那些伟大的成功都曾产生过伟大的音乐。另一方面,好的音乐有教人"平好恶、行理义"的作用,即能促进社会和谐有序、长治久安,即至善至美的音乐创制,又可以反过来让人取得成功。以此可知"成于乐"实在无法简单。

相关链接

昔古朱襄氏之治天下也,多风而阳气畜积,万物散解,果实不成,故士达作为五弦瑟,以来阴气,以定群生。昔葛天氏之乐,三人操牛尾,投足以歌八阕:一曰《载民》,二曰《玄鸟》,三曰《遂草木》,四曰《奋五谷》,五曰《敬天常》,六曰《建帝功》,七曰《依地德》,八曰《总万物之极》。昔陶唐氏之始,阴多滞伏而湛积,水道壅塞,不行其原,民气郁阏而滞著,筋骨瑟缩不达,故作为舞以宣导之。

昔黄帝令伶伦作为律。伶伦自大夏之西,乃之阮隃之阴,取竹于嶰溪之谷,以生空窍厚钧者,断两节间,其长三寸九分而吹之,以为黄钟之宫,吹曰"舍少"。次制十二筒,以之阮隃之下,听凤皇之鸣,以别十二律。其雄鸣为六,雌鸣亦六,以比黄钟之宫,适合,黄钟之宫皆可以生之。故曰黄钟之宫,律吕之本。黄帝又命伶伦与荣将铸十二钟,以和五音,以施《英韶》。以仲春之月,乙卯之日,日在奎,始奏之,命之曰《咸池》。

帝颛顼生自若水,实处空桑,乃登为帝。惟天之合,正风乃行,其音若熙熙凄凄锵锵。帝颛顼好其音,乃令飞龙作效八风之音,命之曰《承云》,以祭上帝。乃令鱓(音

第二十四讲　什么是"乐"

"善")先为乐倡。鳣乃偃寝，以其尾鼓其腹，其音英英。

帝喾命咸黑作为声歌《九招》《六列》《六英》。有倕作为鼙[pí]、鼓、钟、磬、吹苓、管、埙、篪(音"池")、鞀、椎、钟。帝喾乃令人抃(音"变")或鼓鼙，击钟磬，吹苓，展管篪。因令凤鸟、天翟舞之。帝喾大喜，乃以康帝德。

帝尧立，乃命质为乐。质乃效山林溪谷之音以歌，乃以麋鞀置缶而鼓之，乃拊(音"抚")石击石，以象上帝玉磬之音，以致舞百兽。瞽叟乃拌五弦之瑟，作以为十五弦之瑟。命之曰《大章》，以祭上帝。

舜立，命延乃拌瞽叟之所为瑟，益之八弦，以为二十三弦之瑟。帝舜乃令质修《九招》《六列》《六英》，以明帝德。

禹立，勤劳天下，日夜不懈。通大川，决壅塞，凿龙门，降通漻(音"辽")水以导河，疏三江五湖，注之东海，以利黔首。于是命皋陶作为《夏籥》九成，以昭其功。

殷汤即位，夏为无道，暴虐万民，侵削诸侯，不用轨度，天下患之。汤於是率六州以讨桀罪。功名大成，黔首安宁。汤乃命伊尹作为大护，歌《晨露》，修《九招》《六列》，以见其善。

周文王处岐，诸侯去殷三淫而翼文王。散宜生曰："殷可伐也。"文王弗许。周公旦乃作曰："文王在上，于昭于天。周虽旧邦，其命维新。"以绳文王之德。

武王即位，以六师伐殷。六师未至，以锐兵克之于牧野。归，乃荐俘馘(音"国")于京太室，乃命周公为作《大武》。

成王立，殷民反，王命周公践伐之。商人服象，为虐于东夷。周公遂以师逐之，至于江南。乃为《三象》，以嘉其德。(《吕氏春秋·仲夏纪·古乐》)

《论语》载："子曰：'先进于礼乐，野人也；后进于礼乐，君子也。如用之，则吾从先进。'"(《论语·先进》)孔子之所以认为，"用人"如在"君子"与"野人"之间选择要用"野人"。原因是："野人"一般来说，其"本质"比早就懂得了"礼乐"的"君子"要好，因为"质胜文则野"(《论语·雍也》)，"敬而不中礼谓之野"(《孔子家语·论礼》)，即孔子所认识或规定的"野"与我们今天所认识的有所不同。此外，孔子说的"礼云礼云，玉帛云乎哉？乐云乐云，钟鼓云乎哉？"(《论语·阳货》)"人而无礼，如礼何？人而无仁，如乐何？"(《论语·八佾》)则明确告诉我们，"礼乐"不管如何重要，它们都必须从属于"仁义"。("君子义以为质，礼以行之。"《论语·卫灵公》)"野人"虽然不懂得"礼"，但比之所谓的"君子"更加"仁义"。

孔子曰："益者三乐，损者三乐。乐节礼乐，乐道人之善，乐多贤友，益矣。乐骄乐，乐佚游，乐晏乐，损矣。"(《论语·季氏》)这告诉我们，有些快乐需要发扬，有些快乐则是需尽量节制的。"齐人归女乐，季桓子受之，三日不朝。孔子行"(《论语·微子》)则告诉我们，能够让鲁国的"总理大臣"季桓子"三日不朝"的"女乐"，看来不仅是"骄乐、宴乐、佚乐"，而且还可能是"淫乐"。("罔游于逸，罔淫于乐。"《虞书·舜典》)因此，面对如此迥境，孔子只能选择"行"。

"君子之居丧，食旨不甘，闻乐不乐，居处不安，故不为也。"(《论语·阳货》)这里则透露出了关于"乐"的多重"秘密"：第一，在孔子那个时代，肯定还没有"哀乐"，即凡是"音乐"，都是给人以愉悦感觉的。第二，一个人对于"快乐"的感受，一定与其内心的情绪有关。正处在极度悲伤之中的人，如听到愉快的音乐，不仅不会产生快乐，还可能产生极度的厌恶或反感。第三，"音乐"或其他"玩乐"加于人心的"快乐"，对于一般人而言，皆不能持久。真正持久的快乐，只能是"学而不厌，诲人不倦"所给人带来的成就感，即如马斯洛所认为的"自我实现"。当然"有德则乐，乐则能久"(《左传·襄公二十四年》)也表达了这样的思想。

孔子之所以说"《关雎》，乐而不淫，哀而不伤"(《论语·八佾》)，其根本原因用孔子的另一句话表达就是"思无邪"(《论语·为政》)。即它在追求人伦之乐的同时，还给主体赋予了一种强烈的道德使命感；其之所以"哀而不伤"，则是因其在"求不得之苦"中，仍能保持君子的道德或风度。

"凡音者，产乎人心者也。感于心则荡乎音，音成于外而化乎内。是故闻其声而知其风，察其风而知其志，观其志而知其德。盛衰、贤不肖、君子小人皆形于乐，不可隐匿。故曰乐之为观也，深矣。土弊则草木不长，水烦则鱼鳖不大，世浊则礼烦而乐淫。郑卫之声、桑间之音，此乱国之所好，衰德之所说。流辟、诐越、慆滥之音出，则滔荡之气、邪慢之心感矣；感则百奸众辟从此产矣。故君子反道以修德；正德以出乐；和乐以成顺。乐和而民乡方矣。"(《吕氏春秋·音初》)上述论述，道出了"音"与"乐"，以及"乐"与"道德风俗、人心邪正"的关系。一个社会如果道德淳朴、风俗雅正、积极进取，所谓"郑声、淫乐"就不会"乱雅乐"。

当今社会，"音乐"在社会发展中，大多数时候仍然能扮演积极光彩的角色，但远非过去那样重要了。(社会处于极度动荡时期例外)其原因是既源于科学的发展、认识的进步、价值的多元，更源于国家治理在其现代化进程中，"人治"有逐渐被"法治"所取代的趋势。人的快乐之源也发生了根本性的变化，而音乐只是人们产生快乐实现社会和谐的很少一部分的力量了。(事实上，近代音乐也能让人产生悲伤与痛苦)但对于从政者而言，境界最高、最大、最持久、最深刻的快乐，既不是"为学"，也不是"闻乐"，而在于"以百姓心为心"，"为天下浑其心"，从而实现"功成事遂"，"死而不亡"。

第二十五讲　什么是"玩"

一、"玩"的概说

"玩"是生命存在的重要组成部分。"贪玩、好玩"是基本的人性。汉字学对于"玩"字初文构形的解读，既能让我们了解"玩"的素朴凡俗之意，亦能让我们认知"玩"的玄妙幽深之理。

二、"玩"字的初文构形分析

"玩"字的初文为"玩"，同时还有两个异体"貦、翫"。其构形陆续出现于两周时期(公元前 11 世纪中期至公元前 256 年)。一般认为它们皆为形声字，左部为"形"，右部为"声"。但其实，它们亦可为会意字。

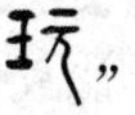

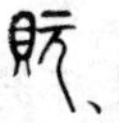

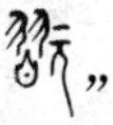

作为形声字，"玉""貝""習"皆为"形"，即指"玩"的全部意义皆源于此。"元"只为"声"，与"意"无关。

"王"，在今文中称"偏旁"，一般人认为是"王"，但其实不是，而是"玉"。"玉"的初文为"丯、丰"，其构形本义是用绳子串联于一起的三五块玉片。后来，随着社会发展、生活面貌的改变，以及汉字书写性、字义引申变化、语言表达的需要，它才逐渐变成"玉"。其渐变过程如图 25-1 所示。

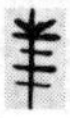

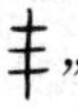

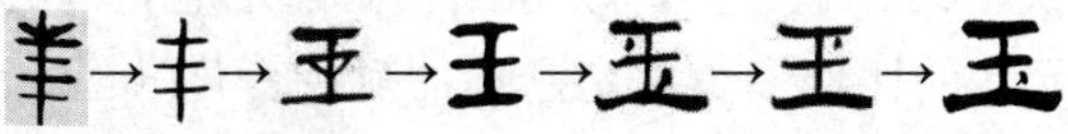

丯→丰→亖→王→玊→王→玉

图 25-1　"玉"字的渐变过程

把玉片用绳子串起来，说明它不仅是饰物，曾经也像"贝"一样做过货币。后来其"中竖"(绳子)不再出头，一则因为它多成了"王"(或"大人")的饰物；二则因为汉字书写性或美化的需要。而加"点"，则主要是为了与规范化的"王"字相区分。后来(大概秦汉时期)作为偏旁的"玉"皆用"王"，则是因与其他字相组合，没有再作区分的必要。

🔗 相关链接

"王"字的初文为"𐤊"，源于甲骨文，其形象即为一立于天地之间的"大人"。由于"天"位于"大人"之上，且无穷无尽的高，所以，最初"王—𐤊"字的构形便没有

"大人"之上"天"的直接表达。但后来为了能与"立—立"字相区别,便不得不在"大人"之上另加一横以表示"天"。于是"𠙻"便成了"玉"的模样。再后来,"玉"字又经过"天、王、天"等的变化,最后逐渐演变成了今天的"王—王"字。"大人"的两条"腿"逐渐合并为一条粗线,或为便于铸造与书写,抑或为美观;下面笔画"凵"或为表示"王"拥有土地和土地的"深厚",或为表达"王"的稳重与气派。再后来,笔画全部变得粗细相同,甚或与今天所用之"王"字没有区别,这不仅是因为书写性的需要,而且还因为思想家们为"王"赋予了新的构形意义。到西汉董仲舒时,三横自上至下,便成了"天、人、地"三才。于是,"王"原初的只是立于天地之间的"大人",便演变成了拥有土地(绝对权力)且能参透"天、地、人"三才玄机的"圣王"。(这种情况可与"圣—聖"字下方的"王",亦为一立于"土"上之"人"互证)其实,只要稍加推究,我们还会发现,"王"的原初构形与意义更加符合事理与逻辑或事物发展规律性,就算没有土地,没有绝对权力,如能因某些才能或功德而成为"大人",便可称"王"。今天所谓的"王者归来",或称某某为"天王、歌王、拳王、兵王"等,就是远古"王"意的回归。

  "玉"是一种细密、温润而有光泽的美石。从矿物学的角度看,"细密"是指具有一定的硬度,"温润"是指有很好的触感,"光泽"是指有好看的透明度。一般而言,石头只有硬度在六度以上的才有资格称"玉"。如我国的和田玉,号称软玉,其硬度也在六度以上。与之相较,一般钢锉、玻璃的硬度都在五点五度左右。因此,用一般钢锉磨砺玉石光滑的表面,是较难破坏它的美丽光泽的。最坚硬的"玉"可以达到八到九度,它们是刚玉、黄玉与某些翡翠。自然界中比玉还坚硬的东西只有金刚石,它的硬度为十度,可以说是无坚不摧。我们用来划玻璃的"玻璃刀"就是为金刚石(一般为人造)所造。玉的构成元素主要为氧、硅、铝、铁、钙、钠、钾、镁等,它们都是地壳构成元素比例中排在最前面的部分。其中某些金属元素的比例多少决定它们的颜色变化(如含"铁"元素较多的往往呈红褐色),所以"玉"的颜色一般很复杂,几乎什么颜色都有。在造岩矿物中,"玉"是角闪石族中以透闪石、阳起石为主,并含有其他微量矿物成分的显微纤维状或致密块状矿物的集合体。因此,从本质上来说,"玉"也只是石头之一种。如果说有什么特别的,那就是它比一般的"石"更漂亮、更坚硬些。"玉"的"透明度"也指"亮度",一般为半透明,没有完全透明的。其"细密度"与"透明度"共同呈现出的"光泽"主要有玻璃光泽、蜡质光泽、油脂光泽。一般以呈现出类似于人的皮肤一样的油脂光泽为最好。如文学作品中既有用"凝脂"来形容人的皮肤的,也有用"玉"来形容人的皮肤或容貌的,却没有用"蜡质"或"玻璃"形容的。如果有,则可能是贬义了。

  在中国古代,"玉"还是"君子"的象征。**子贡曰:"有美玉于斯,韫(包藏)匵而藏诸?求善贾而沽诸?"子曰:"沽之哉,沽之哉!我待贾者也。"**(有一天,子贡对他的老师孔子说:有一块美玉在这里,是找一个漂亮的盒子把它收藏起来好呢,还是找一个识

第二十五讲 什么是"玩"

货的"商家"把它卖掉好呢?孔子回答说:还是卖了吧,还是卖了吧!我正在等待一个"识货的商家"呢。《论语·子罕》)

这里,子贡把孔子比作"美玉",其实就是尊孔子为"君子"。子贡之所以比孔子为玉,是因为"玉"具有中国传统文化中"君子"的高洁品性,如坚实、温润、缜密,有光泽,耐得住炼烧与琢磨,且碎于地而"无瓦声"等特点。孔子毫不客气地接受了子贡的说法,既是认为自己完全具备了君子所应有的一切优良品性,也是肯定了子贡以"玉"比君子的认识。

"玩"以"玉"为形,既寓示"玩"乃君子高雅之行,亦说明"玩"既很珍贵、稀奇,也很优雅、高深,并不是一般人能玩得起的。

《说文》云:"玉,石之美者。有五德:润泽以温,仁之方也;鳃(音'思',本义为角中之骨。此指露于璞石之外的玉质脉理)理自外,可以知中(内部),义之方也;其声舒扬,专以远闻,智之方也;不桡(弯曲)而折,勇之方也;锐(精明)廉(正直、廉洁)而不技(不正派、不端),洁之方也。"(所谓玉,是指石头中那些最为美丽的部分。它至少具有五种可以值得称颂的品格:接触它的感觉,令人可亲可近、心生向往,这是仁爱的典范;脉理通达内外,教人由此知彼、方便取舍,这是义的典范;声音舒展悠扬,特别能传达广远,这是智慧的典范;宁折不弯,宁碎而不苟全,这是勇的典范;精明、洁净、端正,这是洁的典范。)

上述《说文》所言,皆是对"玉"的溢美之词。"玉"是"仁、义、智、勇、洁"所谓"五德"之"方"("方"在此即"规矩、楷模、型范、典范、模范"的意思)。大家一定会有点奇怪,为什么没有"礼之方"呢?其实是有的!因为"礼",已经寓于上述"五德"之中了。"先民有言曰:'改玉改行'"(韦昭注解说:"玉,佩玉。所以节步行也。君臣尊卑,迟速有节,言服其服则行其礼。"《国语·周语》)"行不变玉,驾不乱步。"(《文选·张衡·东京赋》)"君无故,玉不去身。"(孔颖达解释说:"君子于玉比德,故恒佩玉,明身恒有德也。"《礼记·曲礼下》)联系上述诸说可知,对于"君子"来说,佩玉是必不可少的。不同质地、形状、大小的玉,佩在不同的人身上,不仅能表明尊卑秩序,而其更重要的是可用来"比德"或宣示、规范礼仪制度。换言之,一般而言,"君子"必佩玉,且其行步的幅度,以佩玉不离身飘舞(即"行不变玉")为准。这便是"礼"。

相关链接

子贡问于孔子曰:"敢问君子贵玉而贱珉(像玉的石头),何也?为玉之寡而珉多欤?"

孔子曰:"非为玉之寡故贵之,珉之多故贱之。夫昔者君子比德于玉。温润而泽,仁也;缜密以栗,智也;廉而不刿,义也;垂之如坠,礼也;叩之,其声清越而长,其终则诎然,乐矣;瑕不掩瑜,瑜不掩瑕,忠也;孚尹旁达,信也;气如白虹,天也;精神见于山川,地也;珪璋特达,德也;天下莫不贵者,道也。《诗》云:'言念君子,温其如玉。'故君子贵之也。"(《孔子家语·问玉》)

上述孔子所论，言玉有"十德"，且"德"中寓"道"。如果再联系老子思想，不仅"德""道"可以互涵，而且亦可互通。如果再与上述《说文》对较，我们又会发现，所谓"仁、义、礼、智、信"等诸德目则皆可以"玉"为中介而互通。

作为形声字，"玩—玩"，就是"玩玉"，所以"玩"又与"弄"相通。"弄"字的初文为"㗊"，或为"弄 弄"等，皆为两"手"捧"玉"以"鉴赏"，"把玩"之意。事实上，无论古今中外，能有闲情逸致"玩玉"的人都不可能是一般的穷苦百姓，所以"玩"，只能是有钱有闲之君子、大人们的"专利"。不仅如此。"玩玉"不仅存在玩不玩得起的问题，同时还存在懂不懂得的问题。换言之，能从"玉"的质地特点中归纳出类似于"君子"品性的"五德"或"十德"或"八德"，只能是居于社会上层的君子、大人们，所以，一般所谓的庸俗、低贱之人，即或有对"玉"的拥有，也不可能知晓"玉"或"玩"所隐含的深意，即连"玩"的资格都没有。这又可反映出中国文字最初的创造，只能是"圣人"所为。

"贝—見"字的初文为"貝"或"貝"等，象形字，像贝壳之形，在中国汉字中一直是"钱""币"或珍宝财富的象征。以此可证，"玩—貦"就是玩钱、玩珍宝、玩财富，故"玩"只能是有钱、有闲人的游戏。

"习—习"字的初文为"習"，上部为"羽"，下部为"日"，会意字。"羽"，像高空向下俯冲的双鸟，即晴日里小鸟向大鸟学飞之景象，故"习"，从模仿开始。《说文》云"习，数飞也"，意即小鸟试飞必须反复练习。以模仿为始的"习"，亦通"学"，通"教"，通"效"。于是，以"習"为形的"習"便与"貦、玩"有了很大不同，它使得"玩"有了更加积极的意义。"玩—習"不仅是有钱、有闲人的游戏，或只是玩玉、玩钱、玩珍宝，而且也与学习、模仿、教育、实践等相通。"玩"因为有了"习"的参与遂变得更加伟大而神奇。它成为每一个生命的必需与必然，既是其成才、成器的最现实、最有用的途径，也是其最大意义或价值所在。

"玩、貦、習"其实也可作会意字，因为上述三字所共同拥有的"元—元"字也可因其"形"而析出深意。

"元"字的初文有"元、元、元、元"多种异体，但其造字理据区别甚少，皆为会意字或指事字。其上部为"一"或"二"，下部为一躬身曲体之"人—人"。此处之"一、二"，起初并非数字之"一、二"，而是既指"人"体最上部分的"头"，又可指向"阴阳、道、两极或背离"甚或非同一般的"愚蠢"。（"惟初太始，道立为一；造分天地，化成万物。"《说文》"一也者，万物之本也，无敌之道也。"《淮南子·诠言》"道无变，故曰一。"《韩非子·扬权》"一阴一阳之谓道。""二"又是阴阳。《易传·系辞上》）《孟子》云："志士不忘在沟壑，勇士不忘丧其元。"（有志之士，即或沦落沟壑，也不会忘记自己作为志士所应当坚守的理想、信念；真正的勇士即或丢掉脑袋，也不会忘记自己作为勇士所应当坚守的理想、信念。《孟子·滕文公下》)其中的"元"即为"头"或"首"或"脑袋"。略作引申，它又有为长、为首、第一、开始、根本、本原、大、基本的等意义。细加推敲，它们皆具"道"之深意。以此可知，"玩"不仅可以"知道、通道"，是"道"的一部分，亦可把人导向精神分裂或愚蠢。此处之"人"规定了"玩"是属"人"的，特别是其中所蕴含的高雅幽深之理，只有"人"才可能具有。而其他动物的"玩"，只是人所赋予的想象，或只是本能。(这种认识在今天看来，并不一定能为所有学者认可，但可能真切反映了原初造字者的思想。)

作为会意字，玩不仅须"玩玉"，而且必以"玩玉"作为"玩"的"第一"或"最根本"形式。而要实现此目标，一般人当然是不能随便做得到的。"貦"表达了与"玩"同样的旨趣。而"䂴"，则给我们的思考提供了另外一种维度，"玩"，不仅是"学习、练习、复习、模仿、效仿、教育、实践"，而且是"最根本学习"或"实践"。换言之，即便是"玩玉""玩贝"，如要达到"道"的境界，接受教育，从模仿开始，不断地"学习、练习、复习、实践"，同样不可避免。于是"玩"，既是基本的人性，也是成就事业的普遍规律。事实上，历史上那些伟大的思想家、艺术家、科学家，甚或技术精湛的大师大匠，无不都是"玩"出来的高手。

今文之"玩"，意涵似乎更为丰富，实乃综合了上述三形的多重意思。

相关链接

"孔子为儿嬉戏，常陈俎豆，设礼容。"(《史记·孔子世家》)

孔子小时候自己玩耍，玩的玩具是他母亲为他买的俎豆之类的礼器，玩的过程则是当时社会各种礼仪行为的反复演绎。孔子对于"礼"的浓厚兴趣与深刻理解即源于此。孔子二十岁即收到鲁昭公赠礼(鲤)，三十多岁参与主持国家祭祀，既是其已成为社会有用之才或"礼仪专家"的必然结果，也是其取得人生成功的生动说明。再之后，经过不断的学习、思考、探索、实践，使他成了塑造中华民族精神传统、文化品格的"圣人"。

图灵计算机——"模仿的游戏"。

当代计算机的前身，大多源于图灵机。它是由 20 世纪英国伟大数学家、逻辑学家图灵发明制造的。其原理很简单，就是其少年时代所玩数字游戏的一种模仿与扩展。第二次世界大战期间，图灵不仅用这种机器破译了纳粹德国发明的号称牢不可破的"英格码(谜)"，最后打败了德国，而且开辟了一个崭新的时代——计算机时代。于是，图灵被称为"人工智能之父"或"计算机之父"。自此，人与机器开始不仅逐步走向全面融合，而且其所展现的不断创新，常常让人惊诧、恐惧。

我们把"玩"的三形之意综合起来，它便可引申出戏弄、玩弄、玩物、研习、玩味、欣赏、观赏、忽视、轻慢、玩耍、游玩等多意。这寓示"玩"或价值无比，抑或一无是处。

"戏弄、玩弄、玩物"多属贬义，几乎无价值可言，已然背离了"君子""玩"的本

义或雅趣，或专注于形而下的为"玩"而"玩"，或只为发泄心中或低级趣味或恶毒的情绪、情感、意志等，故古人有"**玩人丧德，玩物丧志**"(《尚书·周书·旅獒》)之说。不过如果是为了国家民族，追求公平正义或"以怨报怨"或使用的"阴谋诡计"等，那又可另说了。"**大夫种勇而善谋，将还玩吴国于股掌之上，以得其志。**"(《国语·吴语》)其中的"玩"不仅没有贬义，而且还对当事者赞赏有加。而作为"玩物"之"玩"，有时也可是中性的。如《红楼梦》第十八回"**各处古董文玩，俱已陈设齐备**"即如此。现实中，我们如要做到既不"玩"别人又不被别人所"玩"，这是极不容易的，所以，我们不仅要勤于学习，而且要谦虚谨慎。

"研习、玩味、欣赏、观赏"，既是"君子"的"游戏"，也是君子"雅玩"的本义。也就是说，既要在"玩"中学习知识，积累经验、学问，也要在"玩"中寄托精神或提高人生境界。"**是故君子所居而安者，《易》之序也；所乐而玩者，爻之辞也。是故君子居，则观其象而玩其辞；动则观其变而玩其占；是以自天佑之，吉无不利。**"(《易传·系辞上》)其中的"玩"皆为"研习、玩味"之意。现实世界中，玩哲学、玩文学、玩书法、玩绘画，等等，既可让主体生命有寄托、身心愉悦，也能使其金玉满堂或蔚然成名。"**惜吾不及古人兮，吾谁与玩此芳草。**"(《楚辞·九章·思美人》)其中之"玩"则为"欣赏、观赏"，但此种"欣赏、观赏"，则必得与同道、同志、同心者共"玩"才行。

一般而言，"忽视、轻慢"皆可由上述之"玩"意所造成。因为无论是何种"玩"法，总是与专注、投入紧密联系。"人"，总是有局限性的，只要专注于此，就可能失之于彼，其所造成的"忽视、轻慢"便难以避免。"**惧民情之可畏，则不敢玩民**"(《清朝野史大观》)，"**寇不可玩**"(《左传·僖公五年》)，成语"玩世不恭"等，其"玩"或为"忽视"或为"轻慢"，或二意兼有。偶尔我们可以"忽视、轻慢"至爱亲朋，但绝不可"忽视、轻慢"生命、理想、学习、人民、尊长，等等，小人、敌人尤其如此。

"玩耍"常常是人之幼年或动物幼崽的"专利"。它既是"人"之"成人"的"元学习"(最早、最根本、最有效的学习)，也是"成人"之生命历程最大的"奢侈品"。

"游玩"同样是学习、研究的重要形式。毛泽东、孔子、司马迁、李白、杜甫、苏东坡、徐霞客、王羲之等名家巨擘皆有动人的"壮游"。于是他们或成就了千秋功业，或蔚然成就了文坛盛名。"玩耍"与"游玩"因兼具"玩耍"与"学习"二意，故皆具永恒价值。

"玩"亦通"赏"。"赏—賞"也与"贝"紧密联系，而主要意思却是"奖赏"或"赏赐"。它意味着君子之"玩"，其最后是一定会得到上天的"奖赏、赏赐"！

"玩"又通"贪"。"**侵欲无厌，玩求无度。**"(《左传·昭公二十六年》)其中的"玩"即"贪"。其相通的原因大致源于"玩"的异体"玩"之"玩"。因为"贝"不仅曾经代表"钱"或"财富"，而且今天仍然是财富的象征。("财、宝"等字仍均与"贝"相关)如果以"玩"通"贪"，且又与"贝"紧密联系，则"君子"顷为"小人"在所难免。

综上可知，丰实的人生，不可不"玩"，亦不可"玩"；必有所"玩"，有所不"玩"。

第二十六讲　汉字的书法美

各种文字可能都有自己的书写方法与书写美，但不可能都像汉字一样拥有独立的书法艺术。其客观原因或物质基础是中国人发明了毛笔，其根本原因或形上因素是中国汉字不仅源于象形，而且经数千年变化发展，直至今天仍能保有其与生俱来的象形、象意特征。

一、什么是书法与书法美

有书法就有书法美。但汉字与其他诸文字有根本性的不同，它成就了只有中国才有的一门独特的书法艺术。

(一)什么是书法

关于"什么是书法"，目前学界没有形成一个一致的说法。笔者把它分为广义和狭义的两种。

1. 广义

广义地说，书法就是指文字的书写方法。一种观点认为，文字的书写方法，仅指技术而非艺术。只要把文字写得正确、规范、美观大方就可以了。而另一种观点则认为，各种文字的书写都有其艺术性存在。它是指使用各种"书写"工具，书写并塑造文字的艺术形象，抒发作者情感的艺术。

在这里，"各种工具"的范围很广，可以是毛笔、钢笔、粉笔、铅笔、圆珠笔、手指、拳头、刻刀、抹布、拖布、竹枝、头发、铬铁、水壶，等等，包括人类所能想象、所能得到的一切工具。

笔者的一个在昆明市政府工作的朋友，他对书法的研习创作，不治他技，只用拳头在光滑的绘画纸上"书写"，确也有非凡之处，且常能得到媒体的青睐。另据杜甫诗云："**张旭三杯草圣传，脱帽露顶王公前，挥毫落纸如云烟。**"有人认为，其中的"挥毫"就是挥动头发书写。因为"毫"就是"毛"，而毛笔就是动物毛发做的。于是，张"草圣"的书法似不仅可用毛笔表现，也可以用自己的头发表现。(笔者认为此说为好事者杜撰。从张旭留下墨迹考察，应皆为毛笔书写无疑)这如果在今天，可以说更有新闻价值。现在所谓的书法表演或书法行为艺术很多，有用注射器的，有用手或用脚的，有手脚并用的，有双手加嘴的，有用鼻子的，等等。当然，也有用头发的。但这与真正的"书法"似乎关系不大了。

在这里，"书写并塑造"，外延也是很广的。"书者，抒也。"书写是带有抒情写意性的。它是自由的、不重复的，有生命律动的。而塑造，一般来说，只是指书写过程中对艺术形象的创造。但也有人认为，这个塑造，对于艺术而言，则表示还有书写之外的许多方法。如古人在甲骨上的刻写、在青铜器上的铸造、在石碑上的雕刻等，今人的招牌制作、电脑文字制作等。

在这里，"文字"种类虽没有任何限定，但主要还是以汉字为主。当然，用英文、法文、希伯来文、蒙文、藏文、傣文等也都是可以的。

在这里，其实真正的也是最后的标准只有一个，那就是"艺术形象"，即你书写或塑造出来的"书法作品"，是真正的艺术品，有人看了会感动，有人看了会产生共鸣，有人看了会敬佩或向往，有人看了会收藏。同时，你自己的创作过程也应是投入情感的，能给你带来快乐或寄托忧思，当然也是能自我感动的。

2. 狭义

狭义地说，书法仅指用毛笔书写汉字并塑造其艺术形象的一种传统的中国艺术。同时它也是一种社会意识形态。这与《辞海》和《中国书法大辞典》的解释相似，但又不完全相同。

《辞海》云：**书法是中国传统艺术之一。其指毛笔字的书写方法，主要讲执笔、用笔、点画、结构、分布(行次、章法)等方法。如执笔要指实掌虚，五指齐力；用笔要中锋铺毫；点画要圆满周到；结构要横直相安，意思呼应；分布要错综变化，疏密得宜，行气贯通等。**

《中国书法大辞典》云：**书法是借助汉字的书写以表达作者精神美的艺术。**

笔者认为《辞海》中仅用"毛笔字的书写方法"来界定书法艺术，不够全面准确，似乎与艺术无关。而《中国书法大辞典》的解释，又太过笼统抽象，还必须增加些其他前缀或限定修饰词才行。在此，笔者需要强调说明一下上述关于狭义上的书法定义中的几个要素。

(1) 毛笔。这里的毛笔，仅指用各种动物毛发(包括人的胎发)为原料，并完全继承了传统意义上的毛笔制作方法而制作出来的。它具有毛笔理应具有的"尖、齐、圆、健"的"四德"或特点。它不是英文中的"brush"或其他什么。如在动物毛发中加化纤的做法制作出来的毛笔，初使时感觉很好，但用不了几次，其效果便急转直下。原因是，其中化纤与动物毛发在水的作用下，很快便"水火不容"。不用毛笔而用其他工具书写或塑造出来的"书法"则不在此列。

(2) 书写。这里所说的书写，是自由地挥洒，不是反复涂抹，原则上是一次性的。书写过程中，某些地方不如意或墨色不到，稍加补缀的情况也是有的，但它的前提是要能使作品更加气韵生动、连贯，有更好的视觉效果。笔者见过的许多名家，在书写过程中补笔也是常有的事，但绝不是反复涂抹修改。

(3) 汉字。笔者认为真正的书法艺术只属于中国汉字。汉字会有书法艺术，是由汉字本身的特点及中华民族个性、传统哲学所决定的。其他民族可能有广义上的所谓的"书法"，但不可能有真正独立的书法艺术。如英语中"handwriting""calligraphy"等词，我们也可能会把它们译成"书法"，但只要细加推敲便会发现，它们都与中国的书法艺术相

第二十六讲　汉字的书法美

去甚远。

(4) 艺术形象。这是个关键点，但却又是个仁者见仁，智者见智的话题。这里所说的艺术形象，一方面是指对中国传统书法艺术必须有所继承。这个继承，有笔法、墨法、章法上的继承，也有传统文化上的继承。另一方面，是指让人看了能产生某种精神上的愉悦或触动。这种愉悦或触动，低层次的是向往与敬佩，高层次的则是张怀瓘说的"**囊括万殊，裁成一相**"，孙过庭说的"**达其情性，形其哀乐**"。这里的"万殊"，是指源于自然与人类社会的一切形象与想象。当然这种形象既是抽象的具体，同时又是具体的抽象。"达其情性"，是指书法能寄托人的情感，表现人的性格。

相关链接

在中国古代，"书法"一词有多层意思。

"书法"为历史的书写或记述方法，亦叫"笔法"。如宋代史学家吕祖谦评《史记》云："太史公之书法，岂拘儒曲士所能通其说乎？"近代史学家徐中舒先生在《左传选》后序中说："春秋书法也应是太史的职责，齐太史为了直书崔杼弑君之罪，兄弟相继以身殉职。书法必须有广大的舆论支持，形成一种社会制裁力量，然后才能起作用。春秋书赵盾、崔杼弑君之罪，原是晋、齐太史的笔法，有晋、齐两国的舆论的支持，因此，鲁太史才同意晋、齐两国书法而转录于《春秋》中。"其中之"书法"与"笔法"意近或相同。"春秋书法"即秉笔直书、不为当权者隐恶的史书记载"笔法"或"方法"。

"书法"为书写、记录，或书写、记录的典册。《左传》说的"君举必书"，《荀子》说的"书者，政事之纪也"，《说文》说的"著于竹帛谓之书"，明吴澄在《书篡言》中解释说的"书者，史之所记录也。从聿，从者，古笔字，以笔画成文字，载之简策，曰书"，这些都说明古代史官所记录的东西都称为"书"。有时又可专指《尚书》。如先秦文献中常用的"《书》曰"即如此。

用"书法"一词专指"书法艺术"，源于"熹平四年，灵帝乃诏诸儒正定《五经》，刊于石碑，为古文、篆、隶三体书法，以相参检，树之学门，使天下咸取则焉"(《后汉书·儒林传》)。

在唐代，"书法"亦称"书道"或"书学"。张怀瓘在《文字论》中云："书道亦大玄妙"，"书道尤广"。清人包世臣在其《艺舟双楫》中云："书道妙在性情，能在形质。然情得于心而难名，形质当于目而有据。"唐人还称书法为"书学"，主要是因为在唐代，书法是一门必考课。

宋代蔡襄在《论书》中云"书法惟风韵难及"。苏东坡在《论书》中云"书法备于正书，溢而为行草"。明万历年间书家项穆著《书法雅言》后，书法一词专指"书法艺术"渐多。

在宋之前，"书法"大多情况下以"书"或"字"简称之。如东汉蔡邕在《笔论》中云："书，散也。欲书先散怀抱，任情恣性，然后书之。"在《晋书·王羲之传》中王羲之自称："吾书比钟繇，当抗行；比张芝草，犹当雁行也。"南朝王僧虔在《笔意赞》

中云："书之妙道，神采为上，形质次之，兼之者方绍于古人。"东汉赵壹在《非草书》中云："征聘不问此意，考绩不课此字。"也有以"银钩"代称的，如卫铄在《笔阵图》中云："六艺之奥，莫重乎银钩。"宋代之后，虽有"书法"之名，但简称"书法"为"书""字"的仍见多数。如清宋曹在《书法约言》中云："初作字，不必多费楷墨。"梁巘在《评书帖》中云："《裴将军》字，看去极怪。"多用"书法"指称"书法艺术"是中华人民共和国成立后实现第一次汉字简化后之事。

其实，"书"字早在殷商甲骨文中就有了，其构形如图 26-1 所示。

图 26-1　"书"字的甲骨文

有人认为此"书"，当时只是人名，并无后世"书写"之意义，或就是指"笔"，但笔者不敢苟同。就其形象言，它与后世之书应是一脉相承，只是史料有限，难以确证而已。

汉杨雄云："言，心声也；书，心画也；声画形，君子小人见矣。"这里的"书"主要是文字、文学的意思。

综上所述，我们可知，在白话文盛行之前，我们有"书法"一词，但与今天所说之"书法"并不尽同。今天我们所说的"书法"，过去大多以"书"或"字"简称之。而古人所说的"书"与"字"有时也不定就是指"书法"。今天，我们在许多书法专业的行文中仍大量使用"书"代指书法。

(二) 什么是书法美

总的来说，凡能呈现给人以美的感受的汉字书法作品及作品创作过程，都可称为书法美。这种美，不仅有多种客观形式(如不同书体、不同风格流派、不同媒介等)的差别，而且带有强烈的主体性与主观性特点。不同创作主体或欣赏主体，由于学问、才识、功力、环境、地位、视角、兴趣、爱好等原因，其对这种美的感受，常常也会各不相同甚或相反。

具体来说，书法美一般通过笔画(用笔)、结体、意境营造、各种书体形式等表现出来。

二、为什么说只有汉字才有独立的书法艺术

简言之，首先，是因为中国人早在数千年前就发明了毛笔。毛笔为汉字而生，汉字书法因毛笔而不朽；其次，则是由汉字的本质特征及其由它所传承的鲜明的民族性哲学思想所决定的。

第二十六讲 汉字的书法美

汉字的"本质特征"就是汉字"远取诸物，近取诸身"的"象形性"。依世界文字发展的一般规律，任何文字都源于象形或图画。但是，不同的是，除中国汉字外，其他几乎所有的文字，在经过数千年发展后便都变成了拼音文字。换言之，只有中国汉字，在历尽沧桑之后，虽然其构形有了一些变化，但其本质特征——"**象形性**"，却仍然大多被保留。而这，正是汉字拥有独立的书法艺术的根本原因。不仅如此。"象形性"也是汉字具有想象性、具象性、抽象性、哲理性、辩证性、多义性等诸多特征形成的前提。

由汉字所传承的汉民族传统哲学思想，当然很多，但其中最具代表性的，如用最简单的语言加以概括就是"中庸"或"中和"。汉字书法在"白"与"黑"，"虚"与"实"，"刚"与"柔"，"具象"与"抽象"等之间穿插游移，其所呈现出来的艺术形象，也正是这种"中和之美"的最高体现。

三、"书法美"的主要内容

(一)笔画之美

此"笔画"主要指书写者以毛笔在纸质或其他媒介上按一定的法则留下的笔迹。汉字书法之美，首推笔画美。笔画何以为美？按古人的说法便是："**纵横有所象者，方得谓之书。**"按今天的话说，就是无论什么样的笔画，它都会具有某种形象：或像某自然生成之物，或像某人类制造之物，或似某人脑想象之物。说它直，它常有点弯；说它像，它又不像。它们常在像与不像之间，是具象与抽象的有机结合。

笔画的生成，源于用笔。"用笔"二字，"笔"为客，"人"为主。它的成功实现，一定以不断地模写实践为前提。古人说："**惟笔软则奇怪生焉。**"这是一个主客高度调适融合的过程。这里的"软"不是"柔"，不是"弱"，而是"刚柔相济"；这里的"奇怪"，不是"怪"，不是"异"，而是千姿百态、众美丛生。下面略举几"点"以说明。

点法为用笔或笔法之始。换言之，其他几乎所有笔画的用笔之法都是从"点"开始的。

 此点名为主点或右点。其形略成三角形，或像蒜爿。

 此点名为撇点，又名菲叶点。因形如短撇或菲竹之叶尖而名。

此点名为左点或右向点或杏仁点。既像杏仁，亦像未破笋壳竹节的枝芽。

 此点名为角点。既形近三角形，又似截断之桌角。

 此点名为鸟嘴看胸点，又称鸟头钩。因其形如鸟头下钩看胸以梳理羽毛而名。

 此点名为半蚁点，竖点之一。因形如半蚁(蚁腰之后部，侧影)而名。

此点名为蝌蚪点。如青蛙之卵，或蝌蚪初成之形。

此点名为鸡头点。既似倒俯啄之鸡头，亦似割稻之镰刀。

此点名为鲸尾点，又名玉钩点。既形似鲸尾，又似玉钩。

此点名为波点，又名燕尾点。（"捺画"，在书法中又名"波画"）既像隶书之短捺，亦似燕子的尾巴。

此点名为坠石点，又名滴水点。既如高山坠石，亦似下坠之水滴。

(二)结体之美

结体，又名布白或间架。它是笔画在二维平面留下的轨迹或笔画与笔画之间的相互关系。它与笔画一样重要。就初学者言，则比用笔更加重要。用笔与结体之间的关系，犹如一张人脸，其五官的形状与分布之间的关系，即或眉、眼、口、耳、鼻分别都很漂亮，但如分布不得其位（如鼻生脸颊，耳置额上，眼生鼻下，嘴置颔下，凡此等等），便会不仅怪异，而且会奇丑无比。反之，就算五官皆不漂亮，但如分布适当，即不能近观，亦能实现远视。

再有一个比喻，可能更为贴切：笔画是艺术，结体即"科学"。这里的"科学"，用得上的主要是指数学或几何学。凡科学必具规律性，故学而能，所以，书法之学，特别是其结体，只要用心观察，问题的解决总是不难的。

例如，一个"啾"字。为了让大多数人看起来比较好看或比较舒服，我们写好它的原则只有一条，就是"协调""和谐"或"中和"。可是，如何做才能达到这种"和"的境界呢？千百年的书写实践，古人给我们留下了许多行之有效的经验：第一，**避让**。此字由左、中、右三部分组成，其中"禾"为主干（亦可称领导者），所以它较之两边则理应写得略长，但却绝对不能太宽，特别是其中上部的"横"与"点"，不仅不能宽，还必须适当缩短、缩小。为什么？因为避让！即腾出空间让两边部分能够紧密地靠在一起。否则，三部分便可能分崩离析而不能协调和谐成为一字，十分难看。第二，既**自足、自由**，又**相对独立**。这似乎都是矛盾的。其实不然。原因很简单，绝对的自由与独立，从来就不存在。"口"的"自足"表现为笔画较粗，虽然实际占有面积较小，但看起来不小，且感觉紧凑有力，反之则不美；其"自由"则表现为上下留空较大，左边面对的是"空"。"禾"的"自足"，表现为挺拔且比之两边部分上下各出"一头"，与两边形成明显对比；其"自由"则主要表现于其下部之"撇"有机会伸延致"口"的下面，虽然占了"口"的空间，但却没有过分之感，反而显得更加紧密而协调一致。"火"的"自足"与"自由"在此字的"表述"中同理而异名。即"撇""捺"的粗壮有力与优美舒展并行不悖。上部的两点，表现出极大的"收敛"。"收敛"，既是为了避让，也是为了突出"撇""捺"的优雅风致。概括上述，我们似乎可以发现"和"的实现的"玄机"：**"避让"是前提，"自足""自由""独立"的"存在与发展"是核心。**反之，"和"便无法存在，其结果只能是"丑陋""无序"或"分崩离析"。把上述原理引入人类共同体或国际社会或"天下""世界"，无不适宜。"自足"——先做好最好的自己，"自由"——必须有适当的时空选择，"独立"——既要"互相支持"又要"和而不同"。这对于居于中间(**领导者**)之位的"禾"来说，更应有启迪作用。如此，领导之"己之威仪"与周边或下属之"和"便能同时实现。反之，则只能是争斗或战争。

(三)意境之美

书法意境之美，有如中国画，其最高境界，仍在一个"和"字。用唐孙过庭的话说便是："思虑通审，志气和平，不激不厉，而风规自远。"历代大多数书家认为晋代王羲之作品可作代表。

下面我们就拿王羲之的作品《寒切帖》(见图26-2)来审察一下。

图26-2　王羲之《寒切帖》

你在读了之后，会有何感觉呢？笔者的感触或感慨很多：第一，自然。从用笔到结体，从字与字到行与行，再到墨色浓淡，以及最后的大块留白，等等，有如暮春三月，江南草长，杂花生树，群莺乱飞……无不自然天成。第二，天资。没有学过书法的人，这方面的感觉可能要少一些。但如果有过较多的学习书法的经验，你便会有这种强烈的感觉——能够写出如此境界之字的人绝非俗流。他必定天赋异禀，风姿绰约。第三，功夫。一看到"功夫"二字，我们自然会想到"池水尽墨"。"池水尽墨"，绝非传说。"天资"与"功夫"，如不能有机结合，伟大的书法作品是永远不会自然呈现的。唯有如此，它才可能实现"情"与"理"，"意"与"法"，"抒情"与"状物"，"形"与"神"的高度和谐与统一。

汉字鉴赏

相关链接

《书法颂歌》及其阐释

笔者学书三十余年,未有大成,但其间对于书法的感悟似亦颇深。2010 年曾作《书法颂歌》一首,自认为有必要加以记录与传播,以弘扬传统,启迪后学。

《书法颂歌》:

远古神秘的符号,未来美丽的心桥;历史曾经的记忆,文化不息的火苗。容颜沧桑,青春不老。尧舜禹的传说,你书写;《兰亭序》的神奇,你创造。秦砖汉瓦留足迹,铜鼎大典铸风骚。

中华文明的魂魄,中华民族的骄傲;神州大地的脉理,圣贤智慧的模样。知白守黑,凤舞龙遨。沁园春的豪情,你挥洒;蝶恋花的幽怨,你牵挂。墨歌笔舞炫五彩,神融笔畅妙天下。

知白守黑,凤舞龙遨;容颜沧桑,青春不老。

《书法颂歌》的阐释:

远古神秘的符号,未来美丽的心桥

据诸多考古地下发掘资料显示:汉字的前身——比象形字更早,还没有成熟的文字,应当是一些契刻符号,或曰记号字,或曰八卦,或为结绳实物,或曰河图洛书之类,它们均可称"神秘的符号"。

据现代科技的发展趋势显示:书写可能逐渐被智能电子产品所替代,但作为艺术而存在的书法却不会随着这些产品功能的越来越强大而消亡,即未来的生活实践中,能够真正打动人的心灵,传播传统与文化的东西,是艺术。中国书法将是其中重要的部分。

历史曾经的记忆,文化不息的火苗

在雕版印刷术发明之前,书法不仅是艺术,它同时亦是书写,是记录,是历史,是文化,是传统,是记忆的工具。它记录语言,传递信息,让思想穿越时空。

容颜沧桑,青春不老

汉字发展数千年,虽然其构形有些变化,且有某些符号化倾向,但其古老的象形、象意特征却大多被保留。它无论多么古老,也不难解读,无论多么时髦,也充满诗情画意。不仅有风光绮丽的艺术性,而且有哲思纵横的包容性、开放性。既能承继过去,亦能开创未来。

尧舜禹的传说,你书写

书法在过去的一段相当长的时空里,它不仅是艺术,而且是文字、文化、历史、文明、文学。是文字,就必须拥有记录功能。

《兰亭序》的神奇,你创造

《兰亭序》乃东晋王羲之所书行书名迹,因为有唐代皇帝李世民的追捧而成就了"天

下第一行书"之美名。唐之后，大多书家权贵认为其书法水平已臻中国传统哲学所认可的最高境界——"中和"。

秦砖汉瓦留足迹，铜鼎大典铸风骚

书法不仅有书写，也有用于雕刻、铸造。"秦砖"即秦代留下的模制砖瓦，"汉瓦"即汉代留下的模制瓦当，"铜鼎"即青铜铸造的各种或用以记录重大国家活动或用以镌刻名家诗文的器物，它们大多都与精美书法、篆刻相共存。书法在拥有不朽的艺术价值的同时也拥有重大的工具价值——既是历史的见证，也是文学艺术的不可或缺的载体。

中华文明的魂魄，中华民族的骄傲

书法，不仅是一种艺术，它同时也是汉字、汉字文化。它是中华文明的核心或代表。对于其他文明而言，能代表中华民族的东西，不是我们的黄皮肤、黑眼睛，而是我们的汉字或汉字文明。

神州大地的脉理，圣贤智慧的模样

这两句既形象，又颇具哲理，是具象与抽象的有机结合。神州大地山脉纵横交错，河湖星罗棋布，无不与汉字初文之象形、象意相吻合。这种象形、象意，既生发出了汉字的辩证性、抽象性、哲理性、多义性，也蕴含了汉字无穷的美。它们是古圣先贤智慧的集中代表，是中华文明核心中的核心。

知白守黑，凤舞龙遨

"知白守黑"出自《老子》，既是老子的辩证法，也是其方法论。"白"与"黑"是矛盾的统一体，缺一不能独存。要深刻地了解"白"，就必得了解"黑"，并站在"黑"的一方去观察研究"白"。反之亦然。书法即"黑白艺术"，其学习与欣赏亦无不如此：要想弄明白"黑"的形态及在空间的位置，其前提是先看清"白"的分布与形状。"凤舞龙遨"是一成语，主要用来描述或比喻书法艺术的最高形式——草书艺术的气势与形态。

沁园春的豪情，你挥洒；蝶恋花的幽怨，你牵挂

《沁园春》与《蝶恋花》皆为著名的词牌名。其抒写的内容，往往是豪放与婉约的代表。进言之，是说书法艺术既可以"达其情性"，亦可以"形其哀乐"。

墨歌笔舞炫五彩，神融笔畅妙天下

"墨歌笔舞""神融笔畅"，皆是对于书法创作过程中的主客高度互融状态的既准确又浪漫的描述。"五彩"即"浓、淡、润、燥、枯"。"妙天下"，既是主体的自我感觉，也是书法艺术所本具的时空穿越性使然。